Die Rahmengesetzgebung des Bundes im Umweltrecht
unter besonderer Berücksichtigung der Föderalismusdiskussion

Europäische Hochschulschriften
Publications Universitaires Européennes
European University Studies

Reihe II
Rechtswissenschaft

Série II Series II
Droit
Law

Bd./Vol. 4486

PETER LANG
Frankfurt am Main · Berlin · Bern · Bruxelles · New York · Oxford · Wien

René Grandjot

Die Rahmengesetzgebung des Bundes im Umweltrecht unter besonderer Berücksichtigung der Föderalismusdiskussion

PETER LANG
Europäischer Verlag der Wissenschaften

Bibliografische Information der Deutschen Nationalbibliothek
Die Deutsche Nationalbibliothek verzeichnet diese Publikation in der Deutschen Nationalbibliografie; detaillierte bibliografische Daten sind im Internet über <http://www.d-nb.de> abrufbar.

Zugl.: Frankfurt (Oder), Europa-Univ., Diss., 2006

521
ISSN 0531-7312
ISBN-10: 3-631-56123-7
ISBN-13: 978-3-631-56123-2

www.peterlang.de

Vorwort

Die vorliegende Arbeit wurde im Sommersemester 2006 von der Juristischen Fakultät der Europa-Universität Viadrina Frankfurt (Oder) als Dissertation angenommen. Rechtsprechung und Schrifttum wurden bis März 2006 berücksichtigt.

Einen besonderen Dank spreche ich meinem Doktorvater Herrn Prof. Dr. Lothar Knopp aus, der mich während des gesamten Promotionsvorhabens vorbehaltlos unterstützt hat. Nicht zuletzt danke ich sehr für die äußerst schnelle Erstellung des Erstgutachtens.

Ebenfalls danke ich Herrn Prof. Dr. Dr. h.c. Franz-Joseph Peine für die zügige Erstellung des Zweitgutachtens.

Für gute Arbeitsbedingungen, die dem Promotionsvorhaben sehr förderlich waren, danke ich meinen Kolleginnen und Kollegen vom Lehrstuhl für Staatsrecht, Verwaltungsrecht und Umweltrecht und vom Zentrum für Rechts- und Verwaltungswissenschaften an der BTU Cottbus.

Zuletzt danke ich meinen Eltern und meiner Schwester für ihre vielfältige Unterstützung, insbesondere beim Korrekturlesen.

August 2006 René Grandjot

Inhaltsverzeichnis

Abkürzungsverzeichnis

a.A.	anderer Ansicht
a.a.O.	am angegebenen Ort
ABl. EG	Amtsblatt der EG
ABl. EU	Amtsblatt der EU
Abs.	Absatz
allg.	allgemein
AöR	Archiv des öffentlichen Rechts (Zeitschrift)
Art.	Artikel
AtG	Gesetz über die friedliche Verwendung von Atomenergie und den Schutz gegen ihre Gefahren
BayNatSchG	Bayerisches Naturschutzgesetz
BayVBl	Bayerische Verwaltungsblätter (Zeitschrift)
BayVerfGHE	Entscheidungen des Bayerischen Verfassungsgerichtshofs
BayWG	Bayerisches Wassergesetz
BbgNatschG	Brandenburgisches Naturschutzgesetz
BbgWG	Brandenburgisches Wassergesetz
BBodSchG	Bundes-Bodenschutzgesetz
Bd.	Band
Bearb.	Bearbeiter
BelgVerf	Verfassung Belgiens
ber.	berichtigt
BerlWG	Berliner Wassergesetz
BGBl. I	Bundesgesetzblatt, Teil I
BGBl. II	Bundesgesetzblatt, Teil II
BImSchG	Bundesimmissionsschutzgesetz
BJagdG	Bundesjagdgesetz
BK	Bonner Kommentar
BK	Bonner Kommentar zum Grundgesetz
BMU	Bundesministerium für Umwelt, Naturschutz und Reaktorsicherheit
BNatSchG	Bundesnaturschutzgesetz
BR-Drs.	Bundesratsdrucksache

BReg	Bundesregierung
BremNatschG	Bremer Naturschutzgesetz
BSHG	Bundessozialhilfegesetz
BT-Drs.	Bundestagsdrucksache
BVerfG	Bundesverfassungsgericht
BVerfGE	Amtliche Sammlung der Entscheidungen des Bundesverfassungsgerichts
BVerwG	Bundesverwaltungsgericht
BVerwGE	Amtliche Sammlung der Entscheidungen des Bundesverwaltungsgerichts
BW	Baden-Württemberg
bzw.	beziehungsweise
CONV	Dokumente des Europäischen Verfassungskonvents
DDR	Deutsche Demokratische Republik
d.h.	das heißt
DIHK	Deutsche Industrie- und Handelskammer
DJT	Deutscher Juristentag
DJZ	Deutsche Juristenzeitung
DÖV	Die Öffentliche Verwaltung (Zeitschrift)
DVBl.	Deutsches Verwaltungsblatt (Zeitschrift)
DVP	Deutsche Verwaltungspraxis (Zeitschrift)
e.V.	eingetragener Verein
EEG	Erneuerbare Energiengesetz
EG	Europäische Gemeinschaft
EGV	Vertrag zur Gründung der Europäischen Gemeinschaft
Einf	Einführung
Einl.	Einleitung
ElektroG	Elektro- und Elektronikgerätegesetz
EMAS	Eco-Management and Audit Scheme
EPA	Environmental Protection Agency
EU	Europäische Union
EuGH	Gerichtshof der Europäischen Gemeinschaften
EuR	Europarecht (Zeitschrift)
EurUP	Zeitschrift für Europäisches Umwelt- und Planungsrecht
EUV	Vertrag über die Europäische Union
EuZW	Europäische Zeitschrift für Wirtschaftsrecht
EWG	Europäische Wirtschaftsgemeinschaft

f.	folgende (Seite)
FAZ	Frankfurter Allgemeine Zeitung
ff.	folgende (Seiten)
FFH-Richtlinie	Fauna-Flora-Habitat-Richtlinie
FGG	Gesetz über die Angelegenheiten der freiwilligen Gerichtsbarkeit
Fn.	Fußnote
GBl. DDR	Gesetzblatt der Deutschen Demokratischen Republik
GBl.	Gesetzblatt
GewStG	Gewerbesteuergesetz
GG	Grundgesetz
GGO	Gemeinsame Geschäftsordnung der Bundesministerien
GVBl.	Gesetz- und Verordnungsblatt
GVOBl.	Gesetz- und Verordnungsblatt
h.M.	herrschende Meinung
Halbs.	Halbsatz
HENatSchG	Hessisches Naturschutzgesetz
HGB	Handelsgesetzbuch
HmbNatSchG	Hamburger Naturschutzgesetz
HRG	Hochschulrahmengesetz
Hrsg.	Herausgeber
HStR	Handbuch des Staatsrechts
i.d.F.	in der Fassung
i.S.	im Sinne
i.V.m.	in Verbindung mit
JURA	Juristische Ausbildung (Zeitschrift)
JuS	Juristische Schulung (Zeitschrift)
JZ	Juristenzeitung (Zeitschrift)
KMU	Kleine und mittlere Unternehmen
KOM	Beschluss der Europäischen Kommission
KStG	Körperschaftssteuergesetz
LAWA	Länderarbeitsgemeinschaft Wasser
Lfg.	Lieferung
LG NW	Landschaftsgesetz Nordrhein-Westfalen

LKV	Landes- und Kommunalverwaltung (Zeitung)
LNatSchG MV	Landes-Naturschutzgesetz Mecklenburg-Vorpommern
LPflG Rh.-Pf.	Landespflegegesetz Rheinland-Pfalz
m.w.N.	mit weiteren Nachweisen
MBO	Musterbauordnung
MEPolG	Musterentwurf für ein einheitliches Polizeigesetz
Nachw.	Nachweis(e)
NatSchG Bln.	Naturschutzgesetz Berlin
NatSchG BW	Naturschutzgesetz Baden-Württemberg
NatSchG LSA	Naturschutzgesetz Sachsen-Anhalt
NatSchG Schl.-H.	Naturschutzgesetz Schleswig-Holstein
NdsWG	Niedersächsisches Wassergesetz
NJW	Neue Juristische Wochenschrift (Zeitschrift)
NNatG	Niedersächsisches Naturschutzgesetz
Nr.	Nummer
NuR	Natur und Recht (Zeitschrift)
NVwZ	Neue Zeitschrift für Verwaltungsrecht
NVwZ-RR	Neue Zeitschrift für Verwaltungsrecht, Rechtsprechungs-Report
NWVBl.	Nordrhein-Westfälische Verwaltungsblätter (Zeitschrift)
OECD	Organization for Economic Cooperation and Development
OVG	Oberverwaltungsgericht
PAU	Projektgruppenarbeitsunterlagen
PrKG	Preußisches Kammergericht
PrOVG	Preußisches Oberverwaltungsgericht
REACH	Registration, Evaluation and Authorization of Chemicals
RGBl.	Reichsgesetzblatt
RGZ	Entscheidungen des Reichsgerichts in Zivilsachen
Rn.	Randnummer
ROG	Raumordnungsgesetz
Rs.	Rechtssache
Rspr.	Rechtsprechung
RuP	Recht und Politik (Zeitschrift)

S.	Seite/Satz
s.	siehe
SächsNatSchG	Sächsisches Naturschutzgesetz
SächsWG	Sächsisches Wassergesetz
Schl.-H.	Schleswig-Holstein
SGB	Sozialgesetzbuch
SGG	Sozialgerichtsgesetz
Slg.	Sammlung
SNG	Saarländisches Naturschutzgesetz
sog.	sogenannte(s)
Sp.	Spalte
StGH	Staatsgerichtshof
ThürNatSchG	Thüringer Naturschutzgesetz
u.a.	unter anderem
UGB	Umweltgesetzbuch
UGB-KomE	Entwurf eines Umweltgesetzbuches der Unabhängigen Sachverständigenkommission
UIG	Umweltinformationsgesetz
UPR	Umwelt- und Planungsrecht (Zeitschrift)
UVP	Umweltverträglichkeitsprüfung
VBlBW	Verwaltungsblätter Baden-Württemberg (Zeitschrift)
VerfGH Rh.-Pf.	Verfassungsgerichtshof Rheinland-Pfalz
VerpackV	Verpackungsverordnung
VersG	Versammlungsgesetz
VerwArch	Verwaltungs-Archiv (Zeitschrift)
VG	Verwaltungsgericht
VGH	Verwaltungsgerichtshof
vgl.	vergleiche
Vorbem.	Vorbemerkung
VwGO	Verwaltungsgerichtsordnung
weit.	weitere(n)
WG BW	Wassergesetz für Baden-Württemberg
WG LSA	Wassergesetz Sachsen-Anhalt
WG M-V	Wassergesetz für Mecklenburg-Vorpommern
WHG	Wasserhaushaltsgesetz
WRRL	Wasserrahmenrichtlinie

WRV	Weimarer Reichsverfassung
z.B.	zum Beispiel
zahlr.	zahlreiche(n)
ZBR	Zeitschrift für Beamtenrecht
ZfU	Zeitschrift für Umweltpolitik und Umweltrecht
ZfW	Zeitschrift für Wasserrecht
ZG	Zeitschrift für Gesetzgebung
ZParl	Zeitschrift für Parlamentsfragen
ZRP	Zeitschrift für Rechtspolitik
ZSE	Zeitschrift für Staats- und Europawissenschaften
ZUR	Zeitschrift für Umweltrecht

Vorbemerkung

Eine der größten Herausforderungen im Bundesstaat und somit auch in der Bundesrepublik Deutschland ist die transparente Verteilung der Kompetenzen zwischen Gesamtstaat und Gliedstaaten. Der Überblick kann dabei auf Grund zahlreicher Verflechtungen der verschiedensten Kompetenztypen und Kompetenzarten sehr schnell verloren gehen, selbst bei exponierten Persönlichkeiten. So musste Bundesjustizministerin *Zypries* die Frage, ob sie selbst noch überblicken könne, wer wofür in der Bundesrepublik zuständig sei, verneinen.[1] Mitursächlich für diesen Zustand ist die große Anzahl von verschiedenen Gesetzgebungskompetenzen. Das Grundgesetz kennt zunächst im Wesentlichen fünf verschiedene Kompetenztypen. Dazu gehören die ausschließliche Gesetzgebung des Bundes, die konkurrierende Gesetzgebung, die Rahmengesetzgebung, die Grundsatzgesetzgebung des Bundes und die ausschließliche Gesetzgebung der Länder. Daneben sind ungeschriebene Zuständigkeiten des Bundes anerkannt.[2] Den geschriebenen Kompetenztypen sind noch jeweils unterschiedliche Gesetzesmaterien zugeordnet. Bund und Länder stehen daher bei jedem Gesetzgebungsvorhaben vor der Frage, wer für dieses konkrete Vorhaben zuständig ist. Eine Prüfung der Zuständigkeit erfolgt in zwei Schritten. Zuerst wird untersucht, welcher Materie das geplante Vorhaben zuzuordnen ist. Anschließend wird die gefundene Materie einem Kompetenztyp zugeordnet, woraus sich dann die Zuständigkeit entweder des Bundes oder der Länder ergibt. Viele Vorhaben lassen sich so schnell der Kompetenz des Bundes oder der Länder zuordnen. Schwierigkeiten entstehen aber dann, wenn geplante Gesetzgebungsvorhaben sich nicht einer der bekannten Materien klar zuordnen lassen. Dies gilt insbesondere auch für Vorhaben zum Schutz der Umwelt. Da das Grundgesetz keine allgemeine Gesetzgebungsmaterie „Umwelt" kennt, sondern hauptsächlich den einzelnen Umweltmedien korrespondierende Materien, muss der Gesetzgeber bei jedem Vorhaben untersuchen, welche Materie oder Materien einschlägig ist bzw. sind. Soweit keine klare Zuordnung möglich ist, kann es zum Streit über das Ausmaß der Kompetenz kommen. Kompetenzstreitigkeiten führen jedoch zu hemmenden und

1 „Die Gesetzgebungskompetenzen, die Verfahren, sind so kompliziert, dass ein Einzelner kaum sofort alles überblicken kann", s. Zypries „Der Bund hat das letzte Wort", in: Die ZEIT vom 21.10.2004, S. 4.

2 Vgl. zu den verschiedenen Kompetenztypen Degenhart, in: Sachs (Hrsg.), GG, 3. Aufl. 2003, Art. 70 Rn. 22ff.

schleppenden Gesetzgebungsverfahren, im extremen Fall zur Abstandnahme umweltfördernder Vorhaben. Diese Sachlage führt zu einer Lähmung des Bundesstaates, die ihn konkurrenzunfähig und nicht zukunftsfähig macht. Um diese und weitere Probleme der bundesstaatlichen Ordnung, die zudem Bund und Länder gehäuft vor das Bundesverfassungsgericht gebracht haben, zu beheben, haben Bundestag und Bundesrat im Oktober 2003 eine Kommission zur Modernisierung der Bundesstaatlichen Ordnung eingesetzt mit dem Ziel, „die Handlungs- und Entscheidungsfähigkeit von Bund und Ländern zu verbessern, die politischen Verantwortlichkeiten deutlicher zuzuordnen sowie die Zweckmäßigkeit und Effizienz der Aufgabenerfüllung zu steigern".[3] Aufgabe der Kommission war dabei unter anderem, die Systematik des Grundgesetzes bezüglich der Gesetzgebungskompetenzen zu überprüfen. Hier wurden sowohl die verschiedenen Kompetenztypen als auch die ihnen zugeordneten Materien untersucht. Die Kommission beendete ihre Arbeit am 17. Dezember 2004, da sie sich nicht auf gemeinsame Vorschläge, vor allem im Bereich des Bildungswesens, einigen konnte. Im Rahmen der Koalitionsverhandlungen zwischen CDU/CSU und SPD im November 2005 wurde nunmehr eine Reform des Föderalismus beschlossen.[4]

Die vorliegende Arbeit beschränkt sich auf die Frage, ob sich die Rahmengesetzgebung im Umweltrecht bewährt hat. Kritik am Institut der Rahmengesetzgebung im Umweltrecht ist keine neuartige Erscheinung. Schon früher wurde versucht, einzelne Umwelttitel aus der Rahmengesetzgebung in die konkurrierende Gesetzgebungskompetenz des Bundes überzuleiten[5], was jedoch regelmäßig scheiterte. In den Blickpunkt geriet die Rahmengesetzgebung auch bei der Diskussion um ein Umweltgesetzbuch (UGB).[6] Das Bundesumweltministerium hatte nach langen wissenschaftlichen Vorarbeiten[7] im April 1999 einen Referentenentwurf für ein Erstes Buch zum Umweltgesetzbuch (UGB I) vorgelegt. Das Projekt wurde dann aufgrund erheblicher Kompetenzbedenken innerhalb der Ressortabstimmung, die von Seiten des Bundesinnenministeriums und des Bundes-

3 BT-Drs. 15/1685; BR-Drs. 750/03.

4 Vgl. Gemeinsam für Deutschland – mit Mut und Menschlichkeit, Koalitionsvertrag zwischen CDU, CSU und SPD, Anlage 2, Ergebnis der Koalitionsarbeitsgruppe zur Föderalismusreform, abrufbar unter www.cdu.de.

5 Vgl. dazu die Bestrebungen des Bundes bezüglich der Kompetenz des Wasserhaushalts: erstmals BT-Drs. II/3158 und vorerst letztmals BT-Drs. 7/887, s. ausführlich Czychowski/Reinhardt, WHG, 8. Aufl. 2003, Einl. Rn. 8.

6 Zum UGB s. Kloepfer, Umweltrecht, 3. Aufl. 2004, § 1 Rn. 40ff.

7 Kloepfer/Rehbinder/Schmidt-Aßmann unter Mitwirkung von Kunig, Umweltgesetzbuch – Allgemeiner Teil, 1991; Jarass/Kloepfer/Kunig/Papier/Peine/Rehbinder/Salzwedel/Schmidt-Aßmann, Umweltgesetzbuch – Besonderer Teil, 1994; Bundesministerium für Umwelt, Naturschutz und Reaktorsicherheit (Hrsg.), Umweltgesetzbuch (UGB-KomE), 1998.

justizministeriums geäußert wurden, gestoppt.[8] Als Mangel wurde vor allem erachtet, dass der Bund nicht die vollständige Gesetzgebungszuständigkeit für den Wasserhaushalt sowie für Natur und Landschaft habe, sondern nur eine Rahmenkompetenz. Eine weitere Verfolgung des Projektes UGB sollte erst auf Grundlage einer erweiterten Gesetzgebungskompetenz des Bundes stattfinden. Die Entscheidung des Bundesumweltministeriums ist dabei im Schrifttum auf heftige Kritik gestoßen.[9] Die Kompetenzen zum Erlass eines Umweltgesetzbuches seien ausreichend, da durch Kompetenzkombinationen eine hinlängliche verfassungsrechtliche Grundlage vorhanden sei.[10] Der Beschränkung durch Art. 75 Abs.2 GG würde dadurch Rechnung getragen, dass der Entwurf im Bereich Wasserhaushalt, Naturschutz und Landschaftspflege gerade keine abschließenden Regelungen erlasse, sondern den Landesgesetzgebern weiterhin ein Gestaltungsspielraum verbleibe. An der Entscheidung des Bundesumweltministeriums wurde auch kritisiert, dass die kompetenzrechtlichen Bedenken, die zum Scheitern des UGB I führten nicht mehr für das Artikelgesetz[11] gelten sollten und dieses recht weite Bundesregelungen erlaubte.[12]

Bei einer Betrachtung der Funktionsfähigkeit der Rahmengesetzgebung im Umweltrecht sind vor allem die Anforderungen, die heute an die Gesetzgebung im Umweltbereich gestellt werden, zu berücksichtigen. So ist zum einen der enorme Einfluss des Europarechts auf den Erlass von Umweltgesetzen zu beachten. Die Initiative zur Veränderung von Umweltgesetzen geht immer häufiger von europäischen Richtlinien aus. Als Beispiel sei nur das Siebte Gesetz zur Änderung des Wasserhaushaltsgesetzes vom 18. Juni 2002[13] erwähnt, welches der Umsetzung der sogenannten Wasserrahmenrichtlinie (WRRL)[14] diente. Der Umsetzung von europäischem Recht ins nationale Recht kommt damit eine hohe Bedeutung in der Umweltgesetzgebung zu. Die Rahmengesetzgebung muss also den Anforderungen, die bei der Umsetzung des Europarechts gestellt werden, gerecht werden, damit Umweltgesetzgebung weiterhin praktikabel möglich ist. In diesem Zusammenhang ist insbesondere zu prüfen, ob mit der Rahmengesetzgebung eine fristgemäße Umsetzung der Richtlinien möglich ist. Zum anderen hat sich der

8 Pressemitteilung des BMU 139/99 vom 02.09.1999.

9 Vgl. nur Rehbinder/Wahl, NVwZ 2002, 21ff., 23; a.A. Gramm, DÖV 1999, 540ff.

10 S. dazu und zum Folgenden Bundesministerium für Umwelt, Naturschutz und Reaktorsicherheit (Hrsg.), Umweltgesetzbuch (UGB-KomE), S. 84ff.

11 Gesetz zur Umsetzung der UVP-Änderungsrichtlinie, der IVU-Richtlinie und weiteren EG-Richtlinien zum Umweltschutz vom 27. Juli 2001 (BGBl. I, S. 1950).

12 Rehbinder/Wahl, NVwZ 2002, 22.

13 BGBl. I, S. 1914, berichtigt auf S. 2711.

14 Richtlinie 2000/60/EG des Europäischen Parlaments und des Rates zur Schaffung eines Ordnungsrahmens für Maßnahmen der Gemeinschaft im Bereich der Wasserpolitik, ABl. EG Nr. L 327, S. 1.

umweltpolitische Ansatz in der Umweltgesetzgebung geändert. Wurde in den Anfängen der Umweltgesetzgebung ein eher medialer Umweltschutz praktiziert, wird heute der Gedanke des integrierten Umweltschutzes[15] bevorzugt. Beispiele, die dem Integrationsprinzip praktische Geltung verschafften, sind vor allem die UVP-Richtlinie[16] und die IVU-Richtlinie.[17] Die Rahmengesetzgebung als Kompetenztyp muss folglich geeignet sein, eine solche integrative Gesetzgebung zu verwirklichen. Des Weiteren sind die Voraussetzungen, unter denen der Gesetzgeber Rahmenregelungen erlassen kann, zu betrachten. Im Laufe der Jahre haben sich diese stets verschärft, zuletzt durch das 42. Gesetz zur Änderung des Grundgesetzes vom 27. Oktober 1994[18], durch Einführung einer Erforderlichkeitsklausel in Art. 72 Abs. 2 GG, die gemäß Art. 75 Abs. 1 GG auch für die Rahmengesetzgebung gilt. Das Bundesverfassungsgericht hat in mehreren Urteilen[19], bei denen erstmalig die Erforderlichkeitsklausel geprüft wurde, in jüngerer Zeit strenge Anforderungen an ein Tätigwerden des Bundesgesetzgebers gestellt, die sich auf Grund der Verweisung in Art. 75 Abs. 1 GG auch auf die Gesetzgebung im Umweltrecht auswirken werden. Es ist somit fraglich, inwieweit die Rahmengesetzgebung durch die Rechtsprechung des Bundesverfassungsgerichts überhaupt noch praktikabel ist.

Die hier skizzierten und weiteren Probleme im Bereich der Rahmengesetzgebung im Umweltrecht werden im Folgenden vertieft. In einem ersten Teil der vorliegenden Arbeit erfolgt die Darstellung der historischen Grundlagen der Rahmengesetzgebung. Daran schließt sich eine Erörterung der Umweltmaterien, die der Rahmengesetzgebung unterfallen, an. Die Analyse der jüngsten Rechtsprechung des Bundesverfassungsgerichts zur Erforderlichkeitsklausel wird deutlich machen, dass der Spielraum des Bundesgesetzgebers, im Bereich dieser Materien tätig zu werden, mittlerweile stark eingeschränkt ist.

Im zweiten Teil stellt sich die Frage, inwieweit und ob die vom Gesetzgeber gesetzten Umweltziele durch die Rahmengesetzgebung überhaupt noch verwirklicht werden können. Es wird sich herausstellen, dass eine effektive, insbesondere fristgerechte Umsetzung von Europäischen Richtlinien kaum möglich ist. Die

---

15 Zum Begriff s. di Fabio, Integratives Umweltrecht – Bestand, Ziele, Möglichkeiten –, in: Gesellschaft für Umweltrecht (Hrsg.), Dokumentation zur 21. wissenschaftlichen Fachtagung der Gesellschaft für Umweltrecht e.V., 1997, 27ff., 29.

16 Richtlinie 85/337/EWG des Rates über die Umweltverträglichkeitsprüfung bei bestimmten öffentlichen und privaten Projekten, ABl. EG Nr. L 175 v. 27.06.185, S. 40, geändert durch Richtlinie 97/11/EG, ABl. EG Nr. L 73 vom 03.03.1997, S. 5.

17 Richtlinie 96/61/EG des Rates über die integrierte Vermeidung und Verminderung der Umweltverschmutzung, ABl. EG Nr. L 257 vom 24.09.1996, S. 26.

18 BGBl. I, S. 3146.

19 BVerfGE 106, 62ff. (Altenpflege); BVerfG NJW 2004, 2803ff. (Juniorprofessur); BVerfG NJW 2004, 2363ff. (Ladenschluss).

hieraus resultierenden Folgeprobleme der Zahlung eines Zwangsgeldes gemäß Art. 228 EG und der damit verbundene Streit um den Bund – Länder – Regress werden ebenfalls untersucht.

Im letzten Teil werden die unterschiedlichen Vorschläge, die im Rahmen der Föderalismusdiskussion insbesondere von den Sachverständigen gemacht und erörtert wurden, im Hinblick auf ihre Effektivität und Praktikabilität betrachtet. Abschließend erfolgt ein eigener Vorschlag zur zukünftigen Stellung der Rahmengesetzgebung im Umweltrecht.

Kapitel 1: Rahmengesetzgebungskompetenz

I. Gesetzgebungskompetenzen im Bundesstaat

1. Begriffsbestimmungen

Trotz der zahlreichen Ausprägungsformen des Bundesstaats[20] hat sich eine allgemeine Definition des Begriffs „Bundesstaat" durchgesetzt. So ist ein Bundesstaat „eine durch die Verfassung des Gesamtstaates geformte staatsrechtliche Verbindung von Staaten in der Weise, daß die Teilnehmer Staaten bleiben oder sind (Gliedstaaten), aber auch der organisierte Staatenverband selbst (Gesamtstaat) die Qualität eines Staates besitzt".[21] Bedeutende Erscheinungsformen des Bundesstaats sind kooperativer[22], unitarischer[23] und kompetitiver[24] Bundesstaat.

Aus der allgemeinen Definition lassen sich die Merkmale eines Bundesstaats ableiten.[25] Sowohl Gesamtstaat als auch Gliedstaaten besitzen Staatsqualität. Dabei sind die staatlichen Kompetenzen zwischen ihnen aufgeteilt. Dem Gesamtstaat muss ein bestimmbarer Einfluss auf die Gliedstaaten zustehen und die Gliedstaaten müssen am Willensbildungsprozess des Gesamtstaats beteiligt sein. Des Weiteren besteht zwischen den jeweiligen Verfassungen eine gewisse Homogenität. Ferner wird das Verhältnis zwischen Gesamt- und Gliedstaaten nicht nur durch die gemeinsame Verfassung geprägt, sondern ebenso durch den allgemeinen Verhaltensgrundsatz der Bundestreue.[26] Weitere wesentliche Merkmale sind das Vorhandensein einer Kollisionsnorm zwischen Bundes- und Landesrecht und die notwendige Mitwirkung der Gliedstaaten bei Verfassungsänderungen.

---

20 Vgl. zu den verschiedenen Möglichkeiten Isensee, in: Isensee/Kirchhof (Hrsg.), HStR IV, 2. Aufl. 1999, § 98 Rn. 1ff.

21 Stern, Staatsrecht I, 2. Aufl. 1984, S. 644 mit zahlr. weit. Nachw.

22 Vgl. dazu Kimminich, in: Isensee/Kirchhof (Hrsg.), HStR I, 2. Aufl. 1999, § 26 Rn. 54ff.; Sommermann, in: v. Mangoldt/Klein/Stark, GG II, 4. Aufl. 2000, Art. 20 Rn. 44 m.w.N.

23 Grundlegend Hesse, Der unitarische Bundesstaat, 1962; Kimminich, in: Isensee/Kirchhof (Hrsg.), HStR I, § 26 Rn. 49ff.

24 Vgl. dazu nur Sommermann, in: v. Mangoldt/Klein/Stark, GG II, Art. 20 Rn. 55ff. mit zahlr. weit. Nachw.

25 Vgl. zum folgenden Stern, Staatsrecht I, S. 645f. jeweils mit weit. Nachw.

26 Zum Institut der Bundestreue vgl. insbesondere Isensee, in: Isensee/Kirchhof (Hrsg.), HStR IV, § 98 Rn. 151ff.

Nicht gleichzusetzen mit dem Begriff des Bundesstaats ist der Begriff des Föderalismus: Der Föderalismus ist als politisches Prinzip zu verstehen[27] und nicht als Staatsbegriff. Im Bundesstaat kommt diese politische Idee zum Ausdruck, wobei der Bundesstaat auch als Leittypus des Föderalismus[28] bezeichnet wird. Der Föderalismus ist keine in sich geschlossene Lehre, sondern kommt in verschiedensten Erscheinungsformen zur Geltung. Immanent ist ihm jedenfalls der Gesellschafts- und Staatsaufbau von unten nach oben.[29] Der Föderalismus geht von einer grundsätzlichen Primärzuständigkeit der kleinsten Ebene aus. Die nächsthöhere Ebene soll erst zuständig sein, wenn die vorhergehende Ebene die ihr zugewiesenen Aufgaben nicht erfüllen kann. Das Subsidiaritätsprinzip ist somit Teil des Föderalismus.[30] Die Grundlagen und Entscheidungen des Föderalismus schlagen sich im Bundesstaat nieder und sind somit prägende Elemente der Bundesstaatlichkeit.

2. Föderalismus und Bundesstaat in Deutschland

Die Idee des Föderalismus hat in Deutschland eine lange Tradition, die nach 1648 mit dem Westfälischen Frieden beginnt.[31] Erste, allerdings in der Literatur umstrittene Ansätze für eine Bundesstaatstheorie erfolgten schon 1661 durch Ludolf Hugo.[32] Heute ist allgemein anerkannt, dass Deutschland von 1648 bis zur Auflösung des Reiches 1806 eine föderale Struktur in Form eines Staatenbundes aufwies.[33] Der Deutsche Bund von 1815 wurde ebenfalls auf der Grundlage der föderalistischen Idee gegründet, wenn auch erneut als Staatenbund. Der somit erste Bundesstaat auf deutschem Boden war der 1867 gegründete Norddeutsche Bund. Auch die Reichsverfassungen des Deutschen Reichs von 1871 und der Weimarer Republik von 1919 behielten die Bundesstaatlichkeit bei, wenn auch in unterschiedlich starken Ausprägungen. Durchbrochen wurde der Grundsatz des Föderalismus in der Deutschen Verfassungsgeschichte in den Jahren der natio-

---

27 Vgl. nur Stern, Staatsrecht I, S. 660; Kimminich, in: Isensee/Kirchhof (Hrsg.), HStR I, § 26 Rn. 1.

28 Zippelius, Allgemeine Staatslehre, 13. Aufl. 1999, § 38 I.

29 Stern, Staatsrecht I, S. 660; Zippelius, a.a.O., § 39 IV.

30 Scholz, Deutschland – In guter Verfassung?, 2004, S. 151.

31 Vgl. zur Geschichte ausführlich Kimminich, in: Isensee/Kirchhof (Hrsg.), HStR I, § 26 Rn. 25ff.

32 Ludolf Hugo, De statu regionum Germaniae, Gießen 1689; zitiert nach Stern, Staatsrecht I, S. 655f. – Ursprünglich erschien die Dissertation schon 1661 in Helmstedt. Aufgrund der größeren Verbreitung der Giessener Ausgabe von 1689 wird allgemein diese zitiert.

33 Kimminich, in: Isensee/Kirchhof (Hrsg.), HStR I, § 26 Rn. 28.

nalsozialistischen Herrschaft. Durch das Reichsgesetz über den Neuaufbau des Reichs vom 30. Januar 1934[34] wurden die Länder beseitigt und ein Einheitsstaat etabliert. Nach der Herrschaft der Nationalsozialisten erfolgte der Wiederaufbau der deutschen Staatlichkeit nach den Prinzipien des Föderalismus mit der Festschreibung des Bundesstaatsprinzips im Grundgesetz. Diese Entscheidung entsprang dem politischen Wollen des Grundgesetzgebers und stellt nicht, wie teilweise behauptet, ein bloßes Oktroi der Siegermächte dar.[35] Die Verfassung der DDR war zunächst ebenfalls föderalistisch geprägt und wurde 1952 zugunsten eines Einheitsstaats geändert. Mit dem gleichzeitigen Inkrafttreten des Grundgesetzes und des Ländereinführungsgesetzes[36] am 3. Oktober 1990[37] gilt die föderalistische Struktur wieder in ganz Deutschland.

3. Der Bundesstaat des Grundgesetzes

Art. 20 Abs. 1 GG besagt, dass die Bundesrepublik Deutschland ein demokratischer und sozialer Bundesstaat ist. Neben der Staatsgrundlagenbestimmung des Art. 20 GG kommt das Bundesstaatsprinzip in weiteren Verfassungsnormen[38] und auch im Staatsnamen zum Ausdruck. Es ist allgemein anerkannt, dass das Bundesstaatsprinzip zu den Leitprinzipien der Verfassung gehört. Als „Grundlage der Verfassung" wurde das Bundesstaatsprinzip vom Bundesverfassungsgericht in einer seiner ersten Entscheidungen bezeichnet.[39] Des Weiteren bezeichnend für die Entscheidung des Verfassunggebers zum Bundesstaatsprinzip ist dessen doppelter Schutz durch die Änderungssperre in Art. 79 Abs. 3 GG.[40] Danach ist eine Änderung der Grundsätze des Art. 20 GG und des Grundsatzes der Gliederung in Bund und Länder nicht möglich. Ihm kommt also eine herausragende Stellung innerhalb des Gefüges des Grundgesetzes zu.

---

34 RGBl. I, S. 75.

35 Vgl. Kimminich, in: Isensee/Kirchhof (Hrsg.), HStR I, § 26 Rn. 35; Sommermann, in: v. Mangoldt/Klein/Stark, GG II, Art. 20 Rn. 23; Stern, Staatsrecht V, 2000, S. 1332 mit weit. zahlr. Nachw.

36 Verfassungsgesetz zur Bildung von Ländern in der Deutschen Demokratischen Republik – Ländereinführungsgesetz – vom 22.7.1990, GBl. (DDR) 1990 I, S. 955.

37 Anlage II zum Einigungsvertrag vom 31.8.1990 (BGBl. II, S. 889) änderte in Kapitel II Abschnitt II den Tag des Inkrafttretens des Ländereinführungsgesetzes, welcher nach dessen § 1 Absatz 1 und § 25 Absatz 1 der 14.10.1990 sein sollte, auf den 3.10.1990.

38 Vgl. nur beispielsweise Art. 28 – 31, 70 – 80 GG.

39 BVerfGE 1, 14, 34.

40 Dazu Kimminich, in: Isensee/Kirchhof (Hrsg.), HStR I, § 26 Rn. 39.

Der Streit, ob das Grundgesetz von einem zweigliedrigen oder dreigliedrigen Bundesstaatsbegriff ausgeht[41], kann durch die Entscheidung des Bundesverfassungsgerichts im sog. Hessen-Urteil[42] als überwunden gelten.[43] Das Grundgesetz geht danach von einem zweigliedrigen Bundesstaatsbegriff aus, obwohl es zum Teil von der Bundesrepublik und zum Teil vom Bund spricht. Diese unterschiedliche Terminologie lässt nicht auf eine staatsorganisatorische Unterscheidung zwischen Bund und Ländern schließen.[44]

4. Kompetenzverteilung im Bundesstaat

Jeder Bundesstaat steht vor dem Problem einer ausgeglichenen und gerechten Kompetenzverteilung, da sowohl Bund als auch die Länder Staaten sind. Der Abgrenzung der Kompetenzaufteilung hinsichtlich Gesetzgebung, Verwaltung, Rechtsprechung und Finanzverwaltung zwischen Gesamtstaat und Gliedstaaten kommt somit eine herausragende Funktion zu.[45] Sie gilt als „eine wichtige Ausformung des bundesstaatlichen Prinzips im Grundgesetz und zugleich (als) ein Element zusätzlicher funktionaler Gewaltenteilung. Sie verteilt politische Macht und setzt ihrer Ausübung einen verfassungsrechtlichen Rahmen, der diese Machtverteilung aufrechterhalten und ein Zusammenwirken der verschiedenen Kräfte sowie einen Ausgleich widerstreitender Belange ermöglichen soll."[46] Dabei sind vielfältige Ausgestaltungen denkbar. Vereinfacht kann man von drei Grundmodellen ausgehen.[47] Zum einen können Gesamtstaat und Gliedstaaten verschiedene Sachbereiche zugewiesen werden. Es wird demnach eindeutig festgelegt, wer für welches Sachgebiet die Kompetenzhoheit hat. Diese Regelung, die auf den ersten Blick für eine klare Trennung sorgt, hat den nicht zu unterschätzenden Nachteil, dass bei der Kompetenzaufteilung oft einige Sachbereiche noch gar nicht vorhanden oder erkennbar sind. So konnte beispielsweise der Verfassunggeber 1949 noch gar nicht erkennen, dass im Bereich der Gentechnik Regelungsbedarf bestehen würde. Das Modell kann also dazu führen, dass ein Sachbereich weder dem

41 Vgl. zum Streitstand Kimminich, in: Isensee/Kirchhof (Hrsg.), HStR I, § 26 Rn. 40; Stern, Staatsrecht I, S. 650f.

42 BVerfGE 13, 54, 77ff.; klare Absage an den dreigliedrigen Bundesstaatsbegriff.

43 H.M. vgl. dazu Kimminich, in: Isensee/Kirchhof (Hrsg.), HStR I, § 26 Rn. 40 ff.; Stern, Staatsrecht I, S. 651 m.w.N.

44 So wohl noch BVerfGE 6, 309, 340, 364. A.A. zur Auslegung des Urteils bei Kimminich, in: Isensee/Kirchhof (Hrsg.), HStR I, § 26 Rn. 42.

45 Vgl. Schnapp, in: v. Münch/Kunig, GG II, 5. Aufl. 2001, Art. 20 Rn. 8.

46 BVerfGE 55, 274, 318f.

47 Vgl. zum folgenden Maurer, Staatsrecht I, 3. Aufl. 2003, § 10 Rn. 20.

Gesamt- noch den Gliedstaaten zugewiesen wird. Um eine solche Entwicklung zu vermeiden, bedient man sich folgender Aufteilung: Alle Sachbereiche, die nicht ausschließlich den Ländern zugeordnet sind, fallen automatisch in den Zuständigkeitsbereich des Bundes. Somit erfolgt eine klare Zuordnung für jeden Sachbereich. Dieses Modell lässt sich selbstverständlich auch umkehren, so dass alle Sachbereiche, die nicht ausschließlich dem Bund zugeordnet sind, automatisch in den Zuständigkeitsbereich der Länder fallen, wie im Fall der Verfassung des Deutschen Reiches vom 28.3.1849.[48] Diese Zuordnung kann für einen Sachbereich insgesamt erfolgen oder nochmals für die drei Gewalten unterschiedlich aufgeteilt werden. So kann etwa der Sachbereich „Wasserhaushalt" im Bereich der Legislative dem Bund zugeordnet sein, während er im Bereich der Exekutive den Ländern zugeordnet ist. Andererseits kann dieser Sachbereich auch insgesamt, also sowohl im Bereich der Legislative als auch im Bereich der Exekutive, dem Bund zugeteilt werden.

Die Grundnorm für die Verteilung der Kompetenzen im Grundgesetz ist Art. 30 GG. Dieser bestimmt, dass die Ausübung der staatlichen Befugnisse und die Erfüllung staatlicher Aufgaben Sache der Länder ist, soweit das Grundgesetz keine anderen Regelungen trifft oder zulässt. Das Grundgesetz geht also von einer Regelzuständigkeit der Länder und einer ausnahmsweisen Zuständigkeit des Bundes aus.[49] Dieser Grundsatz wird für die unterschiedlichen Gewalten im Grundgesetz weiter präzisiert. So bestimmt Art. 83 GG für die Exekutive, dass die Länder die Bundesgesetze als eigene Angelegenheiten ausführen, soweit das Grundgesetz nichts anderes bestimmt oder zulässt. Art. 92 GG konkretisiert die Kompetenzverteilung im Bereich der rechtsprechenden Gewalt.

5. Gesetzgebungskompetenzen im Grundgesetz

Die Verteilung der Gesetzgebungskompetenzen[50] richtet sich nach Art. 70 GG. Danach haben die Länder das Recht zur Gesetzgebung, soweit das Grundgesetz nicht dem Bund ausdrücklich die Gesetzgebungszuständigkeit verleiht. Die Länder haben insoweit eine Residualkompetenz. Das Grundgesetz belässt es nicht bei der Verteilung der Sachbereiche, sondern unterscheidet zusätzlich zwischen vier[51] Arten von Gesetzgebungszuständigkeiten des Bundes. Der Bund hat die

---

48 S. dazu Stern, Staatsrecht I, S. 672f.

49 Pechstein/Weber, JURA 2003, 82ff., 83; Weidemann, DVP 2004, 353ff.

50 Zum folgenden vgl. Pechstein/Weber, JURA 2003, 82ff; Weidemann, DVP 2004, 353ff.

51 Die Frage, ob die Rahmengesetzgebungskompetenz eine dritte, eigenständige Gesetzgebungskompetenz oder lediglich ein Unterfall der konkurrierenden Gesetzge-

Gesetzgebungskompetenz nach Art. 71, 73 GG (ausschließliche Kompetenzen), Art. 72, 74, 74a GG (konkurrierende Kompetenzen), Art. 75 GG (Rahmenkompetenz) und nach Art. 91a Abs. 2 S. 2, 109 Abs. 3, 140 GG i.V.m. Art. 138 Abs. 1 S. 2 WRV (Grundsatzgesetzgebungskompetenz). Neben diesen Bundeskompetenzen bestehen die sog. ungeschriebenen Bundeskompetenzen. Diese werden in Bundeszuständigkeiten aufgrund Sachzusammenhangs, Annexkompetenzen und Kompetenzen kraft Natur der Sache unterschieden.[52]

Der Kompetenztyp der ausschließlichen Gesetzgebung weist dem Bund die alleinige Zuständigkeit zur Gesetzgebung zu. Die Länder können nur gesetzgeberisch tätig werden, soweit sie in einem Bundesgesetz dazu ermächtigt werden. Die Materien, die unter die ausschließliche Gesetzgebung fallen, sind nicht abschließend in Art. 73 GG auflistet. Art. 105 Abs. 1 GG enthält ebenso eine ausschließliche Zuständigkeit wie diejenigen Grundgesetzartikel[53], die einen Vorbehalt der Bundesgesetzgebung enthalten.[54]

---

bungskompetenz ist, ist umstritten. Für einen Unterfall der konkurrierenden Gesetzgebung spricht der Wortlaut des Art. 70 Abs. 2 GG, der nur ausschließliche und konkurrierende Gesetzgebung nennt. Für die Eigenständigkeit der Rahmengesetzgebung spricht jedoch der Wortlaut des Art. 75 Abs. 1 GG, der auf Art. 72 Abs. 2 GG verweist, was jedoch nicht erforderlich wäre, wenn die Rahmengesetzgebung einen Unterfall der konkurrierenden Gesetzgebung darstellte. In der vorliegenden Arbeit wird der zweiten Meinung gefolgt, da auch die inhaltliche Bedeutung von Rahmengesetzen und konkurrierenden Gesetzen eine andere ist. Ausführlich zum Streitstand Schneider, Die Rahmengesetzgebungskompetenz des Bundes, 1994, S. 27ff. Für eine dritte Art der Gesetzgebungszuständigkeit: Maunz, in: Maunz/Dürig, GG, Art. 75 Rn. 3 (Loseblatt, Stand: Oktober 1996); Lienhardt, BayVBl. 82, 454ff.; Pieroth, in: Jarass/Pieroth, GG, 7. Aufl. 2004, Art. 70 Rn. 10; Heintzen, in: Bonner Kommentar (BK), Bd. 7, Art. 70 Rn. 102 (Loseblatt, Stand: Dezember 2003); Schneider, Die Rahmengesetzgebungskompetenz des Bundes, 1994, S. 35; Sannwald, in: Schmidt-Bleibtreu/Klein (Hrsg.), GG, 10. Aufl. 2004, Art. 75 Rn. 9; wohl auch Degenhart, in: Sachs (Hrsg.), GG, 3. Aufl. 2003, Art. 70 Rn. 9; a.A. Kunig, in: v. Münch/Kunig, GG III, 5. Aufl. 2003, Art. 75 Rn. 2; Rozek, in: v. Mangoldt/Klein/Stark, GG II, 4. Aufl. 2000, Art. 75 Rn. 2; Stettner, in: Dreier (Hrsg.), GG II, 1998, Art. 75 Rn. 15; vgl. auch BVerfGE 1, 14, 35; BVerwGE 3, 335, 339, die Art. 75 GG als Unterfall von Art. 72 GG sehen.

52 Vgl. zu den sog. ungeschriebenen Bundeskompetenzen Kunig, in: v. Münch/Kunig, GG III, Art. 70 Rn. 23ff.; Rozek, in: v. Mangoldt/Klein/Stark, GG II, Art. 70 Rn. 36ff.

53 Vgl. die teils differierenden Aufzählungen bei Degenhart, in: Sachs (Hrsg.), GG, Art. 77 Rn. 2a; Rozek, in: v. Mangoldt/Klein/Stark, GG II, Art. 71 Rn. 19; Rengeling, in: Isensee/Kirchhof (Hrsg.), HStR IV, § 100 Rn. 109.

54 Degenhart, in: Sachs (Hrsg.), GG, Art. 71 Rn. 2; Rengeling, in: Isensee/Kirchhof (Hrsg.), § 100 Rn. 108; differenzierend Maunz, in: Maunz/Dürig, GG, Art. 71 Rn. 4 (Loseblatt, Stand: Lfg. 23): Soweit ein vorbehaltenes Bundesgesetz eine Gesetzesma-

Daneben besteht die konkurrierende Gesetzgebung in Art. 72 GG. Bei den Materien, die unter diesen Kompetenztyp fallen, können die Länder nur tätig werden, soweit der Bund nicht von seiner Gesetzgebungszuständigkeit Gebrauch gemacht hat. Das Bundesgesetz besitzt also gegenüber dem Landesgesetzgeber eine „Sperrwirkung".[55] Der Bund kann nur gesetzgeberisch tätig werden, soweit ein Bundesgesetz nach Art. 72 Abs. 2 GG erforderlich ist.[56] Die Sachbereiche der konkurrierenden Gesetzgebung sind in den Art. 74, 74a, 105 Abs. 2, 115c GG aufgeführt. Schließlich hat der Bund für die in Art. 75 GG aufgezählten Sachbereiche die Rahmengesetzgebungskompetenz.

II. Entstehungsgeschichte

1. Die „Rahmengesetzgebung" in den Reichsverfassungen von 1871 und 1919

Der Kompetenztyp der Rahmengesetzgebung des Grundgesetzes ist keine Erfindung des Verfassunggebers von 1949. Vorläufer dieser Gesetzgebungskompetenz enthielten bereits die Reichsverfassungen von 1871 und 1919, wobei der Begriff der Rahmengesetzgebung nicht in den jeweiligen Verfassungen verwendet wurde. Allerdings wiesen die Reichsverfassungen Regelungen auf, die der Funktionsweise der Rahmengesetzgebung entsprachen und somit als Vorläufer derselben bezeichnet werden können.[57]

Die Reichsverfassung vom 16. April 1871[58] enthielt im Bereich der Gesetzgebungszuständigkeiten das Enumerationsprinzip. Danach wurde die Zuständigkeit der Länder vermutet, soweit dem Reich eine Materie nicht ausdrücklich zugewiesen wurde.[59] Innerhalb der Gesetzgebungszuständigkeit des Reiches wurde

---

terie aus dem Kompetenzkatalog der konkurrierenden Gesetzgebung betreffe, könne der Gesetzgeber nur unter den Voraussetzungen des Art. 72 GG tätig werden.

55 Vgl. zur Sperrwirkung Pechstein/Weber, JURA 2003, 86; Kunig, in: v. Münch/Kunig, GG III, Art. 72 Rn. 7ff.

56 Ausführlich dazu Kapitel 1 III 2.

57 Rengeling, in: Isensee/Kirchhof (Hrsg.), HStR IV, § 100 Rn. 1; Maunz in: Maunz/Dürig, GG, Art. 75 Rn. 20; a.A. bzgl. der Reichsverfassung von 1871 Schneider, Die Rahmengesetzgebungskompetenz des Bundes, S. 8; Stettner, in: Dreier (Hrsg.), GG II, Art. 75 Rn. 1.

58 Verfassung des Deutschen Reichs vom 16. April 1871 (RGBl. 1871, S. 63) = Blanke (Hrsg.), Deutsche Verfassungen, 2003, S. 225ff.

59 Reincke, Die Verfassung des Deutschen Reichs nebst Ausführungsgesetzen, 1906, S. 43, Note 1.

allgemein nach ausschließlichen und fakultativen Kompetenzen unterschieden.[60] Materien, die „ihrer Natur nach nicht der Machtsphäre eines einzelnen Staates (unterliegen), sondern die (die) Verbindung der Einzelstaaten zu einer höheren Einheit, dem Reiche voraus(setzen)“[61], unterlagen der ausschließlichen Kompetenz des Reiches. Dementsprechend waren die übrigen Materien, die keine reichsweite Regelung erforderten, fakultativ, so dass die Länder für diese Sachbereiche Gesetze erlassen konnten. Wurde das Reich in diesem Sachgebiet ebenfalls tätig, so wurde das entsprechende Landesrecht verdrängt, da Reichsrecht nach Art. 2 Satz 1 der Reichsverfassung Landesrecht vorging, das „stärkere (höhere) Gesetz“ war.[62] Für die fakultativen Kompetenzen bürgerte sich nach und nach der Begriff der „konkurrierenden“ Zuständigkeit ein.[63] Einen Sonderfall regelte indessen Art. 4 Satz 1 Nr. 4 der Reichsverfassung. Dem Reich wurde dort die Gesetzgebungszuständigkeit über die „allgemeinen Bestimmungen des Bankwesens“ zugestanden. Die Formulierung stellte nicht auf eine bestimmte Art der Bindungswirkung des Gesetzes ab, sondern vielmehr auf den Umfang des möglichen Gesetzesinhalts.[64] So wurde die Norm auch in der Weimarer Zeit dahingehend gedeutet, dass die Gesetzgebung über das Bankwesen dem Reich nicht schlechthin, sondern lediglich hinsichtlich der allgemeinen Bestimmungen zugewiesen worden sei.[65] Die Weimarer Reichsverfassung (WRV)[66] folgte wie ihr Vorgänger dem Grundsatz „Reichsrecht bricht Landesrecht“ (Art. 13 WRV). Von der Reichsverfassung von 1871 wurden des Weiteren die ausschließliche und die konkurrierende Kompetenz des Reiches[67] übernommen. Daneben wurde eine neue Gesetzgebungskompetenz für das Reich geschaffen. Das Reich hatte demnach das Recht, Grundsätze im Wege der Gesetzgebung aufzustellen. Nach

---

60 Laband, Das Staatsrecht des Deutschen Reiches, Bd. II, 5. Aufl. 1911, S. 120ff.; v. Rönne, Das Staatsrecht des Deutschen Reiches, Bd. II, Abt. 1, 1877, S. 5f.; Meyer-Anschütz, Lehrbuch des deutschen Staatsrechtes, 7. Aufl. 1919, S. 260ff.; Dambitsch, Die Verfassung des Deutschen Reiches, 1910, S. 38ff.

61 Laband, Das Staatsrecht des Deutschen Reiches, Bd. II, S. 121.

62 Laband, a.a.O., S. 115; Reincke, Die Verfassung des Deutschen Reichs nebst Ausführungsgesetzen, 1906, S. 43, Note 2.

63 Vgl. dazu Laband, Das Staatsrecht des Deutschen Reichs, Bd. II, S. 66 Fn. 1: „Vorausgesetzt, dass nicht eine konkurrierende Befugnis der Einzelstaaten und des Reichs anerkannt wird.“.

64 Vgl. Maunz, in: Maunz/Dürig, GG, Art. 75 Rn. 20.

65 Vgl. Anschütz, Die Verfassung des Deutschen Reichs vom 11.8.1919, 14. Aufl. 1933, S. 89 m.w.N.; Hatschek, Deutsches und Preussisches Staatsrecht, 1. Band, 1922, S. 89 begriff diese Bestimmung als „Grundsatzkompetenz“.

66 Verfassung des Deutschen Reichs vom 11.8.1919 (RGBl. S.101) = Dürig/Rudolf, Texte zur Verfassungsgeschichte, 3. Aufl. 1996, S. 176ff. = Blanke (Hrsg.), Deutsche Verfassungen, S. 247ff.

67 Hammer, JURA 2000, 57ff., 60.

Art. 10 WRV konnte das Reich Grundsätze für verschiedene Sachbereiche aufstellen. Dazu gehörten die Rechte und Pflichten der Religionsgemeinschaften, das Schulwesen einschließlich des Hochschulwesens und des wissenschaftlichen Büchereiwesens, das Recht der Beamten aller öffentlichen Körperschaften, das Bodenrecht in allen seinen Facetten und das Bestattungswesen. Art. 11 WRV gab dem Reich das Recht, Grundsätze für die Bereiche der Landesabgaben aufzustellen. Dieses Recht bestand nur, soweit die Grundsätze erforderlich waren, um bestimmte Nachteile, wie zum Beispiel eine Schädigung der Einnahmen oder der Handelsbeziehungen des Reichs, auszuschließen oder wichtige Gesellschaftsinteressen zu wahren. Art. 10 WRV gab somit dem Reich die Möglichkeit, ohne nähere Voraussetzungen Grundsätze zu erlassen, während Art. 11 WRV das Vorhandensein eines bestimmten Bedürfnisses zur Grundsatzgesetzgebung voraussetzte.[68] Die Bedeutung dieser Kompetenz lag darin, dass das „Reich in der Regelung gewisser Materien nicht, wie dies hinsichtlich der ihm durch die Verfassung zugewiesenen Sachgebiete sonst und im allgemeinen der Fall ist, unbeschränkt, sondern insofern nur beschränkt zuständig ist, als es sich damit begnügen muss, ‚Grundsätze' aufzustellen".[69] Grundsätze wurden dabei als „allgemeine, leitende Rechtssätze, Richtlinien, welche der näheren Ausführung, der Ausgestaltung im einzelnen, insbesondere unter dem Gesichtspunkt ihrer Anpassung an die besonderen Verhältnisse der einzelnen Länder, ebenso fähig wie bedürftig sind"[70] definiert. Dem Reich war somit eine abschließende Kodifizierung der in Art. 10, 11 WRV geregelten Materien verwehrt. Der Landesgesetzgebung musste ein angemessener Spielraum zur weiteren inhaltlichen Ausgestaltung gelassen werden, das Reich sollte sich „auf sog. Rahmengesetze beschränken".[71] Der Begriff des Rahmengesetzes wurde folglich schon im Zusammenhang mit der Reichsverfassung von 1919 verwendet. In der Praxis wurde von den beiden Kompetenztiteln unterschiedlich Gebrauch gemacht. Art. 10 WRV blieb buchstäblich ungenutzt, während das Reich im Bereich der steuerlichen Regelungen des Art. 11 WRV zahlreiche Grundsätze aufstellte.[72] Umstritten zwischen Reich und Ländern war die Reichweite bzw. der Geltungsbereich der aufgestellten Grundsätze. Während auf der einen Seite die Grundsätze grundsätzlich als verbindliches Recht angesehen wurden[73], wurden andererseits, vorwiegend durch die bayerische Regierung, lediglich Anweisungen an den Landesgesetzgeber in

68 Vgl. Gusy, Die Weimarer Reichsverfassung, 1997, S. 237.
69 Anschütz, Die Verfassung des Deutschen Reichs vom 11.8.1919, S. 88.
70 Anschütz, a.a.O., S. 88.
71 Anschütz, Die Verfassung des Deutschen Reichs vom 11.8.1919, S. 89.
72 Vgl. Gusy, Die Weimarer Reichsverfassung, S. 237.
73 So die überwiegende Meinung. Vgl. nur Anschütz, Die Verfassung des Deutschen Reichs vom 11.8.1919, S. 95 m.w.N.

den Grundsätzen gesehen. Allerdings sollte es nach der herrschenden Ansicht in der Literatur[74] auch möglich sein, dass den Grundsätzen nur die Bedeutung von Direktiven für den Landesgesetzgeber zukomme. Was der Reichsgesetzgeber bei der Aufstellung der Grundsätze gewollt habe, sei eine Auslegungsfrage. Die Reichsregierung schloss sich nach anfänglichen Vorbehalten dieser Meinung in einer gutachterlichen Erklärung des Reichsinnenministers vom 9. April 1924[75], der der Reichsfinanzminister in seinem Rundschreiben vom 31. Mai 1924[76] beinahe identisch folgte, an. Dieser Ansicht schlossen sich auch das Preußische Oberverwaltungsgericht und das Preußische Kammergericht[77] entgegen der Ansicht des Bayerischen Obersten Landgerichts[78] an. Auf dieser Grundlage hatte die Grundsatzgesetzgebung bis zur sog. Machtergreifung durch die Nationalsozialisten Bestand. Während der Herrschaft der Nationalsozialisten verloren die unterschiedlichen Gesetzgebungszuständigkeiten ihre Bedeutung. Die Nationalsozialisten berechtigten die Reichsregierung zur umfassenden Gesetzgebungstätigkeit und die Länder wurden nach und nach abgeschafft. Dieser Prozess begann mit dem „Ermächtigungsgesetz"[79] und entwickelte sich bis zum sog. Neuaufbaugesetz[80] hin. Ohne eine Eigenstaatlichkeit der Länder war ein föderalistischer Aufbau der Gesetzgebungskompetenzen folglich nicht erforderlich. Die Thematik der Rahmengesetzgebung des Bundes wurde damit erst wieder in den Beratungen zur Verfassunggebung für die Bundesrepublik Deutschland aktuell.

---

74 Anschütz, Die Verfassung des Deutschen Reichs vom 11.8.1919, S. 95.

75 „Ob solche Grundsätze auch unmittelbares Reichsrecht, d.h. für jedermann verbindliche Rechtssätze schaffen können oder nur Anweisungen an die Landesgesetzgebung enthalten dürfen, die erst durch diese in Verbindung mit der Ausführung der Grundsätze bindendes Recht werden, ist zwar bestritten, nach meiner Auffassung aber im ersten Sinne zu beantworten." So die wörtliche Erklärung des Reichsministeriums des Inneren v. 9.4.1924, mitgeteilt bei Poetzsch-Heffter, Handkommentar der Reichsverfassung vom 11.8.1919, 3. Aufl. 1928, Vorbem. 5 zu Art. 6-12 WRV.

76 RBB 1924, 211.

77 PrOVG, Urteil vom 24.2.1925, RBB 1925, 141, 143; PrKG, Urteil vom 22.12.1925, DJZ 1926, Sp. 299ff. Eine grundsätzliche Stellungnahme vermeidend das Reichsgericht, RGZ 107, 103ff.

78 BayObLG, Urteil vom 13.11.1926, DJZ 1927, Sp. 391ff.

79 Gesetz zur Behebung der Not von Volk und Reich vom 24.3.1933 (RGBl. I, S. 141) = von Münch (Hrsg.), Gesetze des NS-Staates, 3. Aufl. 1994, S.23ff. Das „Ermächtigungsgesetz" galt aufgrund zahlreicher Verlängerungen bis zum Ende der NS-Diktatur, vgl. RGBl. 1937 I, S. 105; RGBl. 1939 I, S. 95 und letztmalig am 10.5.1943 (RGBl. I, S. 295).

80 Gesetz über den Neuaufbau des Reiches vom 30.1.1934 (RGBl. I, S. 75).

2. Der Weg vom „Herrenchiemsee" zum Bonner Grundgesetz

Bis zu den Beratungen zur Verfassunggebung war es ein weiter Weg.[81] Der Zweite Weltkrieg endete am 8. Mai 1945 mit der Kapitulation der Streitkräfte. Im Anschluss an diese Kapitulation übernahmen die Alliierten die Staatsgewalt im Reich. In der Berliner Erklärung vom 5. Juni 1945 wurde das Ausmaß der Übernahme deutlich. Neben der Erfassung aller Bereiche der Staatsgewalt wurden von den Alliierten Besatzungszonen eingerichtet. Die Besatzungszonen waren autarke Regelungsbereiche der Alliierten, in die deutsche Behörden und Beamte je nach Zone unterschiedlich stark eingebunden wurden.[82] Für Angelegenheiten, die Gesamtdeutschland betrafen, wurde als oberstes gemeinsames Gesetzgebungs- und Exekutivorgan der Alliierte Kontrollrat eingerichtet. Die Rechtsetzung erfolgte mittels Proklamationen, Gesetzen und Befehlen, die für alle in Deutschland lebenden Personen verbindlich waren. Der Kontrollrat beendete auf Grund der aufkeimenden Spannungen zwischen Ost und West und des damit verbundenen Austritts der Sowjetunion am 20. März 1948 seine Arbeit.

Die Neuordnung Deutschlands und der Wiederaufbau von Legislative, Exekutive und Judikative erfolgten Schritt für Schritt. Zunächst wurden in den einzelnen Zonen nach und nach die politischen Parteien wieder zugelassen. Der Wiederaufbau der Verwaltung erfolgte erst einmal auf kommunaler Ebene, also „von unten nach oben". Der nächste Schritt war die Wiederherstellung der Länderstaatlichkeit, die sich je nach Besatzungszone unterschiedlich ausgestaltete.[83] Gemeinsam war jedoch allen Zonen eine Einflussnahme der jeweiligen Besatzungsmächte auf den Inhalt der Verfassung.

Vorläufer und Grundvoraussetzung für die Errichtung eines westdeutschen Staates war im Dezember 1946 der Zusammenschluss der britischen und der amerikanischen Zone zur sog. Bizone. Dabei handelte es sich um einen wirtschaftlichen Zusammenschluss mit gemeinsamer Organisation, einen sog. „Staat in Gründung".[84] Im Verlauf des Jahres 1948 wurde die französische Zone mit einbezogen, so dass von nun an von einer Trizone die Rede war. Anschließend erfolgte in der Trizone als Teil des Marshall-Plans die Währungsreform, um den Schwarzmarkt zu bekämpfen und die Wirtschaft zu stärken. In demselben Jahr fand die Londoner Sechs-Mächte-Konferenz statt, bei der über die Gründung ei-

---

81 Ausführlich zur bedindungslosen Kapitulation bis zur Errichtung der Bundesrepublik Deutschland und m.w.N. vgl. Stern, Staatsrecht V, S. 909ff.

82 Zu den einzelnen Zonen vgl. Frotscher/Pieroth, Verfassungsgeschichte, 3. Aufl. 2002, Rn. 655ff.

83 Zu den einzelnen Zonen und den jeweiligen Ländern vgl. die ausführliche Darstellung bei Stern, Staatsrecht V, S. 1043ff.

84 Frotscher/Pieroth, Verfassungsgeschichte, Rn. 710.

nes westdeutschen Staates beraten wurde. Als Ergebnis wurde die „Londoner Empfehlung“ vom 7. Juni 1948 präsentiert. Sie stellte den Ministerpräsidenten der deutschen Länder eine Vollmacht in Aussicht, um eine verfassungsgebende Versammlung einzuberufen, die einen föderativen Staat mit einer angemessenen zentralen Gewalt schaffen sollte.[85] Die Umsetzung der Londoner Beschlüsse erfolgte durch die sog. Frankfurter Dokumente, deren Übergabe am 1. Juli 1948 durch die Alliierten auch als „Geburtsstunde der Bundesrepublik Deutschland“[86] bezeichnet wird. Im Anschluss erfolgte eine umfassende Diskussion über die Frankfurter Dokumente, die mit der sog. Frankfurter Schlusskonferenz am 26. Juli 1948 endete. Man einigte sich schließlich darauf, dass eine provisorische Verfassung von Ländervertretern, dem sog. „Parlamentarischen Rat“, und nicht von einer vom Volk gewählten Verfassungsgebenden Versammlung ausgearbeitet werden sollte. Ferner sollte die Annahme dieser Verfassung durch die Landtage erfolgen und nicht durch ein Volksreferendum. Durch diese Maßnahmen wollten die Ministerpräsidenten deutlich machen, dass es sich um ein Provisorium handle, bis die Voraussetzungen für eine gesamtdeutsche Regelung gegeben seien.[87] Um dem einzuberufenden Parlamentarischen Rat zügige Beratungen zu ermöglichen, beschlossen die westdeutschen Ministerpräsidenten am 25. Juli 1948, einen „Sachverständigen-Ausschuss für Verfassungsfragen“ einzusetzen. Dieser sollte als Vorarbeit einen Entwurf mit verfassungsrechtlichen Richtlinien erstellen. Der Sachverständigen-Ausschuss tagte vom 10. bis 25. August auf der bayerischen Insel Herrenchiemsee und wird dementsprechend bis heute als „Herrenchiemseer Verfassungskonvent“ bezeichnet.[88] Angehörig waren dem Ausschuss ein Sachverständiger je Land und zusätzlich ein Sachverständiger aus Berlin.[89] Den angehörenden Mitgliedern durften Mitarbeiter und sachverständige Berater zugeordnet werden, was in erheblichem Maße genutzt wurde. Zur Erleichterung der Arbeiten wurden Unterausschüsse gebildet. Der Unterausschuss II war für Zuständigkeitsfragen auf dem Gebiet der Gesetzgebung, Rechtsprechung und Verwaltung zuständig.[90] In den Beratungen zu den Gesetzgebungskompetenzen wurde dem Bund auch eine Grundsatzgesetzgebung für verschiedene Materien zugestanden. Der Bericht über den Verfassungskonvent führte zur Grundsatzgesetz-

---

85 Kröger, NJW 1989, 1318ff., 1319.
86 Stern, Staatsrecht V, S. 1214.
87 Säcker, DÖV 1998, 784ff., 785.
88 Kröger, NJW 1989, 1319; weit. Nachw. bei: Mußgnug, in: Isensee/Kirchhof (Hrsg.), HStR I, § 6 Rn. 39 Fn. 41.
89 Stern, Staatsrecht V, S. 1246; Säcker, DÖV 1998, 786.
90 Für die weiteren Unterausschüsse vgl. Stern, Staatsrecht V, S. 1252.

gebung zwei einheitliche Positionen aus[91]: Zum einen bestand Einigkeit darüber, dass auf jeden Fall vermieden werden sollte, politische Entscheidungen in die Form von Gerichtsurteilen einzukleiden. Zum anderen war der Ausschuss der Auffassung, dass die Grundsätze lediglich Bindungen und Schranken für den Landesgesetzgeber aufstellen sollten. Danach wird deutlich, dass der Verfassungskonvent keinen abschließenden Vorschlag für den Geltungsbereich einer Grundsatzgesetzgebung hatte. Unverkennbar war lediglich, dass der Bund für bestimmte Materien keine abschließende Befugnis haben und die Grundsätze dem Landesgesetzgeber Bindungen und Schranken aufweisen sollte. In Bezug auf die zweite Feststellung wird deutlich, dass damit der Ansicht der überwiegenden Meinung der zeitgenössischen Literatur zur Reichweite der Grundsatzgesetzgebung nach der Weimarer Reichsverfassung widersprochen wurde. Warum sich die Sachverständigen nicht der Meinung der Weimarer Rechtslehrer anschlossen, ist aus den heute vorliegenden Dokumenten nicht ersichtlich.[92] Weitergehende Feststellungen im Hinblick auf die Grundsatzgesetzgebung wurden vom Ausschuss nicht getroffen und somit dem Parlamentarischen Rat zur weiteren Beratung überwiesen.

Der Parlamentarische Rat tagte vom 1. September 1948 bis Ende Mai 1949 in Bonn. Seine Mitglieder waren von den Landtagen und den Bürgerschaften Hamburgs und Bremens gewählt worden. Die Beratungen über die Einführung einer Grundsatzgesetzgebung im Grundgesetz fanden im Ausschuss für Zuständigkeitsabgrenzungen statt.[93] Im Verlaufe der Beratungen wurde entschieden, dass das Wort „Grundsatz" vermieden werden sollte. Durchsetzen konnte sich eine Formulierung des Abgeordneten *Dr. Kleindints*, der beiläufig von einem Rahmengesetz gesprochen hatte, worauf man sich anschließend auf den Begriff der „Rahmenvorschrift"[94] einigte. Inhaltlich bedeutete „Rahmenvorschrift", dass ein „Rahmengesetz ein geltendes Gesetz sei, das in jedem Land unmittelbar gelte,

---

91 Verfassungsausschuss der Ministerpräsidentenkonferenz der westlichen Besatzungszonen. Bericht über den Verfassungskonvent auf Herrenchiemsee vom 10. bis 23. August 1948, in: Bucher (Bearb.), Der Parlamentarische Rat 1948-1949. Akten und Protokolle. Bd. 2: Der Verfassungskonvent auf Herrenchiemsee, 1981, S. 527f. Die Ausführungen entsprechen fast wörtlich dem Bericht des Unterausschusses II (ebenda, S. 243, 249f.).

92 Ebenso Schneider, Die Rahmengesetzgebungskompetenz des Bundes, S. 18, der vermutet, dass die Sachverständigen davon ausgingen, dass unmittelbar den Bürger bindende Grundsätze der intendierten Zielvorgabe, nämlich der Stärkung der föderalistischen Strukturen, widerspräche.

93 Eine Zusammenfassung des Beratungsverlaufs m.w.N. ist zu finden bei v. Mangoldt/Klein/Pestalozza, GG, 3. Aufl. 1996, Art. 75 Rn. 18ff.

94 Instruktiv zu den Gründen der Begriffsänderung Schneider, Die Rahmengesetzgebungskompetenz des Bundes, S. 20f.

der Rahmen jedoch noch durch den Landesgesetzgeber auszufüllen ist".[95] Somit wurde nun auch der Geltungsbereich der Rahmenvorschrift festgelegt. Durch Rahmenvorschriften sollte auch der einzelne Bürger unmittelbar gebunden werden können. Diese Auffassung setzte sich schließlich nach intensiven Beratungen ebenso im Plenum durch, so dass die Gesetzgebungskompetenz zum Erlass von Rahmenvorschriften als Art. 75 mit folgendem Wortlaut in das Grundgesetz aufgenommen wurde:

„Artikel 75

Der Bund hat das Recht, unter den Voraussetzungen des Artikels 72 Rahmenvorschriften zu erlassen über:

1. die Rechtsverhältnisse der im öffentlichen Dienste der Länder, Gemeinden und anderen Körperschaften des öffentlichen Rechtes stehenden Personen;
2. die allgemeinen Rechtsverhältnisse der Presse und des Films;
3. das Jagdwesen, den Naturschutz und die Landschaftspflege;
4. die Bodenverteilung, die Raumordnung und den Wasserhaushalt;
5. das Melde- und Ausweiswesen."

Der Verweis auf Art. 72 GG hatte zur Folge, dass der Bund nur tätig werden durfte, soweit ein Bedürfnis nach bundesgesetzlicher Regelung bestand. Dabei gab Art. 72 Abs. 2 GG drei Varianten vor, wann ein Bedürfnis für eine bundeseinheitliche Regelung bestand.

3. Reformbestrebungen und Reformen seit 1949

In der 7. Legislaturperiode beschloss der Bundestag, eine „Enquête-Kommission Verfassungsreform" einzusetzen, deren Aufgabe es war, zu überprüfen, „ob und inwieweit es erforderlich ist, das Grundgesetz den gegenwärtigen und voraussehbaren zukünftigen Ereignissen anzupassen".[96] Dazu gehörte auch eine ausführliche Analyse des Systems der Gesetzgebungszuständigkeiten. Die Kommission empfahl in ihrem Abschlussbericht dem Bundestag, die Rahmenkompetenz nach Art. 75 GG aus dem Katalog der Gesetzgebungskompetenzen zu streichen.[97] Die

---

95 Vgl. Werner (Bearb.), Der Parlamentarische Rat 1948-1949, Akten und Protokolle, Bd. 3: Ausschuß für Zuständigkeitsabgrenzung, 1986, S. 85.

96 BT-Drs. 7/214(neu). Die Kommission bestand aus 21 Mitgliedern. Diese waren jeweils zu einem Drittel Abgeordnete des Deutschen Bundestages, benannte Ländervertreter und Sachverständige. Dabei wurden 2 Unterkommissionen, „Bund und Länder" und „Parlament und Regierung", gebildet.

97 Vgl. BT-Drs. 7/5924, S. 123ff. Die Art. 74, 74a und 75 GG sollten zu einem einheitlichen Katalog der konkurrierenden Zuständigkeit zusammengefasst werden, wobei der Bund nur tätig werden sollte, soweit es erforderlich sei.

Empfehlungen der Enquête-Kommission wurden nur teilweise umgesetzt[98], wobei in den Zuständigkeiten zur Gesetzgebungskompetenz keine Veränderung des Grundgesetzes erfolgte.

Nach der Wiedervereinigung war den Beteiligten bewusst, dass die Verfassung geändert werden müsse, um den neuen Anforderungen zu genügen. Deshalb und ebenso als direkte Folge des Art. 5 des Einigungsvertrages[99], konstituierte sich am 16. Januar 1992 die Gemeinsame Verfassungskommission von Bundestag und Bundesrat.[100] Die Kommission setzte sich aus 64 Mitgliedern nebst 64 Stellvertretern, die den politischen Parteien von CDU/CSU, SPD, FDP, Bündnis 90/Die Grünen und PDS angehörten und je zur Hälfte aus dem Bundestag und den 16 Ländern kamen, zusammen. Diese Zusammensetzung ausschließlicher Berufspolitiker sorgte in der Wissenschaft für Kritik.[101] Ein wesentlicher Punkt der Arbeit der Kommission war die Neuregelung der Verteilung der Gesetzgebungskompetenzen. Im Gegensatz zur Enquête-Kommission, die, wie oben dargestellt, die Rahmengesetzgebung abschaffen wollte, bestand nun Einigkeit darüber, dass die Rahmengesetzgebung nicht abgeschafft, sondern ihr eine schärfere Konturierung zur nachhaltigen Sicherung des Rahmencharakters gegeben werden sollte.[102] Dementsprechend verliefen die Beratungen, die darin resultierten, dass Art. 75 GG als Gesetzgebungskompetenz beibehalten und inhaltlich präzisiert wurde. Detailregelungen sollten vom Bund nur noch in Ausnahmefällen erlassen werden dürfen. Durch die gleichzeitige Änderung der Bedürfnisklausel in Art. 72 GG in eine Erforderlichkeitsklausel wurden die Voraussetzungen für den Erlass von Rahmengesetzen weiter verschärft. In Art. 75 Abs. 3 wurde erstmals eine Verpflichtung der Länder zur zeitnahen Umsetzung festgeschrieben. Zur Stärkung des föderalistischen Systems wurde in Art. 93 Abs. 1 Nr. 2a GG eine neue Klagemöglichkeit zur Überprüfung der Erforderlichkeitsklausel des Art. 72 Abs. 2 GG eingeführt. Diese Änderung sollte sicherstellen, dass der Bund nicht zu extensiv, sondern nur im Rahmen des Art. 72 Abs. 2 GG von seiner konkurrie-

98 So wurde beispielsweise festgeschrieben, dass die Wahlperiode erst mit dem Zusammentritt des neuen Bundestages endet, Art. 39 Abs. 1 S. 2 GG.

99 Vertrag über die Herstellung der Einheit Deutschlands (Einigungsvertrag) vom 31.8.1990 (BGBl. II, S. 889; GBl. I, S. 1627). Art. 5 des Einigungsvertrages sah vor, dass die gesetzgebenden Körperschaften über weitere, über Art. 4 des Einigungsvertrages hinausgehende, Grundgesetzänderungen zu befinden haben.

100 BT-Drs. 12/1590; BT-Drs. 12/1670; BR-Drs. 741/91.

101 Ernst G. Mahrenholz bezeichnete in der Süddeutschen Zeitung vom 15.4.1993 die Kommission als „Fehlkonstruktion“ ob ihrer Mitglieder, da ihnen die nötige Distanz zum politischen Alltag fehle. Dieter Grimm kritisierte in der Süddeutschen Zeitung vom 27./28.2. 1993 ebenso die Zusammensetzung, da die Mitglieder an „Betriebsblindheit“ leiden würden.

102 BT-Drs. 12/6000, S. 35.

renden Gesetzgebungskompetenz und der Rahmengesetzgebungskompetenz Gebrauch macht. Die Vorschläge der Kommission wurden alsbald vom Bundesrat[103] als Gesetzentwurf eingebracht und führten nach Abschluss des Gesetzgebungsverfahrens zur Änderung des Grundgesetzes.[104] Die Änderungen wurden in der Literatur[105] unterschiedlich bewertet. Eine Stärkung der Länder und dadurch des föderalistischen Systems wurde in den Änderungen der Gesetzgebungskompetenzen zum Teil sogar nicht gesehen.[106] Andererseits wurde Art. 75 GG auf Grund seiner Änderungen teilweise als „Richtliniengesetzgebungskompetenz" charakterisiert.[107] Die Auswirkungen, die die Reform auf das legislative Verhältnis zwischen Bund und Ländern hatte, traten erst deutlich durch die Entscheidung des Bundesverfassungsgerichts zum Altenpflegegesetz[108] zu Tage.

III. Voraussetzungen des Art. 75 GG

1. Rahmencharakter

Art. 75 GG gibt dem Bund das Recht, Rahmenvorschriften für die Gesetzgebung der Länder zu erlassen. Mit Rahmenvorschriften sind in diesem Zusammenhang Rahmengesetze gemeint.[109] Eine Definition des Begriffs Rahmenvorschrift enthält das Grundgesetz nicht. Das Bundesverfassungsgericht hat daher in seiner Leitentscheidung von 1954[110] frühzeitig Maßgaben genannt, die an die Stelle der fehlenden Begriffsbestimmung durch das Grundgesetz getreten sind. Diese Maßgaben, die die Rechtsentwicklung maßgeblich geprägt haben, wurden durch nachfolgende Entscheidungen ergänzt und modifiziert. Auch die Literatur hat sich

---

103 BT-Drs. 12/7109, vgl. auch den Gesetzentwurf der Fraktionen der CDU/CSU, SPD und FDP BT-Drs. 12/6633.

104 Gesetz zur Änderung des Grundgesetzes vom 27.10.1994 (BGBl. I, S. 3146).

105 Zur Grundgesetzänderung vgl. insbesondere die Gesamtdarstellungen bei Rybak/Hofmann, NVwZ 1995, 230ff.; Sommermann, JURA 1995, S. 393ff.; Müller-Brandeck-Bocquet, Die Verwaltung 29 (96), 145ff.; Sannwald, DÖV 1994, 629ff.

106 So Müller-Brandeck-Bocquet, Die Verwaltung 29 (1996), 153.

107 Rybak/Hofmann, NVwZ 1995, 234; Sannwald, DÖV 1994, 635; Freytag/Iven, NuR 1997, 121ff., 122; a.A. Rozek, in: v. Mangoldt/Klein/Stark, GG II, Art. 75 Rn. 4; Kunig, in: v. Münch/Kunig, GG III, Art. 75 Rn. 3; vgl. dazu auch Kapitel 1 II 1.

108 BVerfG, NJW 2003, 41ff.

109 BVerfGE 80, 137, 157; Degenhart, in: Sachs (Hrsg.), GG, Art. 75 Rn. 2; Kunig, in: v. Münch/Kunig, GG III, Art. 75 Rn. 7; Rengeling, in: Isensee/Kirchhof (Hrsg.) HStR IV, § 100 Rn. 249; ausführlich Maunz, in: Maunz/Dürig, GG, Art. 75 Rn. 22.

110 BVerfGE 4, 115, 127ff.

dem Bundesverfassungsgericht weitestgehend angeschlossen.[111] Nach dieser Rechtsprechung unterfallen Regelungen, die die Gesetzgebungstätigkeit der Länder in einer der Materien des Art. 75 GG vollständig ausschließen[112], nicht dem Anwendungsbereich des Art. 75 GG.[113] Soweit liegt schon begrifflich keine „Rahmenregelung" mehr vor. Daneben hat der Bund den Bereich der Rahmengesetzgebungskompetenz verlassen, wenn durch die Bundesregelung dem Land schlechthin verwehrt wird, seine Landesregelungen bei einer Sachmaterie des Art. 75 GG zu ändern.[114] Eine Regelung, die auf der Rahmengesetzgebungskompetenz beruht, muss ausfüllungsbedürftig und ausfüllungsfähig, wenigstens auf Ausfüllung angelegt sein.[115] Der vom Bundesgesetz vorgegebene „Rahmen" kann folglich nicht für sich allein bestehen, sondern ist gerade auf Ausfüllung durch den Landesgesetzgeber angelegt. Das bedeutet, dass neben der Rahmengesetzgebungskompetenz des Bundes die Gesetzgebungskompetenz der Länder erhalten bleibt. Grenzen werden der Landesgesetzgebung aber im Interesse des Gesamtwohls vom Bund gesetzt, wobei der Gesetzgebungsgegenstand nicht voll ausgeschöpft und bis in alle Einzelheiten angeordnet werden darf.[116] Unzulässig ist eine Rahmenregelung ferner, wenn sie dem Landesgesetzgeber lediglich die Wahl zwischen verschiedenen vorgegebenen rechtlichen Möglichkeiten gibt und er damit keinen Raum für eine eigene Willensgestaltung hat.[117] Die Länder müssen für einen substantiellen Bereich der Materie zuständig bleiben und somit die Möglichkeit haben, die jeweilige Materie entsprechend der besonderen Verhältnisse und Bedürfnisse des Landes ergänzend zu regeln.[118] Hier ist zu beachten, dass sich die Bundesregelungen an ihre Zweckbestimmung, lediglich eine Grenze

---

111 Vgl. nur Maunz, in: Maunz/Dürig, GG, Art. 75 Rn. 21f.; Maunz, BayVBl. 1955, 2ff.; Thiele, DVBl. 1964, 383ff., 386; Tiemann, DÖV 1974, 230ff.; zusammenfassend Erbguth DVBl. 1988, 317ff., 322f. m.w.N.; kritisch zur Rspr. des BVerfG Bettermann/Goessl, Schulgliederung, Lehrerbildung und Lehrerbesoldung in der bundesstaatlichen Ordnung – Zugleich ein Beitrag zur Rahmenkompetenz des Bundes und zu den Konflikten zwischen Bundes- und Landeskompetenzen, 1963, S. 114ff.

112 Rengeling, in: Isensee/Kirchhof (Hrsg.) HStR IV, § 100 Rn. 250; Rozek, in: v. Mangoldt/Klein/Stark, GG II, Art. 75 Rn. 20.

113 Dabei ist die Feststellung des rahmenrechtlichen Charakters einer Vorschrift eine verfassungsgerichtlich in vollem Umfang nachprüfbare Rechtsfrage, vgl. schon BVerfGE 4, 115, 128.

114 BVerfGE 7, 120, 127 m.w.N.

115 BVerfGE 4, 115, 129; ferner auch BVerfGE 7, 29, 41f.; 25, 142, 152; 36, 193, 202; 38, 1, 10; 43, 291, 343; 51, 43, 54; 51, 77, 95; 64, 323, 347; 66, 270, 285; 66, 291, 307; 80, 137, 157f.; 93, 319, 341.

116 BVerfGE 4, 115, 129; 51, 43, 54; 67, 382, 387.

117 BVerfGE 4, 115, 130.

118 Rengeling, in: Isensee/Kirchhof (Hrsg.) HStR IV, § 100 Rn. 253; Maunz, in: Maunz/Dürig, GG, Art. 75 Rn. 32.

für landesgesetzliche Eigenregelungen zu bilden, zu halten haben. Bundesregelungen sind allerdings nicht auf Normen grundsätzlicher Bedeutung beschränkt.[119] Andererseits ist der Bund auch nicht verpflichtet, seine Rahmenkompetenz vollständig auszuschöpfen, d. h. eine Rahmenregelung zu erlassen, die das gesamte Sachgebiet der Rahmenkompetenz erfasst.[120] Der Bund kann sich auch darauf beschränken, lediglich zu Teilgebieten einer Materie ein Rahmengesetz zu erlassen. Bundesgesetze sind nach dieser Rechtsprechung nur dann Rahmengesetze, „wenn sie nach Inhalt und Zweck der Ausfüllung durch freie Willensentscheidung des Landesgesetzgebers fähig und bedürftig in dem Sinne sind, dass erst mit dieser Ausfüllung das Gesetzgebungswerk über den zu ordnenden Gegenstand in sich geschlossen und vollziehbar wird".[121]

Um beurteilen zu können, ob ein Bundesgesetz diese Voraussetzungen erfüllt, ist das Gesetz in seiner Gesamtheit zu betrachten.[122] Daher kann ein Bundesgesetz auch Normen enthalten, die Einzelheiten[123] regeln, und trotzdem Rahmengesetz im Sinne des Art. 75 GG sein[124], „denn der Bundesgesetzgeber kann innerhalb der gesamten Regelung einer Materie, für die ihm die Rahmengesetzgebungskompetenz zusteht, einzelne abschließende Bestimmungen vorsehen, wenn nur das Ganze durch die Landesgesetzgebung ausfüllungsfähig und ausfüllungsbedürftig bleibt".[125] Auch im Anschluss an die Grundgesetzreform von 1994 ist an dem bisherigen Verständnis der „Rahmenvorschriften" grundsätzlich festzuhalten, wobei durch Art. 75 Abs. 2 GG Einschränkungen der bisherigen Praxis der Handhabung des Art. 75 GG intendiert sind.[126] Gerade Art. 75 Abs. 2 GG stellt eine Bestätigung des bisherigen vom Bundesverfassungsgericht geprägten Verständnisses dar. Danach sind „nur in Ausnahmefällen" in Einzelheiten gehende oder unmittelbar geltende Regelungen von der Gesetzgebungskompetenz des Bundes gedeckt. Diese Begrifflichkeit setzt jedoch das etablierte Begriffsverständnis der Rahmenregelung als ausfüllungsbedürftige und ausfüllungsfähige Regelung als bekannt voraus und bestätigt die prinzipielle Möglichkeit, Detailre-

119 BVerfGE 4, 115, 129f.

120 Allg. Ansicht; vgl. nur Rozek, in: v. Mangoldt/Klein/Stark, GG II, Art. 75 Rn. 6; Maunz, in: Maunz/Dürig, GG, Art. 75 Rn. 12.

121 BVerfGE 4, 115, 130.

122 BVerfGE 25, 142, 152; Rozek, in: v. Mangoldt/Klein/Stark, GG II, Art. 75 Rn. 16.

123 Zu einzelnen Details bezüglich Einzelfallregelungen, insbesondere nach der Grundgesetzänderung von 1994, vgl. unten Kapitel 2 II 3.

124 BVerfGE 43, 291, 343 m.w.N.; Rozek, in: v. Mangoldt/Klein/Stark, GG II, Art. 75 Rn. 16.

125 BVerfGE 25, 142, 152 m.w.N.

126 Allgemeine Meinung, vgl. nur Rozek, in: v. Mangoldt/Klein/Stark, GG II, Art. 75 Rn. 19; Degenhart, in: Sachs (Hrsg.), GG, Art. 75 Rn. 3, 4.

gelungen in Rahmengesetze einzufügen.[127] Daher wurde die Rahmenkompetenz durch die Grundgesetzreform von 1994 auch nicht durch eine „Richtlinienkompetenz" ersetzt oder in diese Richtung hin fortentwickelt.[128]

Zusammenfassend lässt sich festhalten, dass eine Rahmenregelung dann vorliegt, wenn die Gesetzgebungsmaterie vom Bund nicht vollständig ausgeschöpft und in allen Einzelheiten geregelt ist, wobei Detailregelungen unter den Voraussetzungen des Art. 75 Abs. 2 GG möglich sind und die Regelung einer weiteren Ausfüllung durch den Landesgesetzgeber bedarf oder zumindest darauf ausgelegt ist, ausgefüllt zu werden, wobei allerdings zu beachten ist, dass den Ländern ein Regelungsbereich von substantiellem Gewicht bleiben muss, der sich nicht bloß auf den Nachvollzug bundesgesetzlicher Gesetzgebungsanordnungen beschränkt und den Ländern nicht lediglich die Wahl zwischen zwei vorgegebenen Alternativen geben darf.

2. Die Erforderlichkeitsklausel des Art. 72 Abs. 2 GG

a) Verweis in Art. 75 Abs. 1 S. 1 GG auf Art. 72 GG

Nach Art. 75 Abs. 1 S. 1 GG darf der Bundesgesetzgeber von seiner Rahmenkompetenz nur unter den Voraussetzungen des Art. 72 Gebrauch machen. In der Literatur ist umstritten, was mit diesem Verweis gemeint ist. Die überwiegende Mehrheit liest Art. 75 Abs. 1 S. 1 GG als Verweis auf Art. 72 Abs. 2 GG und nicht auch auf die Grundstruktur des Art. 72 Abs. 1 GG.[129] Art. 72 GG sei als Art. 72 Abs. 2 GG zu lesen, da nur dieser Absatz Voraussetzungen für die Inanspruchnahme eines Kompetenztitels durch den Bund nenne. Weiterhin wäre, würde man den Verweis auf Art. 72 GG als kompletten Verweis auffassen, die seit der Reform 1994 ausdrückliche Nennung des Art. 72 Abs. 3 GG in Art. 75 Abs. 1 S. 2 GG überflüssig.[130] Dieser Auffassung ist zuzustimmen, da nur Art. 72 Abs. 2 GG Voraussetzungen für die Inanspruchnahme eines Kompetenztitels

---

127 Rozek, a.a.O., Art. 75 Rn. 19; Kunig, in: v. Münch/Kunig, GG III, Art. 75 Rn. 11.

128 So auch Rozek, in: v. Mangoldt/Klein/Stark, GG II, Art. 75 Rn. 4, Degenhart, in: Sachs (Hrsg.), GG, Art. 75 Rn. 2; Kunig, a.a.O., Art. 75 Rn. 3, 9; Stettner, in: Dreier (Hrsg.), GG II, Art. 75 Rn. 10; a.A. Sannwald, DÖV 1994, 635; Gramm, DÖV 1999, 540ff., 542; Freytag/Iven, NuR 1997, 122; Sannwald, in: Schmidt-Bleibtreu/Klein (Hrsg.), GG, Art. 75 Rn. 11.

129 Maunz, in: Maunz/Dürig, GG, Art. 75 Rn. 35; Kunig, in: v. Münch/Kunig, GG III, Art. 75 Rn. 5; Stettner, in: Dreier (Hrsg.), GG II, Art. 75 Rn. 16; a.A. Rozek, in: v. Mangoldt/Klein/Starck, GG II, Art. 75 Rn. 8.

130 So zutreffend Kunig, in: v. Münch/Kunig, GG III, Art. 75 Rn. 5; Stettner, in: Dreier (Hrsg.), GG II, Art. 75 Rn. 16.

durch den Bund nennt und es nur auf die Voraussetzungen ankommt. Das Bundesverfassungsgericht hat sich in seiner neuesten Rechtsprechung ohne große Ausführungen der überwiegenden Meinung der Literatur angeschlossen. In seinem Urteil vom 27. Juli 2004[131] geht es auf den Meinungsstreit innerhalb der Literatur gar nicht ein, sondern stellt lediglich fest, dass „eine weitere Begrenzung der Rahmengesetzgebung des Bundes sich aus dem in Art. 75 I 1 Halbs. 1 GG enthaltenen Verweis auf Art. 72 II GG ergibt."[132] Rahmenregelungen sind folglich dann zulässig, wenn die Voraussetzungen des Art. 72 Abs. 2 GG erfüllt sind.

b) Bedürfnisklausel und ihre Auslegung durch das Bundesverfassungsgericht

Vor der Reform von 1994 setzte Art. 72 Abs. 2 GG ein Bedürfnis nach bundesgesetzlicher Regelung voraus. Für das Vorliegen des Bedürfnisses gab Art. 72 Abs. 2 GG drei Varianten vor. In der praktischen Rechtsanwendung problematisch war die jeweilige Konkretisierung dieser drei Varianten. Gerade die dritte Variante eröffnete dem Bundesgesetzgeber umfassende Möglichkeiten, im Bereich der konkurrierenden Gesetzgebung und der Rahmengesetzgebung tätig zu werden. Versuche der Literatur[133], diesen Varianten feste, handhabbare Konturen zu verpassen, mussten letztlich am weiten Wortlaut der dritten Variante scheitern. Aufgrund der Unschärfe der Voraussetzungen des Art. 72 Abs. 2 GG erfolgte bald eine Anrufung des Bundesverfassungsgerichts. In seiner Entscheidung vom 30. April 1952[134] lies das Gericht die Frage, ob Art. 72 Abs. 2 GG vollständig justiziabel sei und somit auch die Möglichkeit bestehe, den jeweiligen Varianten festere Konturen zu geben, offen, da diese Frage für den konkreten Fall nicht entscheidend war. Es führte lediglich aus, dass es zweifelhaft sei, ob das Bundesverfassungsgericht das Vorliegen eines Bedürfnisses i.S.d Art. 72 Abs. 2 GG überhaupt prüfen dürfe, „oder ob es sich hier nicht – wie es für den ähnlichen Fall der „Bedarfs-Gesetzgebung" nach Art. 9 der Weimarer Verfassung fast allgemein angenommen wurde – um eine nicht-justiziable Frage des gesetzgeberischen Ermessens handelt."[135] Festgelegt und somit die Rechtsprechung für die kommenden Jahre prägend, hatte sich das Bundesverfassungsgericht schließlich in seiner Entscheidung vom 22. April 1953.[136] Die Frage, ob ein Bedürfnis nach bundes-

131 BVerfG, NJW 2004, 2803ff.
132 BVerfG, NJW 2004, 2803, 2805.
133 Vgl. nur Stern, Staatsrecht II, S. 596ff.; Maunz, in: Maunz/Dürig, GG, Art. 72 Rn. 21ff. (Loseblatt, Stand: Oktober 1996); Rengeling, in: Isensee/Kirchhof (Hrsg.), HStR IV, § 100 Rn. 122.
134 BVerfGE 1, 264ff.
135 BVerfGE 1, 264, 272f.
136 BVerfGE 2, 213ff.

gesetzlicher Regelung bestehe, sei „eine Frage des pflichtgemäßen Ermessens des Bundesgesetzgebers, die ihrer Natur nach nicht justiziabel und daher der Nachprüfung durch das Bundesverfassungsgericht grundsätzlich entzogen ist."[137] Diese Formel wurde schließlich in nachfolgenden Urteilen[138] stereotyp wiederholt, um das Fehlen einer Prüfung des Vorliegens eines Bedürfnisses nach Art. 72 Abs. 2 GG zu begründen. Alternativ begnügte sich das Bundesverfassungsgericht mit der Feststellung, dass, soweit der Bundesgesetzgeber das Bedürfnis nach bundesgesetzlicher Regelung bejaht hat, „das Bundesverfassungsgericht auf die Prüfung beschränkt (ist), ob der Bundesgesetzgeber die in Art. 72 Abs. 2 Nr. 3 GG verwendeten Begriffe im Prinzip zutreffend ausgelegt und sich in dem dadurch bezeichneten Rahmen gehalten hat."[139] Weiterhin treffe der Bundesgesetzgeber – insbesondere im Hinblick auf Art. 72 Abs. 2 Nr. 3 GG – „eine politische Vorentscheidung, die das Bundesverfassungsgericht zu respektieren hat."[140] Praktisch wirkte sich die Rechtsprechung so aus, dass der Bundesgesetzgeber demnach ausschließlich selbst über das Vorliegen des Bedürfnisses entschied. Es verwundert daher kaum, dass keine Vorschrift vom Bundesverfassungsgericht wegen Überschreitung der von Art. 72 Abs. 2 GG gesetzten Grenzen für verfassungswidrig erklärt wurde. In der gerichtlichen Überprüfung von Gesetzen, die auf Art. 74 GG gestützt wurden, wurde Art. 72 Abs. 2 GG entweder völlig übergangen oder lediglich pro forma erwähnt.[141] Diese Rechtsprechung stieß im Schrifttum bald auf Kritik.[142] Nach der Rechtsprechung des Bundesverfassungsgerichts habe der Bundesgesetzgeber nicht nur über das Ob und Wie einer gesetzlichen Regelung zu entscheiden, sondern auch über die Zulässigkeit seines Tätigwerdens.[143] Es läge folglich im Ermessen des Bundesgesetzgebers, ob er tätig werden würde.[144] Daneben stehe die Rechtsprechung zu Art. 72 Abs. 2 GG in einem unaufgeklärten Widerspruch zu den Urteilen, die den Begriff „Rahmen-

137 BVerfGE 2, 213, 224.

138 Vgl. nur BVerfGE 4, 115, 127f.; 10, 234, 245; 33, 224 229; 65, 1, 63; 65, 283, 289.

139 BVerfGE 13, 230, 234. Mit ähnlicher Diktion auch BVerfGE 26, 338, 382f.; 67, 299, 327.

140 BVerfGE 26, 338, 382; zuletzt noch: BVerfGE 78, 249, 270.

141 Vgl. dazu v. Mangoldt/Klein/Pestalozza, GG, 3. Aufl. 1996, Art. 72 Rn. 117, m.w.N. in Fn. 199.

142 Vgl. nur Lerche, BayVBl. 1958, 231ff., 234f.; Maunz, in: Maunz/Dürig, GG, Art. 72 Rn. 18f.; Stern, Staatsrecht I, S. 679; Krüger, BayVBl. 1984, 545ff., 546f; Bethge, BayVBl. 1985, 257ff., 258f.; Rengeling, in: Isensee/Kirchhof (Hrsg.), HStR IV, § 100 Rn. 124.

143 Maunz, in: Maunz/Dürig, GG, Art. 72 Rn. 18.

144 Stern, Staatsrecht I, S. 679.

vorschriften“ in Art. 75 GG als Rechtsbegriff qualifizieren.[145] Das Bundesverfassungsgericht hielt trotz dieser Kritik an seiner Rechtsprechung fest. Insofern war für die Änderung des Status quo der Gesetzgeber gefragt, sollte ein weiterer Bedeutungsverlust der Länder im Bereich der Gesetzgebung und damit eine weitere Aushöhlung der föderalistischen Struktur verhindert werden.

c) Reform der Gesetzgebungskompetenzen im Rahmen der Verfassungsreform von 1994

Der Gesetzgeber reagierte auf diesen Zustand erst im Rahmen der Verfassungsreform von 1994. Er ersetzte die „Bedürfnisklausel“ durch die „Erforderlichkeitsklausel“. Der Begriff der Erforderlichkeit war als verfassungsrechtlicher Terminus bereits im Rahmen der Prüfung der Verhältnismäßigkeit vorhanden. Umstritten war, ob sich diese Begrifflichkeit auch auf das Bund-Länder-Verhältnis des Art. 72 Abs. 2 GG übertragen lies. Die überwiegende Meinung[146] lehnte die vollständige Übertragung ab. Die bisherige Begrifflichkeit sei wesentlich vom grundrechtlichen Kontext geprägt und im Falle des Art. 72 Abs. 2 GG müsse der Bund seinen „Eingriff“ nicht in diesem Sinne rechtfertigen.[147] Die Erforderlichkeit sollte danach nur zu verneinen sein, wenn dem Anliegen des Art. 72 Abs. 2 GG bereits durch wesentlich gleichsinnige Landesgesetze Rechnung getragen werde bzw. dies zu erwarten sei.[148] Einigkeit bestand darin, dass dem Bundesgesetzgeber insoweit jedoch eine Einschätzungsprärogative zuzustehen sei.[149] Um die Justitiabilität der neuen Erforderlichkeitsklausel festzuschreiben und somit der bisherigen verfestigten Rechtsprechung des Bundesverfassungsgerichts zu entgehen, fügte der Gesetzgeber zusätzlich in Art. 93 Abs. 1 Nr. 2a GG ein neues verfassungsgerichtliches Verfahren ein. Die Wirksamkeit dieser neuen Verfahrensart wurde von der Literatur kritisch beurteilt. Einhellig wurde festgestellt, dass sich das Bundesverfassungsgericht durch Art. 93 Abs. 1 Nr. 2 GG nicht mehr darauf

---

145 Sondervotum Stern, Schlussbericht der Enquête-Kommission Verfassungsreform, BT-Drs. 7/5924.

146 Kunig, in: v. Münch/Kunig, GG III, Art. 72 Rn. 28; Oeter, in: v. Mangoldt/Klein/Starck, GG II, Art. 72 Rn. 108; Schmehl, DÖV 1996, 724ff., 726; Degenhart, in: Sachs (Hrsg.), GG, Art. 72 Rn. 10; in einem anderen Zusammenhang auch BVerfGE 81, 310, 338; a.A. Callies, DÖV 1997, 889ff., 896; Kenntner, VBlBW 1999, 289ff., 294; Reichert, NVwZ 1998, 17ff., 18.

147 Kunig, a.a.O., Art. 72 Rn. 28.

148 Kunig, in: v. Münch/Kunig, GG III, Art. 72 Rn. 28; Oeter, in: v. Mangoldt/Klein/Starck, GG II, Art. 72 Rn. 108; enger Degenhart, in: Sachs (Hrsg.), GG, Art. 72 Rn. 15.

149 Vgl. nur Kunig, a.a.O., Art. 72 Rn. 28; Oeter, a.a.O., Art. 72 Rn. 111; Degenhart, a.a.O., Art. 72 Rn. 15.

berufen könne, dass Art. 72 Abs. 2 GG nicht justitiabel sei, denn durch ihn sei die Justitiabilität gerade vorausgesetzt.[150] Allerdings war es auch bisher dem Bundesverfassungsgericht nicht verwehrt, die Inanspruchnahme der Gesetzgebungsbefugnis durch den Bund verfassungsgerichtlich zu überprüfen.[151] Das Bundesverfassungsgericht hatte, insoweit ist *Oeter*[152] zuzustimmen, sich nicht komplett der Überprüfung des Art. 72 Abs. 2 GG entzogen. Es hatte sich lediglich darauf beschränkt, zu prüfen, ob „der Bundesgesetzgeber die in Art. 72 II Nr. 3 GG verwendeten Begriffe im Prinzip richtig ausgelegt und sich in dem dadurch bezeichneten Rahmen gehalten hat."[153] Problematisch ist daher der materielle Kontrollmaßstab[154], so dass es um das Ausmaß der gerichtlichen Kontrolle geht[155], über welches jedoch Art. 93 Abs. 1 Nr. 2 GG gerade nichts explizit aussagt. Dementsprechend pessimistisch waren auch die Aussichten im Schrifttum, ob sich das Bundesverfassungsgericht in Zukunft wirklich einer konkreten Überprüfung der Voraussetzungen des Art. 72 Abs. 2 GG widmen würde oder ob allenfalls ein gradueller Wandel in der Haltung des Bundesverfassungsgerichts zu erwarten sei.[156] Insgesamt wurden die entsprechenden Änderungen der Verfassungsreform skeptisch aufgenommen. Weitgehend bestand Einigkeit, dass der Bundesgesetzgeber durch die Reform einer erweiterten Begründungs- bzw. Darlegungslast im Hinblick auf die Inanspruchnahme der Gesetzgebungskompetenz unterliege.[157]

---

150 Vgl. nur Kunig, in: v. Münch/Kunig, GG III, Art. 72 Rn. 24; Oeter, in: v. Mangoldt/Klein/Starck, GG II, Art. 72 Rn. 114; Kröger/Moos, BayVBl. 1997, 705ff., 709f.; Callies, DÖV 1997, 896f.; Schmehl, DÖV 1996, 726f.; Papier, NJW 1997, 2841ff., 2847; Jarass, NVwZ 2000, 1089ff., 1092; Kenntner, VBlBW 1999, 294. Siehe auch die Begründung in BT-Drs. 12/6633, S. 8.

151 Oeter, a.a.O., Art. 72 Rn. 90; Degenhart, in: Sachs (Hrsg.), GG, Art. 72 Rn. 10, jeweils mit dem Hinweis auf die lediglich erfolgte Erweiterung des Kreises der Antragsteller.

152 Oeter, in: v. Mangoldt/Klein/Starck, GG II, Art. 72 Rn. 90.

153 Vgl. nur BVerfGE 13, 230, 234.

154 Oeter, in: v. Mangoldt/Klein/Starck, GG II, Art. 72 Rn. 90; Degenhart, in: Sachs (Hrsg.), GG, Art. 72 Rn. 10 Fn. 41.

155 Kunig, in: v. Münch/Kunig, GG III, Art. 72 Rn. 24; Pestalozza, JZ 1998, 1039ff., 1044.

156 Oeter, in: v. Mangoldt/Klein/Starck, GG II, Art. 72 Rn. 112; Kunig, in: v. Münch/Kunig, GG III, Art. 72 Rn. 28; Sommermann, JURA 1995, 395.

157 Kunig, a.a.O., Art. 72 Rn. 29; Oeter, a.a.O., Art. 72 Rn. 115; Degenhart, in: Sachs (Hrsg.), GG, Art. 72 Rn. 15; a.A. Pieroth, in: Jarass/Pieroth, GG, Art. 72 Rn. 15.

d) Rechtsprechung des Bundesverfassungsgerichts zur Erforderlichkeitsklausel

(1) Altenpflege-Urteil

Das Bundesverfassungsgericht hat sich eingehend mit den Voraussetzungen des Art. 72 Abs. 2 GG erstmalig in seiner Entscheidung vom 24. Oktober 2002 zur Neuregelung der Altenpflege[158] auseinandergesetzt und seine dortige Rechtsprechung mittlerweile in weiteren Urteilen bestätigt.[159] Zunächst stellt das Bundesverfassungsgericht fest, dass „ein von verfassungsgerichtlicher Kontrolle freier gesetzgeberischer Beurteilungsspielraum hinsichtlich der Voraussetzungen des Art. 72 II GG nicht besteht".[160] Es legt damit den gerichtlich überprüfbaren Spielraum des Art. 72 Abs. 2 GG fest. Die Voraussetzungen des Art. 72 Abs. 2 GG sind somit vollständig gerichtlich kontrollierbar. Dem Bundesgesetzgeber sollte entgegen einer Ansicht in der Literatur[161] gerade kein Beurteilungsspielraum zugestanden werden. Dies ergebe sich eindeutig aus der historischen Interpretation der Vorschrift.[162] Diese Auslegungsmethode ist gleichzeitig die zentrale Leitlinie in der Argumentation des Gerichts.[163] Das Bundesverfassungsgericht bestätigt obige Aussage im Rahmen seiner systematischen Auslegung, in der es anmerkt, dass der verfassungsändernde Gesetzgeber in Art. 93 Abs. 1 Nr. 2a GG ausdrücklich ein eigenes verfassungsgerichtliches Verfahren eingefügt hat. Diese Vorschrift liefe leer, „verstünde man die Gesetzesbegriffe in Art. 72 II GG als nicht justiziabel."[164] Zuletzt verweist das Bundesverfassungsgericht auf die grammatikalische Auslegung der Vorschrift, die die Distanz zur früheren Rechtsprechung des Bundesverfassungsgerichts verdeutlicht.[165] Danach folgt ein allgemeiner Grundsatz für die Interpretation der in Art. 72 Abs. 2 GG vorgegebenen drei Varianten der Erforderlichkeitsklausel: „Deren Konkretisierung muss sich am Sinn der besonderen bundesstaatlichen Integrationsinteressen orientieren".[166] Zunächst befasst sich das Bundesverfassungsgericht mit dem Begriff der „Einheitlichkeit" der Lebensverhältnisse und führt dazu aus: „Das Erfordernis der Herstellung gleichwertiger Lebensverhältnisse ist nicht schon dann erfüllt, wenn

158 BVerfG, NJW 2003, 41ff.
159 BVerfG, NJW 2004, 2363ff.; BVerfG, NJW 2004, 2803ff.; BVerfG, NJW 2005, 493ff.; BVerfG, NVwZ 2004, 597, 603. Vgl. auch Waldhoff, JuS 2005, 391ff.
160 BVerfG, NJW 2003, 41, 50.
161 Degenhart, in: Sachs, GG, Art. 75 Rn. 11, Rybak/Hofmann, NVwZ 1995, 563.
162 BVerfG, NJW 2003, 41, 51.
163 Kenntner, NVwZ 2003, 821ff., 822.
164 BVerfG, a.a.O., 51.
165 BVerfG, NJW 2003, 41, 51.
166 BVerfG, NJW 2003, 41, 52.

es nur um das Inkraftsetzen bundeseinheitlicher Regelungen geht. Dem Bundesgesetzgeber ist ein Eingreifen auch dann nicht erlaubt, wenn lediglich eine Verbesserung der Lebensverhältnisse in Rede steht. Dies folgt nicht nur aus dem Wortlaut der Norm, sondern auch, in systematischer Auslegung, aus einem Vergleich mit Art. 91a I GG. Dort ist die Mitwirkung des Bundes bei der Erfüllung der Aufgaben der Länder gestattet, wenn dies „zur Verbesserung der Lebensverhältnisse erforderlich ist". Es ist kein Grund ersichtlich, der den Verfassunggeber dazu hätte veranlassen können, sich bei der Kompetenznorm für eine andere Wortwahl zu entscheiden, wenn er in der Sache dasselbe gemeint hätte wie in Art. 91 a GG. Der Zweck des Art. 72 II GG, die Bundeskompetenzen einzuschränken, würde zudem an Kraft verlieren, wäre es dem Bund erlaubt, irgendwelche Verbesserungen, die immer möglich und wünschenswert sind, ohne weiteres zum Anlass für einen Eingriff in das grundsätzlich bestehende Gesetzgebungsrecht der Länder zu nehmen. Das bundesstaatliche Rechtsgut gleichwertiger Lebensverhältnisse ist vielmehr erst dann bedroht und der Bund erst dann zum Eingreifen ermächtigt, wenn sich die Lebensverhältnisse in den Ländern der Bundesrepublik in erheblicher, das bundesstaatliche Sozialgefüge beeinträchtigender Weise auseinander entwickelt haben oder sich eine derartige Entwicklung konkret abzeichnet".[167] Daher kann der Bund nicht schon dann tätig werden, wenn seine Vorstellungen über den politisch „besseren" Weg nicht mit denen der Länder übereinstimmen und er deshalb seine Vorstellungen an die Stelle der Politik der Länder setzen möchte.[168] Ob eine wirklich substantielle Beeinträchtigung der Gleichwertigkeit der Lebensverhältnisse vorliegt, unterliegt der Einschätzung des Bundesgesetzgebers, wobei er das dafür erforderliche Tatsachenmaterial sorgfältig zu ermitteln hat. Seine Einschätzung darf erst erfolgen, wenn das gesammelte Material „fundierte Einschätzungen der gegenwärtigen Situation und der künftigen Entwicklung zulässt".[169]

Das Bundesverfassungsgericht befasst sich des Weiteren mit den anderen zwei Zielvorgaben des Art. 72 Abs. 2 GG. Das Tatbestandsmerkmal „Wahrung der Rechtseinheit"[170] in Art. 72 Abs. 2 GG soll nicht so verstanden werden, dass die Setzung bundeseinheitlicher Regelungen stets erforderlich wäre. Eine notwendige Folge des bundesstaatlichen Aufbaus sei die für den Bürger unterschiedliche Rechtslage. Folgerichtig schließt das Bundesverfassungsgericht daraus, dass die Voraussetzungen des Art. 72 Abs. 2 GG erst dann erfüllt seien, wenn sie eine Rechtszersplitterung mit problematischen Folgen darstelle, die im beiderseitigen

167 BVerfG, a.a.O., 52.
168 Depenheuer, ZG 2003, 177ff., 183.
169 BVerfG, NJW 2003, 41, 52.
170 Zum folgenden vgl. BVerfG, NJW 2003, 41, 52.

Interesse des Bundes und der Länder nicht hingenommen werden könne. Prinzipiell lässt das Grundgesetz somit eine Rechtsvielfalt in den in Art. 74 und 75 GG genannten Materien zu. Erst wenn die unterschiedliche rechtliche Behandlung desselben Lebenssachverhalts unter Umständen erhebliche Rechtsunsicherheiten und damit unzumutbare Behinderungen für den länderübergreifenden Rechtsverkehr erzeugen kann, sind gegebenenfalls einheitliche Rechtsregelungen, also Bundesregelungen, erforderlich. Eine Verpflichtung des Bundes, in diesem Fall eine bundesgesetzliche Lösung zu wählen, kann aus Art. 72 Abs. 2 GG aber nicht abgeleitet werden. Dagegen liegt die „Wahrung der Wirtschaftseinheit“ im gesamtstaatlichen Interesse, „wenn es um die Erhaltung der Funktionsfähigkeit des Wirtschaftsraums der Bundesrepublik durch bundeseinheitliche Rechtssetzung geht.“[171] Der Erlass von Bundesgesetzen liege im gesamtstaatlichen Interesse, wenn erhebliche Nachteile für die Gesamtwirtschaft durch Landesregelungen oder das Untätigbleiben der Länder entstehen können.[172]

Abschließend stellt das Bundesverfassungsgericht die Frage nach dem Ausmaß der Eingriffsbefugnis. „Erforderlich ist die bundesgesetzliche Regelung danach nur soweit, als ohne sie die vom Gesetzgeber für sein Tätigwerden im konkret zu regelnden Bereich in Anspruch genommene Zielvorgabe des Art. 72 II GG, also die Herstellung gleichwertiger Lebensverhältnisse oder die im gesamtstaatlichen Interesse stehende Wahrung der Rechts- oder Wirtschaftseinheit, nicht oder nicht hinlänglich erreicht werden kann“.[173] Dem Gesetzgeber soll dabei eine Einschätzungsprärogative für Konzept und Ausgestaltung des zu erlassenden Gesetzes verbleiben. Die Kontrolle der „Erforderlichkeit“ unterliegt dem Bundesverfassungsgericht. Der Gesetzgeber besitze für die Feststellung künftiger Entwicklungen, von denen die „Erforderlichkeit“ i.S. des Art. 72 Abs. 2 GG abhängt, einen Prognosespielraum. Das Bundesverfassungsgericht prüft in diesem Fall nur, ob vom Gesetzgeber relevante Tatsachen übersehen wurden oder ob er seine Entscheidung auf eine umfassende, möglichst vollständige Tatsachenermittlung stützen kann.[174]

(2) Analyse und Stellungnahme

Das Urteil des Bundesverfassungsgerichts wurde in der Literatur unterschiedlich bewertet.[175] Festzuhalten ist, dass das Urteil die Rechte der Länder im Bereich

171 BVerfG, NJW 2003, 41, 52.
172 BVerfG, a.a.O., 53.
173 BVerfG, NJW 2003, 41, 53.
174 BVerfG, NJW 2003, 41, 54.
175 Euphorisch Kenntner, DVBl. 2003, 259ff., der von einem „Markstein in der Geschichte des Föderalismus“ spricht; zurückhaltender Fassbender, JZ 2003, 332ff.;

der konkurrierenden Gesetzgebung und der Rahmengesetzgebung stärkt. Es ist zugleich eine Stärkung der föderalistischen Struktur innerhalb der Bundesrepublik Deutschland. Das Bundesverfassungsgericht hat die sich ihm durch das Normenkontrollverfahren gegebene Chance zur Kurskorrektur seiner bisherigen Rechtsprechung grundlegend genutzt.[176] Eindeutig geklärt hat das Bundesverfassungsgericht nun die Frage der Justitiabilität: Die Voraussetzungen des Art. 72 Abs. 2 GG unterliegen einer umfassenden gerichtlichen Kontrolle. Den Bundesländern ist dadurch eine effektiv geschützte Rechtsposition eingeräumt worden, durch die der Bund auf den geringst möglichen Eingriff in den Kompetenzbereich der Länder beschränkt werden kann.[177] In der praktischen Anwendung ergeben sich in Zukunft im Bereich der konkurrierenden und der Rahmengesetzgebung Schwierigkeiten, die aber nicht unüberwindbar sind. Ein Ausschluss des Bundes im Bereich der Materien der Art. 74, 75 GG kann in diesem Urteil und auch in der Folgerechtsprechung nicht gesehen werden.[178] Dem Bund wurde durch die Rechtsprechung lediglich ein erhöhter Begründungsaufwand auferlegt.[179] Er muss sich in Zukunft genau überlegen, und vor allem darlegen, ob das gewünschte Bundesgesetz tatsächlich „erforderlich" im Sinne des Art. 72 Abs. 2 GG in der Form der Interpretation des Bundesverfassungsgerichts ist.[180] Reine klauselartige Wiederholungen des Gesetzestextes von Art. 72 Abs. 2 GG reichen für die Gesetzesbegründung nicht mehr aus. Erforderlich ist vielmehr die Darstellung der tragenden Gesichtspunkte für den Prognoseschluss des Bundesgesetzgebers, warum also eine bestimmte Regelung „erforderlich" im Sinne von Art. 72 Abs. 2 GG ist.[181] Zweifel gehen zu Lasten des Bundes.[182] Die Darlegungslast des Bundesgesetzgebers garantiert somit die Sicherung des Ausnahmecharakters der Vorschrift.[183] Eine weitere Folge dieser Rechtsprechung ist der substantielle Zuwachs an realer Gestaltungsmacht für die Länder.[184] Die Landesparlamente ha-

---

zweifelnd, ob sich tatsächlich Auswirkungen in der Praxis ergeben Jochum, NJW 2003, 28ff., 30; kritisch Brenner, JuS 2003, 852ff.

176 Depenheuer, ZG 2003, 180.

177 Kenntner, NVwZ 2003, 821.

178 Ebenso Depenheuer, ZG 2005, 83ff., 87; kritisch Sangenstedt, UVP-Report 2005, 12ff., 13.

179 So schon die überwiegende Meinung vor der Entscheidung: vgl. nur Kunig, in: v. Münch/Kunig, GG III, Art. 72 Rn. 29; Oeter, in: v. Mangoldt/Klein/Starck, GG II, Art. 72 Rn. 115; Degenhart, in: Sachs (Hrsg.), GG, Art. 72 Rn. 15; Sommermann, JURA 1995, 395; a.A. Pieroth, in: Jarass/Pieroth, GG, Art. 72 Rn. 15.

180 Ebenso Poschmann, NVwZ 2004, 1318ff., 1321.

181 Vgl. Kenntner, NVwZ 2003, 823.

182 Depenheuer, ZG 2005, 88.

183 Depenheuer, ZG 2003, 188.

184 S. dazu Depenheuer, a.a.O., 91f.

ben dadurch mehr Möglichkeiten zur selbstbewussten politischen Gestaltung. In diesem Zusammenhang ist allerdings zu berücksichtigen, dass sie selbst in bestimmten Bereichen gleichzeitig mehr gefordert sind. Zusammenfassend lässt sich feststellen, dass das Bundesverfassungsgericht den Bundesgesetzgeber vor keine unlösbare Aufgabe gestellt hat. Einer weiteren Untersuchung bedarf die Frage bezüglich der Auswirkungen speziell auf die Umweltgesetzgebung.[185] Zu beobachten ist schon jetzt eine neue Entwicklung. So gilt das neue Umweltinformationsgesetz (UIG)[186] nur für den Bund und nicht mehr wie bisher auch für die Länder.[187] In der Gesetzesbegründung wird dieser Schritt mit der nicht vorhandenen Gesetzgebungsbefugnis des Bundes erläutert.[188] Diese war jedoch noch für das alte UIG[189] nach Auffassung des Bundes auch für die Länderbehörden gegeben.[190] Ob der Bund weiterhin die Gesetzgebungsbefugnis besitzt, bedarf an dieser Stelle aufgrund des begrenzten Untersuchungsumfangs dieser Darstellung keiner Entscheidung. Die neue Linie des BMU überrascht, da eine Gesetzgebungskompetenz „kampflos" aufgegeben wird.[191] Dahinter könnten taktische Erwägungen stecken. Der Erlass des UIG fiel zeitgenau in die Debatte um die Verteilung der Gesetzgebungskompetenzen innerhalb der Föderalismusdiskussion. Vermutlich wollte das BMU die Gelegenheit nutzen, noch einmal aufzuzeigen, dass für eine bundesweit einheitliche Gesetzgebung ein bundesgesetzlicher Kompetenztitel „Umweltrecht" erforderlich ist. Der Zeitpunkt konnte nicht besser gewählt worden sein.

---

185 Vgl. dazu Kapitel 2.

186 Gesetz zur Neugestaltung des Umweltinformationsgesetzes und zur Änderung der Rechtsgrundlagen zum Emissionshandel vom 22.12.2004 (BGBl I, S. 3704).

187 Kritik bei Henneke, VBlBW 2005, 256ff., 261.

188 BT-Drs. 15/3406, S. 1: „Der Kreis der verpflichteten Stellen wird im Hinblick auf die Gesetzgebungskompetenz des Bundes eingeschränkt, als er sich nur noch auf informationspflichtige Stellen des Bundes bezieht."

189 Umweltinformationsgesetz, in der Fassung der Bekantmachung vom 23.8.2001 (BGBl. I, S. 2218).

190 Vgl. die Begründungen in BT-Drs. 12/7138, S. 9f., insbesondere S. 11: „Eingriffe in die Kompetenzen der Länder erfolgen hierdurch nicht, da die Definition über die Information der Umwelt in § 3 Abs. 2 ausschließlich Umweltdaten erfasst, für die eine Gesetzgebungskompetenz des Bundes besteht." Dabei ist zu beachten, dass zum Zeitpunkt des Erlasses noch die Bedürfnisklausel galt. Jedoch wurde auch bei der nachfolgenden Änderung des UIG kein Bedarf gesehen, diese Auffassung zu ändern, vgl. BT-Drs. 14/4599, S. 85f., die diese Tatsache gar nicht problematisiert.

191 Ebenso Näckel/Wasielewski, DVBl. 2005, 1351ff., 1354.

e) Besonderheiten der Anwendung des Art. 72 Abs. 2 GG im Rahmen des Art. 75 GG

Unterschiede im Hinblick auf die Beurteilung des Vorliegens der Voraussetzungen des Art. 72 Abs. 2 GG im Rahmen des Art. 75 GG bestehen grundsätzlich nicht. Für Art. 75 GG ist die Erforderlichkeitsklausel nach den gleichen Kriterien zu bestimmen, die für die Beurteilung der Kompetenzmaterien der Art. 74, 74a GG gelten.[192] Es ist lediglich zu beachten, dass die Erforderlichkeit einer Rahmenvorschrift zu prüfen, also zu fragen ist, ob die drei Varianten des Art. 72 Abs. 2 GG eine bundesweite Rechtsvereinheitlichung in dem Maße erforderlich machen, der durch Rahmenregelungen erzielt werden kann.[193] Betreffs der Problematik der Justitiabilität und der Einschätzungsprärogative des Bundesgesetzgebers ist ebenfalls auf die Ausführungen zu Art. 72 Abs. 2 GG zu verweisen.[194] Zur Frage der zulässigen Regelungsintensität einer Rahmenregelung trifft Art. 72 Abs. 2 GG keine Aussage. Die Regelungsintensität, d.h., wie engmaschig und detailliert eine Rahmenregelung sein darf, ergibt sich nur aus dem Begriff der „Rahmenvorschrift".[195]

3. Behandlung von Detailregelungen innerhalb einer Rahmenregelung

a) Neuschaffung des Absatz 2 durch die Verfassungsreform von 1994

Eine weitere Begrenzung des Spielraums für den Bundesgesetzgeber enthält Art. 75 Abs. 2 GG. Danach dürfen Rahmenvorschriften nur in Ausnahmefällen in Einzelheiten gehende oder unmittelbar geltende Regelungen enthalten. Der Absatz wurde im Rahmen der Verfassungsreform von 1994 neu eingeführt und verdeutlicht die prinzipielle Möglichkeit von Detailregelungen. Schon vor seiner Einführung wurde von der Rechtsprechung die Zulässigkeit punktueller Vollregelungen mit unmittelbarer Wirkung in Rahmenvorschriften bejaht. Voraussetzung für die Verfassungskonformität dieser Rahmenvorschriften war, dass „an der einheitlichen Regelung dieser Frage ein besonders starkes und legitimes Interesse

---

192 Rozek, in: v. Mangoldt/Klein/Stark, GG II, Art. 75 Rn. 10; Degenhart, in: Sachs (Hrsg.), GG, Art. 75 Rn. 9.

193 Ebenso Rozek, a.a.O., Art. 75 Rn. 10; Degenhart, a.a.O., Art. 75 Rn. 11.

194 So schon Rozek, in: v. Mangoldt/Klein/Stark, GG II, Art. 75 Rn. 10; Kunig, in: v. Münch/Kunig, GG III, Art. 75 Rn. 6; Degenhart, in: Sachs (Hrsg.), GG, Art. 75 Rn. 10; nun auch bestätigt durch BVerfG, NJW 2004, 2803, 2805.

195 Vgl. schon BVerfGE 4, 115, 127; aus dem Schrifttum vgl. nur Rozek, a.a.O., Art. 75 Rn.11; Kunig, a.a.O., Art. 75 Rn. 6; Degenhart, a.a.O., Art. 75 Rn. 9.

besteht, sofern die Einzelregelung im Zusammenhang eines Gesetzeswerkes steht, das – als Ganzes gesehen – dem Landesgesetzgeber noch Spielraum läßt und darauf angelegt ist, von ihm aufgrund eigener Entschließung ausgefüllt zu werden."[196] Die bundesrechtlichen Vorschriften mussten inhaltlich in der Weise beschränkt sein, dass Bundesgesetze und Landesgesetze nebeneinander wirken mussten, um die gewünschte gesetzliche Ordnung zu erreichen und praktisch anwendbares Recht zu schaffen.[197] Erforderlich war ein nicht zu vernachlässigender Anteil der Landesgesetzgebung[198], der durch den bloßen Nachvollzug bundesrechtlicher Gesetzgebungsanordnungen und die Beschränkung auf die Wahl zwischen rechtlich vorgegebenen Alternativen mit dem Sinn der Rahmengesetzgebung nicht gewährleistet wurde. Die Funktion des neugeschaffenen Absatzes 2 sollte nach Meinung des verfassungsändernden Gesetzgebers in der „Sicherung des Rahmencharakters" bestehen.[199] Die Neuregelung bestimmt mithin die Regelungsintensität der Rahmenvorschriften.[200] Die Bundesländer interpretierten in der gemeinsamen Verfassungskommission die Vorschrift dahingehend, dass Art. 75 Abs. 2 GG nur ausnahmsweise von dem Verbot einer Detailregelung oder unmittelbaren Regelung befreie, wobei insbesondere eine erschöpfende Regelung für einzelne Teile eines Gesetzesvorhabens bzw. einer Gesetzesmaterie, die sog. punktuellen Vollregelungen, nicht mehr zulässig seien.[201] Dieser Auffassung wurde zu Recht mit dem Argument entgegengetreten, dass schon der Verfassungswortlaut diese Auslegung nicht trägt, da eine in Einzelheiten gehende und unmittelbar geltende Regelung auch eine Vollregelung sein kann.[202]

Art. 75 Abs. 2 GG lässt ausnahmsweise in Einzelheiten gehende Regelungen zu. Der Begriff wird so interpretiert, dass Vorschriften ins Detail gehen, wenn sie dem Landesgesetzgeber keine Möglichkeit lassen, substantielle eigene Sachentscheidungen zu treffen.[203] Das bedeutet, dass die Vorschriften nicht mehr ausfüllungsfähig sind. Unmittelbar geltende Regelungen sind dagegen Regelungen, die

196 BVerfGE 43, 291, 343 unter Hinweis auf BVerfGE 4, 115, 128f.; 7, 29, 41f.; 25, 142, 152; 33, 52, 64; 36, 193, 202. Später bestätigt durch BVerfGE 66, 270, 285; 66, 291, 307; 67, 382, 387; 80, 137, 157.

197 Vgl. BVerfGE 4, 115, 130.

198 Das BVerfG spricht insoweit von einem „substantiellen Gewicht der Landesgesetzgebung". Vgl. BVerfGE 51, 43, 54; 67, 382, 387.

199 BT-Drs. 12/6000, S. 36; BT-Drs. 12/6633, S. 9; BT-Drs. 12/7109, S. 10.

200 Vgl. Rozek, in: v. Mangoldt/Klein/Stark, GG II, Art. 75 Rn. 63.

201 BT-Drs. 12/6000, S. 36.

202 Rozek, in: v. Mangoldt/Klein/Stark, GG II, Art. 75 Rn. 63; Kunig, in: v. Münch/Kunig, GG III, Art. 75 Rn. 11, 42.

203 Rozek, in: v. Mangoldt/Klein/Stark, GG II, Art. 75 Rn. 64; Degenhart, in: Sachs (Hrsg.), GG, Art. 75 Rn. 12; vgl. auch schon BVerfGE 4, 115, 129f.

„für jedermann unmittelbar verbindlich sind".[204] Solche Regelungen sind also nicht nur an den Landesgesetzgeber gerichtet, sondern berechtigen und verpflichten Bürger und normanwendende Verwaltung direkt.[205] Dabei können unmittelbar geltende Regelungen auch in Einzelheiten gehende Regelungen enthalten. Die in Art. 75 Abs. 2 GG genannten Regelungsarten schließen sich somit nicht aus, sondern ergänzen sich sogar.

Das Gesetz lässt diese Regelungen aber nur im Ausnahmefall zu. Wann ein solcher Ausnahmefall vorliegt, wird nicht näher erläutert. Die Literatur hat sich nach der Verfassungsreform an einer Bestimmung des Begriffs des Ausnahmefalls versucht. Übereinstimmend wurde festgestellt, dass der Bund formell eine erhöhte Argumentationslast und Begründungspflicht für eine Regelabweichung nach Art. 75 Abs. 2 GG trägt.[206] Materiell ist das Vorliegen eines Ausnahmefalls anhand qualitativer und quantitativer Kriterien festzustellen, wobei auch die jeweiligen Besonderheiten der einzelnen Materien des Art. 75 Abs. 1 S. 1 GG zu berücksichtigen sind.[207] Die Berücksichtigung quantitativer Kriterien bedeutet dabei, dass Detail- und Durchgriffsregelungen schon rein zahlenmäßig die Ausnahme innerhalb einer Rahmenregelung bilden müssen. Qualitativ soll die Inanspruchnahme der Ausnahmen des Art. 75 Abs. 2 GG ultima ratio sein.[208] Das bisherige, vom Bundesverfassungsgericht[209] zur Zulässigkeit punktueller Vollregelungen in Rahmenvorschriften entwickelte Kriterium des besonders starken und legitimen Interesses soll auch weiterhin die Auslegung tonangebend mitbestimmen.[210] Maßgebliche Bedeutung kommt bei der Bestimmung des Regel-Ausnahme-Verhältnisses nach Art. 75 Abs. 2 GG dem Blick auf die jeweilige Materie aus dem Katalog des Art. 75 Abs. 1 GG zu.[211]

---

204 BVerfGE 4, 115, 130.

205 Rozek, in: v. Mangoldt/Klein/Stark, GG II, Art. 75 Rn. 64; Degenhart, in: Sachs (Hrsg.), GG, Art. 75 Rn. 12.

206 Rozek, a.a.O., Art. 75 Rn. 67; Kunig, in: v. Münch/Kunig, GG III, Art. 75 Rn. 42; Degenhart, a.a.O., Art. 75 Rn. 13; Gramm, DÖV 1999, 543.

207 Vgl. nur Rozek, in: v. Mangoldt/Klein/Stark, GG II, Art. 75 Rn. 67; Kunig, in: v. Münch/Kunig, GG, Art. 75 Rn. 42.

208 Rozek, a.a.O., Art. 75 Rn. 68.

209 Vgl. nur BVerfGE 43, 291, 343; 67, 382, 387.

210 Degenhart, in: Sachs (Hrsg.), GG, Art. 75 Rn. 12a; Rozek, in: v. Mangoldt/Klein/Stark, GG II, Art. 75 Rn. 68; Stettner, in: Dreier (Hrsg.), GG II, Art. 75 Rn. 10.

211 Ausführlich Kunig, in: v. Münch/Kunig, GG III, Art. 75 Rn. 42; Rozek, a.a.O., Art. 75 Rn. 69.

b) „Juniorprofessur"-Urteil des Bundesverfassungsgerichts

(1) Anlass und Inhalt

Das Bundesverfassungsgericht hat sich in seinem Urteil vom 27. Juli 2004[212] erstmals mit den Voraussetzungen des Art. 75 Abs. 2 GG auseinandergesetzt. Anlass waren die abstrakten Normenkontrollverfahren der Länder Bayern, Thüringen und Sachsen gegen die 5. HRG-Novelle.[213] Mit dem Verfahren wurde von den Antragstellern die formelle und materielle Verfassungswidrigkeit des Gesetzes gerügt. Insbesondere für die Regelungen über die Juniorprofessur, die schon während des Reformverfahrens von heftigen und kontroversen Diskussionen begleitet wurden[214], sollte dem Bund nach Ansicht der Antragsteller die Gesetzgebungszuständigkeit fehlen. In der Urteilsbegründung geht das Bundesverfassungsgericht zunächst auf die Bedeutung der Grundgesetzänderung ein und sieht darin eine klare Anweisung des verfassungsändernden Gesetzgebers, die bisherige, als korrekturbedürftig bewertete Rechtsprechung des Bundesverfassungsgerichts zu ändern.[215] Das Bundesverfassungsgericht kündigt damit eine Änderung seiner Rechtsprechung an. Es erläutert, dass die Rahmengesetzgebung nunmehr verschärften Anforderungen unterliege und daher das Bundesverfassungsgericht seine alte, zu Art. 75 GG a. F. ergangene Rechtsprechung nicht weiter aufrechterhalten kann, da diese mit dem Ziel des verfassungsändernden Gesetzgebers nicht vereinbar sei.[216] Das Bundesverfassungsgericht stellt außerdem klar, dass die Auslegung des Begriffs des Ausnahmefalls unabhängig von der Erforderlichkeit im Sinne des Art. 72 Abs. 2 GG zu geschehen hat, da diese nicht deckungsgleich mit dem Begriff des Ausnahmefalls ist.[217] Der Literatur zustimmend erklärt das Bundesverfassungsgericht, dass Art. 75 Abs. 2 GG einen erhöhten Rechtfertigungsbedarf des Bundesgesetzgebers in formeller Sicht begründet. Auch in materieller Hinsicht schließt sich das Bundesverfassungsgericht der Literatur an, indem es das Vorliegen eines Ausnahmefalls anhand quantitativer und qualitativer Kriterien bestimmt, wobei in quantitativer Hinsicht detaillierte Vollregelungen – bezogen auf das zu beurteilende Gesetz als Ganzes – nicht dominie-

212 BVerfG, NJW 2004, 2803ff.

213 Fünftes Gesetz zur Änderung des Hochschulrahmengesetzes und anderer Vorschriften (5. HRGÄndG) v. 16. Februar 2002, BGBl. I, S. 693.

214 Vgl. z.B. die Nachweise bei Knopp, ZBR 2003, 149ff., 149 unter Fn. 6; auch Knopp/Gutheil, NJW 2002, 2828ff., 2828 m.w.N.

215 BVerfG, NJW 2004, 2803, 2804.

216 BVerfG, a.a.O., 2804.

217 BVerfG, NJW 2004, 2803, 2805; Sannwald, in: Schmidt-Bleibtreu/Klein (Hrsg.), GG, Art. 75 Rn. 23; a.A. Rozek, in: v. Mangoldt/Klein/Stark, GG II, Art. 75 Rn. 68.

ren dürfen. Ein Ausnahmefall liege vor, „wenn zum einen die Rahmenvorschriften ohne die in Einzelheiten gehenden oder unmittelbar geltenden Regelungen verständigerweise nicht erlassen werden könnten, diese also schlechthin unerlässlich sind“, wobei die in Einzelheiten gehenden oder unmittelbar geltenden Regelungen den kooperativen Charakter des Rahmengesetzes nicht aufheben dürfen.[218] Das Bundesverfassungsgericht lässt damit einen Ausnahmefall nur unter sehr engen Voraussetzungen zu. Die Entscheidung erfolgte nicht einstimmig. Die abweichende Meinung sieht die Kompetenz des Bundes zur Rahmengesetzgebung von der Senatsmehrheit in einer Weise eng gefasst, „die dem Bund praktisch die Möglichkeit zu neuer politischer Gestaltung der betreffenden Gesetzgebungsmaterien verschließt.“[219] Das Minderheitenvotum gibt der Mehrheit der Richter bei der Auslegung des Art. 75 Abs. 2 GG zwar insofern Recht, als neben quantitativen auch qualitative Merkmale eine Rolle spielen. Allerdings liefere weder der Verfassungstext noch die Geschichte der Verfassungsänderung Anhaltspunkte für eine Verschärfung der bisherigen Praxis und Rechtsprechung. Es spreche nichts dafür, dass nach der gegenwärtigen Fassung des Art. 75 Abs. 2 GG sowohl ins Einzelne gehende als auch unmittelbar geltende Regelungen nur noch zulässig seien, wenn sie „schlechthin unerlässlich“ sind.[220]

(2) Analyse und Stellungnahme

Das Bundesverfassungsgericht hat mit seiner Entscheidung zur Juniorprofessur seine „länderfreundliche“ Rechtsprechung aus dem Altenpflegeurteil konsequent fortgesetzt.[221] Es hat wiederum die Grundgesetzänderung von 1994 als Auftrag an sich verstanden, seine großzügige Rechtsprechung zugunsten des Bundes einzuschränken. Somit ist dem Bundesverfassungsgericht eine konsequente Neuorientierung zu bescheinigen. Zu begrüßen ist, dass das Bundesverfassungsgericht den Ausnahmefall des Art. 75 Abs. 2 GG klar definiert. Somit besteht Rechtssicherheit für künftige Gesetzesvorhaben. Im Gegensatz zum Altenpflegeurteil des Ersten Senats erging die Entscheidung des Zweiten Senats jedoch nicht einstimmig. Die Kritikpunkte des Minderheitenvotums sind daher genauer zu betrachten. Nicht gefolgt werden kann dem Minderheitenvotum, dass durch diese Entscheidung dem Bund praktisch jede Möglichkeit zu neuer politischer Gestaltung der betreffenden Gesetzgebungsmaterien verschlossen sei.[222] Die betroffenen Gesetzgebungsmaterien stehen auch weiterhin der politischen Gestaltung offen. Al-

218 Vgl. zum Ganzen BVerfG, NJW 2004, 2803, 2805.
219 BVerfG, a.a.O., 2811.
220 BVerfG, NJW 2004, 2803, 2813.
221 Knopp, ZBR 2005, 145ff., 146; Batt, ZParl 2004, 753ff., 760.
222 BVerfG, NJW 2004, 2803, 2811; kritisch auch Sangenstedt, UVP-Report 2005, 13.

lerdings ist der Rahmen der Rahmengesetzgebung zu beachten, so dass Gesetze ausfüllungsfähig und ausfüllungsbedürftig sein müssen. Dass der Bund nicht grenzenlos detaillierte Regelungen für diese Materien erlassen darf, folgt aus ihrer Zuordnung zur Rahmengesetzgebungskompetenz. Der Verfassungsgesetzgeber hat sich gerade bewusst entschieden, dem Bund für diese Materien nur beschränkte Gestaltungsmöglichkeiten zuzugestehen. Hält der Bund diese Gestaltungsmöglichkeiten für nicht mehr ausreichend, so hat eine „Überstellung" der Materien in eine andere Gesetzgebungskompetenz zu erfolgen. Daher ist dem Minderheitenvotum in diesem Punkt nicht zuzustimmen.

Auch den weiteren Ausführungen des Minderheitenvotums zur Definition des Art. 75 Abs. 2 GG ist nicht zu folgen. Das Minderheitenvotum lehnt die Aufgabe der bisherigen Rechtsprechung des Bundesverfassungsgerichts zu punktuellen Vollregelungen ab. Es sei nicht ersichtlich, dass mit der Grundgesetzänderung von 1994 diese Rechtsprechung aufzugeben sei. Insbesondere gebe das Gesetzgebungsverfahren die Interpretation des Begriffs „Ausnahmefall" als „schlechthin unerlässliche Regelungen" nicht her.[223] Zuzustimmen ist dem Minderheitenvotum insoweit, als der von der Länderseite geäußerte Wunsch, die sogenannten punktuellen Vollregelungen ganz auszuschließen, keinen Eingang in das Gesetzgebungsverfahren gefunden hat.[224] Allerdings verkennt das Minderheitenvotum dabei, dass der Wunsch nach Begrenzung der Zuständigkeit des Bundes deutlich in die Diskussion miteinbezogen wurde. Der kooperative Charakter der Rahmengesetzgebungskompetenz sollte wieder stärker betont werden.[225] War Ziel der Reform, den Rahmencharakter des Art. 75 GG hervorzuheben, so ist in der Kritik an der bisherigen Praxis zugleich eine Feststellung zu sehen, dass die bisherigen Anforderungen, die an punktuelle Vollregelungen gestellt wurden, nicht mehr ausreichend sein sollen, um einen Ausnahmefall nach Art. 75 Abs. 2 GG zu begründen. Ein Ausnahmefall kann daher nicht schon dann vorliegen, wenn ein besonders starkes und legitimes Interesse an einer solchen Regelung besteht. Die Mehrheit der Richter hat deshalb den „Ausnahmefall" als schlechthin unerlässliche Regelung ausgelegt. Eine „schlechthin unerlässliche Regelung" liegt seltener vor als ein „besonders starkes und legitimes Interesse" und ist somit geeignet, den Anwendungsbereich von Detailregelungen zu begrenzen. Dieser Auslegung ist nichts entgegenzusetzen. Sie verschärft die Anforderungen an den Bundesgesetzgeber, wie von diesem gewünscht, und lässt daher tatsächlich detaillierte Regelungen nur ausnahmsweise zu.

223 BVerfG, NJW 2004, 2803, 2813.

224 Vgl. BT-Drs. 12/6000, S. 36 einerseits; BT-Drs. 12/6633, S. 9f., BT-Drs. 12/7109, S. 10f. andererseits.

225 Vgl. BT-Drs. 12/6633, S. 9; BT-Drs. 12/7109, S. 10.

Kritisch zu würdigen ist die Berücksichtigung auch quantitativer Aspekte bei der Frage, ob ein Ausnahmefall nach Art. 75 Abs. 2 GG vorliegt.[226] Problematisch ist hierbei der jeweils anzusetzende Maßstab.[227] Wird allein das Änderungsgesetz als Maßstab quantitativer Aspekte herangezogen, hängt es allein vom jeweils erforderlichen Änderungsbedarf ab, ob ein Ausnahmefall nach Art. 75 Abs. 2 GG vorliegt. Besteht insgesamt nur ein geringer Änderungsbedarf, der sich mit der Einfügung eines weiteren Paragrafen erschöpft hätte, so wäre es dem Bundesgesetzgeber verwehrt, Regelungen nach Art. 75 Abs. 2 GG zu erlassen. Diese Vorgehensweise führt allerdings zu willkürlichen Ergebnissen, die der jeweiligen Sachlage nicht gerecht werden. Würde als Maßstab das zu ändernde Gesetz herangezogen,[228] so würde Art. 75 Abs. 2 GG weitgehend leer laufen, da die bestehenden Bundesrahmengesetze so umfangreich sind, um in Einzelheiten gehende oder unmittelbar geltende Regelungen schon aus quantitativen Gründen ausschließen zu können. In Ausnahmefällen erfüllt die Berücksichtigung quantitativer Aspekte jedoch die bewirkte Funktion des Art. 75 Abs. 2 GG: Wenn das Änderungsgesetz als Maßstab herangezogen wird und es sich dabei um eine umfangreiche Neuregelung handelt, können quantitative Aspekte die Schutzfunktion des Art. 75 Abs. 2 GG erfüllen, da in diesem Fall das Ausnahmeverhältnis eindeutig nicht erfüllt ist. Daher ist eine Berücksichtigung quantitativer Aspekte nicht grundsätzlich abzulehnen[229], sondern für den jeweiligen Sachverhalt einzeln zu betrachten.

Die Entscheidung hat zur Folge, dass der Bundesgesetzgeber nunmehr detaillierte Regelungen sehr genau begründen muss[230], damit sie einer verfassungsmäßigen Prüfung standhalten. Das Bundesverfassungsgericht hat dem Gesetzgeber genau vorgegeben, welche Voraussetzungen er beim Erlass eines Rahmengesetzes zu beachten hat. Die Länder werden durch das Urteil weiter gestärkt. In dem Urteil kann jedoch kein Signal für die Föderalismusdiskussion dahingehend gesehen werden, dass die Länder im föderalen Staat gegenüber dem Bund gestärkt werden müssen.[231] Das Bundesverfassungsgericht hat lediglich Aussagen zur derzeitigen Verfassungswirklichkeit gemacht und keine Empfehlung für eine zukünftige Gestaltung der Gesetzgebungskompetenzen abgegeben. Ob die Rahmengesetzgebung allerdings für alle ihr zugeordneten Sachbereiche weiterhin prakti-

---

226 S. dazu auch Krausnick, DÖV 2005, 902ff., 905.
227 Vgl. dazu Rozek, in: v. Mangoldt/Klein/Stark, GG II, Art. 75 Rn. 67 m.w.N.
228 So BVerfG, NJW 2004, 2803, 2805.
229 So aber Krausnick, DÖV, 2005, 905.
230 Sannwald, in: Schmidt-Bleibtreu/Klein (Hrsg.), GG, Art. 75 Rn. 23d.
231 So aber Batt, ZParl 2004, 753.

kabel ist, ist eine andere Frage. Für den Bereich des Umweltrechts[232] wird diese in Kapitel 2 beantwortet.

IV. Die umweltrechtlichen Kompetenztitel des Art. 75 GG

Materien, die dem Umweltschutz dienen, enthalten Art. 75 Abs. 1 S. 1 Nr. 3, 4 GG. Für diese Sachgebiete kommt dem Bund eine Rahmengesetzgebungskompetenz zu, die er in allen Fällen in mehr oder weniger erschöpfender Weise ausgeübt hat.

1. Art. 75 Abs. 1 S. 1 Nr. 3 GG

Art. 75 Abs. 1 S. 1 Nr. 3 GG weist dem Bund die Materien des Jagdwesens, des Naturschutzes und der Landschaftspflege zu. Wesentlich für den Umweltschutz sind dabei Naturschutz und Landschaftspflege.[233] Beide Begriffe sind ebenso wie das Jagdwesen einer traditionellen Begrifflichkeit entsprungen. Heute ist allgemein anerkannt, dass sie sich nicht deutlich voneinander trennen lassen und daher unter dem gemeinsamen Oberbegriff der „Landespflege" firmieren.[234] Der Kompetenztitel erstreckt sich nicht nur auf die Abwehr von Gefahren für Natur und Landschaft, sondern beinhaltet ein modernes Verständnis des Begriffes, der sogar eine positive, gestalterische Beeinflussung von Natur und Landschaft erlaubt.[235] Man spricht insofern von „Landschaftsplanung".[236] Erfasst werden von dieser Zuständigkeit Regelungen über die Nutzung und den Zugang zur Natur.[237] Nicht

232 Für den Bereich des Hochschulwesens vgl. Knopp, ZBR 2005, 145ff.; Krausnick, DÖV 2005, 902ff.

233 Jagdwesen wird in Orientierung an der jagdrechtlichen Tradition verstanden und ist deshalb nicht primär dem Umweltschutz zuzurechnen, auch wenn es interessenbedingte Überschneidungen geben kann, vgl. beispielsweise § 36 BJagdG. Vgl. zur Reichweite des Begriffs „Jagdwesen" Kunig, in: v. Münch/Kunig, GG III, Art. 75 Rn. 29.

234 Vgl. nur Kunig, a.a.O., Art. 75 Rn. 30.

235 Kunig, in: v. Münch/Kunig, GG III, Art. 75 Rn. 30; Rozek, in: v. Mangoldt/Klein/Stark, GG II, Art. 75 Rn. 47; Rengeling, in: Isensee/Kirchhof (Hrsg.), HStR IV, § 100 Rn. 274; dieses Verständnis schon anwendend VG Wiesbaden, NVwZ 1982, 697, 698; ferner auch BVerwGE 85, 348, 357.

236 Vgl. nur Kunig, a.a.O., Art. 75 Rn. 31; Rozek, a.a.O., Art. 75 Rn. 47.

237 Z.B. Regelungen über das Reiten im Walde, vgl. dazu BVerfGE 80, 137, 156ff.; BVerwGE 71, 324, 325; 85, 332, 342f.

erfasst wird der Denkmalschutz, mit Ausnahme der Naturdenkmäler, die diesem Kompetenztitel unterfallen.[238]

Der Bund hat von seiner Kompetenz für Naturschutz und Landschaftspflege vor allem durch Erlass des Bundesnaturschutzgesetzes (BNatSchG) vom 20. Dezember 1976[239] Gebrauch gemacht. Bisher reizte er den Spielraum, der ihm aufgrund der Rahmengesetzgebungskompetenz zusteht, weit aus.[240] Wichtigste Kernpunkte des BNatSchG sind die Begrenzung der Zulässigkeit von Eingriffen in Natur und Landschaft und der Schutz und die Pflege bestimmter Teile von Natur, Landschaft, wildlebenden Tieren und Pflanzen. Des Weiteren wurde im BNatSchG der Mitwirkung von Vereinen eine besondere Rolle zugedacht, die sogar bis zur Einführung der Verbandsklage im Naturschutzrecht geführt hat.[241]

2. Art. 75 Abs. 1 S. 1 Nr. 4 GG

Der Bundesgesetzgeber hat gem. Art. 75 Abs. 1 S. 1 Nr. 4 GG die Rahmengesetzgebungskompetenz für die Materien Bodenverteilung, Raumordnung und Wasserhaushalt, wobei Wasserhaushalt die wichtigste Umweltschutzmaterie dieser Regelung ist. Bodenverteilung meint „Bodenreform" und ist als Veränderung der Eigentums- und Besitzverhältnisse an Grund und Boden im Wege der Umverteilung unter Privaten zu verstehen.[242] Nicht erfasst wird von diesem Begriff die Kompetenz zum Erlass bodenschutzrechtlicher Vorschriften. Für diese Vorschriften geht die speziellere Kompetenzvorschrift des Art. 74 Abs. 1 Nr. 18 (Bodenrecht) vor. Bodenschutzrechtliche Regelungen im Zusammenhang mit menschlicher Bodennutzung fallen nach überwiegender Meinung auch nicht unter Art. 75 Abs. 1 S. 1 Nr. 3 GG, so dass sich Vollregelungen des Bodenschutzes nicht an Art. 75 Abs. 2 GG messen lassen müssen.[243]

---

238 Allg. Meinung vgl. nur Rozek, in: v. Mangoldt/Klein/Stark, GG II, Art. 75 Rn. 47 m.w.N.

239 BGBl. I, S. 3574, in der Fassung vom 25.7.2002 BGBl. I, S. 1193, zuletzt geändert durch Art. 40 des Gesetzes vom 21.6.2005 BGBl. I, S. 1818.

240 Die Verfassungsmäßigkeit der 3. Novelle zum BNatSchG vom 26.8.1998 (BGBl. I, S. 2481) bezweifelnd, Louis, NuR 1998, 526ff.

241 Zu den Neureglungen des Gesetzes zur Neuregelung des Rechts des Naturschutzes und der Landschaftspflege und zur Anpassung anderer Rechtsvorschriften (BNatSchGNeuregG) vom 25.3.2002 (BGBl. I, S. 1193) vgl. insbesondere Gellermann, NVwZ 2002, 1025ff.; Louis, NuR 2002, 385ff.

242 Rozek, in: v. Mangoldt/Klein/Stark, GG II, Art. 75 Rn. 49; Kunig, in: v. Münch/Kunig, GG III, Art. 75 Rn. 32; Pieroth, in: Jarass/Pieroth, GG, Art. 75 Rn. 13.

243 Zu Art. 74 Abs. 1 Nr. 18 GG als Kompetenztitel für das Bundes-Bodenschutzgesetz (BBodSchG) vgl. Kloepfer, Umweltrecht, § 12 Rn. 77; Peine, NuR 1992, 353ff.,

Unter Raumordnung ist die „zusammenfassende, übergeordnete Planung und Ordnung des Raumes zu verstehen".[244] Diese umfasst auch Gesichtspunkte des Umweltschutzes, die in dieser Darstellung vernachlässigbar sind. Von seiner Gesetzgebungskompetenz hat der Bund durch das Raumordnungsgesetz (ROG) vom 8. April 1956[245], derzeit in der Fassung vom 18. August 1997[246], Gebrauch gemacht.

Die wichtigste Sachmaterie des Art. 75 Abs. 1 S. 1 Nr. 4 GG für den Umweltschutz ist der Wasserhaushalt. Der Begriff des Wasserhaushalts deckt nur einen Teil der Gesamtmaterie „Wasserrecht" ab, nämlich das sogenannte Wasserwirtschaftsrecht.[247] Wasserwirtschaft bedeutet die haushälterische Bewirtschaftung des in der Natur vorhandenen Oberflächen- und Grundwassers nach Güte und Menge.[248] Identität besteht somit zwischen den Begriffen „Wasserhaushalt" in Art. 75 Abs. 1 S. 1 Nr. 4 GG und „Wasserwirtschaft" in Art. 89 Abs. 3 GG.[249] Inhaltlich geht es um die „Regelung der Materie Wasser in ihrer Bedeutung für das menschliche Leben, die Wirtschaft und die Industrie, also als Wasserspender und Vorfluter".[250] Erfasst sind somit sowohl Quantitätsregelungen, als auch Qualitätsregelungen. Neben Regelungen über die Zulässigkeit von Wasserentnahmen, wurden auch Regelungen zum Schutz vor Verschmutzungen[251], zur Festsetzung von Wasserschutzgebieten[252] und zur Planfeststellung[253] als unter den Kompetenztitel fallend anerkannt. Ebenso nicht beanstandet wurden monetäre Regelungen, so dass die Erhebungen eines sogenannten „Wasserpfennigs"[254] und von Abwasserabgaben[255] ebenfalls unter den Kompetenztitel des Art. 75 Abs. 1 S. 1 Nr. 4 GG fallen. Nicht erfasst werden allgemeine Regelungen zur Gefahrenab-

---

356; Papier, JZ 1994, 810ff., 811f.; Schink, DÖV 1995, 213ff., 215; Brandt, DÖV 1996, 675ff., 676f.; Peine, NuR 1999, 121ff., 122; ebenso auch BVerwG, NVwZ 2000, 1179ff.; a.A. Erbguth/Stollmann, NuR 1994, 319, 326f.; Degenhart, in: Sachs (Hrsg.), GG, Art. 74 Rn. 67a; v. Buch, NVwZ 1998, 822ff., 823.

244 BVerfGE 3, 407, 425.

245 BGBl. I, S. 306.

246 BGBl. I, S. 2081.

247 Vgl. nur Kunig, in: v. Münch/Kunig, GG III, Art. 75 Rn. 35; Rozek, in: v. Mangoldt/Klein/Stark, GG II, Art. 75 Rn. 51.

248 BVerfGE 15, 1, 14f.; 58, 45, 62; 58, 300, 339ff.

249 BVerfGE 15, 1,15; a.A. noch v. Mangoldt/Klein, GG II, 2. Auflage, Art. 75 Anm. XI 2.

250 BVerfGE 21, 312, 325.

251 BVerfGE 15, 1, 7ff.

252 BayVerfGHE 30, 99, 103.

253 BVerwGE 55, 220, 225.

254 BVerfGE 93, 319, 341; vgl. dazu Murswiek, NVwZ 1996, 417ff.

255 BVerwG, NVwZ 1992, 1210; BVerwG, NVwZ 1993, 998.

wehr (zum Beispiel Badeverbote)[256] und die Nutzung des Wassers als Wasserstraße oder Verkehrsweg.[257] Hochwasserschutz soll sich ebenso nicht auf Art. 75 Abs. 1 S. 1 Nr. 4 GG stützen, sondern auf Art. 74 Abs. 1 Nr. 17 GG.[258] Hinsichtlich der Küsten ist dieser Auffassung zuzustimmen. Für Binnengewässer ist dagegen, neben weiteren Kompetenztiteln, Art. 75 Abs. 1 S. 1 Nr. 4 GG der einschlägige Kompetenztitel.[259] Der Bundesgesetzgeber hat durch Erlass des Gesetzes zur Ordnung des Wasserhaushalts (Wasserhaushaltsgesetz – WHG) vom 27. Juli 1957[260] von seiner Rahmenkompetenz Gebrauch gemacht. Ob die Änderungen des WHG, die nach 1994 erfolgten, den Anforderungen der Art. 75 Abs. 1 S. 1 i.V.m. Art. 72 Abs. 2 GG, Art. 75 Abs. 2 GG gerecht wurden, ist von Seiten der Literatur insbesondere für die 6. Novelle des Wasserhaushaltsgesetzes[261] bezweifelt worden.[262] *Reichert*[263] unterstellt dem Gesetzgeber, die veränderte verfassungsrechtliche Rahmensituation verkannt und die Grenzen seiner Gesetzgebungskompetenz überschritten zu haben. Das Erfordernis einer bundesgesetzlichen Regelung sei nicht dargetan und bei wesentlichen Regelungen sogar nicht erkennbar. Des Weiteren sei dem Ausnahmecharakter von unmittelbar geltenden Regelungen und Vollregelungen nicht Rechnung getragen worden und schon aus rein quantitativen Gesichtspunkten daher kein Ausnahmecharakter erkennbar, da von 15 neu formulierten Vorschriften lediglich 3 länderadressierte Formulierungen enthielten. Die 7. Novelle des Wasserhaushaltsgesetzes[264] wurde demgegenüber als den Anforderungen des Art. 75 GG gerecht und damit verfassungskonform erachtet.[265]

---

256 Rozek, in: v. Mangoldt/Klein/Stark, GG II, Art. 75 Rn. 51; Kunig, in: v. Münch/Kunig, GG III, Art. 75 Rn. 35.

257 BVerfGE 21, 312, 321; Kunig, a.a.O., Art. 75 Rn. 35; Rozek, a.a.O., Art. 75 Rn. 51. Das Wasserverkehrswegerecht stützt sich auf Art. 74 Abs. 1 Nr. 21 GG.

258 Rozek, in: v. Mangoldt/Klein/Stark, GG II, Art. 75 Rn. 51; Degenhart, in: Sachs (Hrsg.), GG, Art. 74 Rn. 63; a.A. Maunz, in: Maunz/Dürig, GG, Art. 75 Rn. 145.

259 Vgl. Maunz, in: Maunz/Dürig, GG, Art. 75 Rn. 145; vgl. auch die Begründung zum Gesetzentwurf zur Verbesserung des vorbeugenden Hochwasserschutzes, BT-Drs. 15/3168, S. 9f.

260 BGBl. I, S. 1110, 1386, derzeit in der Fassung vom 19.8.2002 (BGBl. I, S. 3246), zuletzt geändert durch Art. 2 des Gesetzes vom 25.6.2005 (BGBl. I, S. 1746).

261 6. Novelle des Wasserhaushaltsgesetzes vom 18.11.1996 (BGBl. I, S. 1690).

262 Vgl. Rozek, in: v. Mangoldt/Klein/Stark, GG II, Art. 75 Rn. 51.

263 Reichert, NVwZ 1998, 20, 21.

264 Siebtes Gesetz zur Änderung des Wasserhaushaltsgesetzes vom 18.6.2002 (BGBl. I, S. 1914, berichtigt auf S. 2711).

265 Vgl. Knopp, NVwZ 2003, 275ff.; Knopp, ZUR 2001, 368ff., 369: Das Gesetz beschränke sich auf die zur Umsetzung der Wasserrahmenrichtlinie notwendigen und nach Art. 75 GG zulässigen Rahmenregelungen des Bundes.

Kapitel 2: Umweltziele und Rahmengesetzgebung

Im folgenden Kapitel wird untersucht, wie sich die Rahmengesetzgebungskompetenz auf die Umweltgesetzgebung auswirkt. Exemplarisch werden vier ausgesuchte Bereiche der Umweltgesetzgebung – integrierter Umweltschutz, gemeinschaftsrechtliche Vorgaben, wirtschaftliche Auswirkungen, grenzüberschreitender Umweltschutz – dargestellt. Anhand dieser Bereiche, die bedeutsam für einen effektiven und modernen Umweltschutz sind, werden vorhandene Schwierigkeiten und deren mögliche Lösung dargestellt.

I. Integrierter Umweltschutz

1. Begriffsbestimmung und Zielsetzung

a) Begriff

„Integration" bedeutet „Vervollständigung, Eingliederung", „integrieren" bedeutet „ergänzen, eingliedern".[266] Daher versteht man im allgemeinen Sprachgebrauch unter „integrieren" das Einbeziehen in ein großes Ganzes.[267] Eine umweltrechtliche Definition des Begriffes erfolgte bisher weder im Gemeinschaftsrecht noch im Bundesrecht. So enthält zwar die IVU-Richtlinie[268] als zentrales Regelwerk insgesamt 15 Definitionen, jedoch keine über den integrierten Umweltschutz. Auch der Bundesgesetzgeber hat bisher davon abgesehen, den Begriff zu definieren.[269] Als Versuch einer Erklärung des Integrationsprinzips kann § 8 des Entwurfs der Unabhängigen Sachverständigenkommission zum Umweltgesetzbuch (UGB-KomE)[270] gelten[271], der besagt, dass Maßnahmen zum Schutz der Umwelt und des Menschen die Auswirkungen auf die Umwelt in ihrer Ge-

---

266 Duden, Die deutsche Rechtschreibung, 22. Aufl. 2000.

267 Feldhaus, ZUR 2002, 1ff., 2; vgl. Di Fabio, NVwZ 1998, 329ff., 330.

268 Richtlinie 96/91/EG des Rates vom 24.9.1996 über die integrierte Vermeidung und Verminderung der Umweltverschmutzung ABl. EG Nr. L 257, S. 26.

269 Feldhaus, ZUR 2002, 2.

270 Bundesministerium für Umwelt, Naturschutz und Reaktorsicherheit – BMU – (Hrsg.), Umweltgesetzbuch (UGB-KomE), 1998.

271 Ähnlich auch Kloepfer/Durner, DVBl. 1997, 1081ff., 1085.

samtheit berücksichtigen sollen. In der Begründung zu § 8 UGB-KomE[272] wird u.a. darauf hingewiesen, dass ein wirksamer Umweltschutz eine Gesamtbetrachtung der Auswirkungen von Schutzmaßnahmen voraussetze. Durch die vorgesehene Hervorhebung eines gesamthaften Ansatzes solle verdeutlicht werden, dass der Entwurf des Umweltgesetzbuchs insoweit von seiner Konzeption her über das geltende Recht hinausgehe. Eine Konkretisierung des gesamthaften Ansatzes erfolgt in § 83 UGB-KomE, der Grundpflichten über gebundene Vorhabengenehmigungen festlegt und dessen Absatz 2 bestimmt, dass die für das Vorhaben geltenden Grundpflichten und die Anforderungen an die Zulässigkeit von Eingriffen in Natur und Landschaft so zu erfüllen sind, dass unter Berücksichtigung aller Belastungspfade und der Wechselwirkungen zwischen den Umweltgütern die Maßnahmen getroffen werden, die die Umwelt in ihrer Gesamtheit möglichst wenig belasten. Das für den Umweltschutz zuständige Bundesministerium solle in Form einer Rechtsverordnung Kriterien für die Grundpflichten und Anordnungen aufstellen. Da das Konzept der Normierung eines Umweltgesetzbuches nicht weiter verfolgt wurde[273], fehlt es im geltenden Recht weiterhin an einer Definition des integrierten Umweltschutzes.

Mittlerweile werden im Bereich des Umweltrechts nach überwiegender Meinung zwei verschiedenen Arten der Integration unterschieden, wobei noch nicht von einer festen Terminologie ausgegangen werden kann.[274] Unterschieden wird insoweit zwischen externer und interner Integration. Unter externer Integration wird die Bestrebung verstanden, Umweltschutz auch bei der Durchführung anderer Politikfelder, z.B. der Steuer- oder Verkehrspolitik, die sogar zum Umweltschutz gegenläufig sein können, zu berücksichtigen und mit einzubeziehen.[275] Die externe Integration hat im Gemeinschaftsrecht eine herausragende Bedeutung und ist als Prinzip in der so genannten Querschnittsklausel des Art. 6 EGV verankert. Unter interner Integration versteht man eine medien- und sektorenüber-

---

272 Bundesministerium für Umwelt, Naturschutz und Reaktorsicherheit – BMU – (Hrsg.), Umweltgesetzbuch (UGB-KomE), S. 460f.

273 Vgl. dazu die Nachweise in Kapitel 1.

274 Vgl. den Hinweis bei Kloepfer, Umweltrecht, § 4 Rn. 69 Fn. 220 und die Begriffsbestimmung bei Breuer, in: Schmidt-Aßmann (Hrsg.), Besonderes Verwaltungsrecht, 11. Aufl. 1999, 5. Abschnitt Rn. 48ff. Die nachfolgende Terminologie verwenden Kloepfer, a.a.O., § 4 Rn. 69ff.; Haigh, Integratives Umweltrecht – Bestand, Ziele, Möglichkeiten –, in: Gesellschaft für Umweltrecht (Hrsg.), Dokumentation zur 21. wissenschaftlichen Fachtagung der Gesellschaft für Umweltrecht e.V., 1997, S. 57ff.; Rengeling, Gesetzgebungskompetenzen für den integrierten Umweltschutz, 1999, S. 19; Kracht/Wasielewski, in: Rengeling (Hrsg.), Handbuch zum europäischen und deutschen Umweltrecht, 2. Aufl. 2003, § 35 Rn. 1.

275 Kloepfer, Umweltrecht, § 4 Rn. 69; Kracht/Wasielewski, in: Rengeling (Hrsg.), Handbuch zum europäischen und deutschen Umweltrecht, § 35 Rn. 1.

greifende, also eine gesamthafte Bewertung möglicher Auswirkungen umweltbelastender Vorhaben und Stoffe.[276] Dabei wird im Gegensatz zur externen Integration der Umweltschutz selbst als das übergeordnete Ganze betrachtet. Die Integration umfasst somit die Einordnung einzelner Teile des Umweltschutzes in ein umfassendes, gesamthaftes Umweltrecht.[277] Schwerpunkt des gesamthaften Umweltschutzes[278] ist der medienübergreifende Umweltschutz. Dieser setzt voraus, dass bei der Bewertung eines Vorhabens alle Umweltmedien, also Wasser, Luft und Boden, auf mögliche Auswirkungen des Vorhabens überprüft werden. Das Prinzip bedeutet somit eine Abkehr von den bisherigen, überwiegend medienbezogenen Umweltvorschriften.[279]

b) Zielsetzung

Ziel des integrierten Umweltschutzes ist die Optimierung der Schutzgutperspektive.[280] Die Erwägungsgründe 7 und 8 der IVU-Richtlinie geben darüber hinaus Anhaltspunkte, warum integrierter Umweltschutz erstrebenswert ist.[281] Getrennte Umweltschutzkonzepte, die lediglich der isolierten Verminderung der Emissionen in einem Umweltmedium dienten, könnten dazu führen, dass die Verschmutzung von einem Umweltmedium auf ein anderes verlagert werde, anstatt die Umwelt insgesamt zu schützen. Das Ziel des integrierten Konzepts der Verminderung der Verschmutzung bestehe darin, Emissionen in den einzelnen Umweltmedien unter Einbeziehung der Abfallwirtschaft soweit wie möglich zu vermeiden und, wo dies nicht möglich sei, zu vermindern, um ein hohes Schutzniveau für die Umwelt insgesamt zu erreichen. Umweltbelastungen sollen unter Berücksichtigung von Wechselwirkungen und unterschiedlichen Formen der Belastungsverlagerungen zueinander in Beziehung gesetzt und analysiert werden.[282] Der integrierte Umweltschutz möchte also mögliche Probleme des traditionellen

---

276 Vgl. Kloepfer, a.a.O., § 4 Rn. 2; Kracht/Wasielewski, a.a.O., § 35 Rn. 1; Schröder, NuR 2000, 481ff.; Buchholz, Integrative Grenzwerte im Umweltrecht, 2001, S. 68.

277 Buchholz, a.a.O., S. 67.

278 Zum Inhalt des gesamthaften Umweltschutzes vgl. Buchholz, Integrative Grenzwerte im Umweltrecht, S. 68 ff., 75, der neben der medienübergreifenden auch eine schadstoffübergreifende Betrachtungsweise, eine Berücksichtigung aller mit einer Tätigkeit verbundenen belastenden Effekte sowie auch die Einbeziehung des Aspektes der Ressourcenschonung, wenn auch nicht zwingend, fordert.

279 Volkmann, VerwArch 89 (1998), 363ff., 365.

280 Kloepfer, Umweltrecht, § 4 Rn. 70.

281 Deckungsgleich mit diesen Zielen ist die Aufzählung der neueren umweltpolitischen Maximen bei Berendes, ZfW 1999, 212ff.; Berendes, ZfW 2002, 197ff., 201.

282 Albers, ZUR 2005, 400ff., 401.

medienspezifischen Umweltschutzes vermeiden. Ein Kernproblem[283] des medienspezifischen Umweltschutzes ist die Gefahr einer Verlagerung von Belastungen von einem Umweltmedium in ein anderes. Ein Beispiel einer ganzen Kette von Belastungsverlagerungen gibt *von Lersner*[284] anhand von Cadmium:

„Ein erheblicher Teil des Cadmiums kommt aus metallverarbeitenden Betrieben in das Abwasser. Soweit es daraus durch Kläranlagen eliminiert wird, landet es im Klärschlamm. Dieser kommt auf landwirtschaftlich genutzte Böden, bis ihn jemand wegen des hohen Cadmiumgehalts davon fernhält. Dann bleibt nichts andres übrig, als den Klärschlamm zu deponieren – also auch wieder, wenn auch lokal konzentriert, dem Boden zuzuführen – oder ihn zu verbrennen. Die Luftreinhaltung fordert bei solchen Verbrennungsanlagen gerade auch wegen der Schwermetalle Rauchgasreinigung. Benutzt man dafür nasse Verfahren, hat man das Cadmium wieder im Abwasser, nimmt man trockenen Filter, dann landet es, soweit es nicht gasförmig abgeht – wieder auf Deponien und damit auf dem Boden, bei mangelnder Abdichtung im Grundwasser, bei mangelnder Abdeckung in der Luft und auf den benachbarten Feldern."

Durch das integrative Konzept sollen solche Verlagerungen künftig unterbleiben. Allerdings ist zu beachten, dass auch vor Inkrafttreten der IVU-Richtlinie nach geltendem deutschem Recht eine evidente Verlagerung wie im Falle des Fluorgasbeispiels im Kommissionsvorschlag insofern nicht möglich war, als die jeweiligen wasser- bzw. abwasserrechtlichen Regelungen zu beachten waren.[285] Dabei ist der integrierte Umweltschutz nicht absolut im Sinne eines umfassenden, bestmöglichen Umweltschutzes zu verstehen, sondern bloß dahingehend, dass er relativ zu einer Verbesserung für die Umwelt insgesamt führt.[286] Ein bestmöglicher Umweltschutz soll weiterhin für jedes einzelne Umweltmedium erfolgen. Bei der Verwirklichung dieses bestmöglichen Umweltschutzes ist aber jeweils

283 Zu weiteren Problemfeldern vgl. Kracht/Wasielewski, in: Rengeling (Hrsg.), Handbuch zum europäischen und deutschen Umweltrecht, § 35 Rn. 3ff. m.w.N.

284 V. Lersner, NuR 1982, 201ff. Ähnlich das Fluorgasbeispiel im Kommissionsvorschlag zur IVU-Richtlinie KOM (93) 423 endg., ABl. EG C 311, S. 6ff.; weitere Beispiele bei Wahl, NVwZ 2000, 502ff., 504 und Volkmann, VerwArch 89 (1998), 366.

285 Vgl. Di Fabio, Integratives Umweltrecht – Bestand, Ziele, Möglichkeiten –, in: Gesellschaft für Umweltrecht (Hrsg.), Dokumentation zur 21. wissenschaftlichen Fachtagung der Gesellschaft für Umweltrecht e.V., S. 42: „Die Unterstellung, man könne nach geltendem Recht einfach Schadstoffe, die nicht in die Luft entlassen werden dürfen, in anderer Form dem Abwasser zuführen, ist zumindest in ihrer Pauschalität naiv und unzutreffend. Der Anlagenbetreiber sieht sich auch heute schon mit einem auf ihn integrativ wirkenden Pflichtenprofil konfrontiert, nur eben nicht notwendig in einem Verfahren, gegenüber einer Behörde und nicht in einheitlichen Grenzwerten repräsentiert".

286 Feldhaus, ZUR 2002, 2. Kloepfer, Umweltrecht, § 4 Rn. 70.

darauf zu achten, ob sich Auswirkungen für die anderen Umweltmedien ergeben. Dies soll im Wege einer Gesamtbetrachtung erfolgen.

Allerdings wird der integrierte Umweltschutz nicht von allen Beteiligten als „Leitbild und Fortschritt" in der reifenden Umweltpolitik[287] angesehen. Einzelne Stimmen in der Literatur äußern sich kritisch zum gesamthaften Ansatz des integrierten Umweltschutzes.[288] Hauptkritikpunkt gegen den integrierten Umweltschutz ist die Komplexität der Entscheidungen, die aufgrund der zwingenden Abwägung zwischen den möglichen Belastungen der einzelnen Umweltmedien entsteht.[289]

2. Entwicklung des integrativen Ansatzes im Umweltrecht

a) Entwicklungen auf internationaler und europäischer Ebene

Als erster Versuch einer „internen Integration" wird die 1970 erfolgte Einrichtung der „Environmental Protection Agency" (EPA) in den USA gesehen.[290] Begründet wird diese Auffassung mit einer Rede Nixons, in der er unter anderem ausführte, dass die Umwelt als ein zusammenhängendes System betrachtet werden müsse.[291] Die OECD folgte 1991 mit einer Empfehlung des Rates zu „Integrierter Vermeidung und Verminderung von Umweltverschmutzung".[292] Darin werden die Mitgliedstaaten aufgerufen, eine integrierte Vermeidung und Verminderung von Umweltverschmutzung zu praktizieren und Auswirkungen von Handlungen und Stoffen auf die Umwelt als Ganzes zu berücksichtigen. Des Weiteren wird die Empfehlung wie folgt begründet: Zum einen funktioniere die Umwelt als ein in sich verbundenes Ganzes, so dass Verschmutzungen nicht in einem Medium bleiben, sondern von einem Medium ins andere übergehen können. Zum anderen können Verminderungen in einem Medium zu einer bloßen Verlagerung in

---

287 So jedoch Erbguth, DÖV 1988, 481ff.

288 Vgl. nur Masing, DVBl. 1998, 549ff., 551f.; Breuer, in: Schmidt-Aßmann (Hrsg.), Besonderes Verwaltungsrecht, 5. Abschnitt Rn. 49a.

289 Vgl. zur Auseinandersetzung mit dieser Kritik und ihrer Widerlegung: Buchholz, Integrative Grenzwerte im Umweltrecht, S. 80ff.

290 Haigh, Integratives Umweltrecht – Bestand, Ziele, Möglichkeiten –, in: Gesellschaft für Umweltrecht (Hrsg.), Dokumentation zur 21. wissenschaftlichen Fachtagung der Gesellschaft für Umweltrecht e.V., S. 58; Rengeling, Gesetzgebungskompetenzen für den integrierten Umweltschutz, S. 20.

291 Ein Auszug der Rede findet sich bei Haigh, a.a.O., S. 58.

292 Integrated Pollution Prevention and Control, OECD, Environment Monograph No. 37, April 1991 (enthält den am 31.1.1991 angenommenen Text der Empfehlung des OECD-Rates, C(90)164.

ein anderes Medium führen.[293] Diese Entwicklung hatte auch Folgen für die EG, die mittlerweile zahlreiche Rechtsakte erlassen hat, die im Kontext des integrierten Umweltschutzes zu sehen sind. Zu diesen gehören vor allem die UVP-Richtlinie[294], die IVU-Richtlinie, die Luftqualitätsrahmenrichtlinie[295], die Umweltzeichenverordnung[296], die Öko-Audit-Verordnungen EMAS I[297] und EMAS II[298], die Umwelthaftungsrichtlinie[299] und die Richtlinie zur Strategischen Umweltprüfung.[300]

b) Entwicklung der Umweltrechtsordnung in Deutschland

In Deutschland hat sich seit den 70er Jahren eine eigenständige Umweltrechtsordnung entwickelt.[301] Der erste legislative Schub[302] brachte neben dem Abfallgesetz (1972), dem Bundesimmissionsschutzgesetz (1974) und dem Bundesna-

---

293 Haigh, Integratives Umweltrecht – Bestand, Ziele, Möglichkeiten –, in: Gesellschaft für Umweltrecht (Hrsg.), Dokumentation zur 21. wissenschaftlichen Fachtagung der Gesellschaft für Umweltrecht e.V., S. 60; Rengeling, Gesetzgebungskompetenzen für den integrierten Umweltschutz, S. 21; Kracht/Wasielewski, in: Rengeling (Hrsg.), Handbuch zum europäischen und deutschen Umweltrecht, § 35 Rn. 5ff.

294 Richtlinie 85/337/EWG des Rates vom 27.6.1985 über die Umweltverträglichkeitsprüfung bei bestimmten öffentlichen und privaten Projekten ABl. EG Nr. L 175, S. 40, geändert durch Richtlinie 97/11/EG, ABl. EG Nr. L 73, S. 5.

295 Richtlinie 96/62/EG des Rates vom 26.9.1996 über die Beurteilung und Kontrolle der Luftqualität, ABl. EG L 296, S. 55.

296 Verordnung Nr. 880/92/EWG des Rates vom 23.3.1992 betreffend ein gemeinschaftsrechtliches System zur Vergabe eines Umweltzeichens, ABl. EG Nr. L 99, S. 1.

297 Verordnung Nr. 1836/93/EWG des Rates vom 29.6.1993 über die freiwillige Beteiligung gewerblicher Unternehmen an einem Gemeinschaftssystem für das Umweltmanagement und die Umweltbetriebsprüfung, ABl. EG Nr. L 168, S.1, ber. ABl. EG Nr. L 203, S. 17.

298 Verordnung 761/2001/EG des Europäischen Parlaments und des Rates vom 19.3.2001 über die freiwillige Beteiligung von Organisationen an einem Gemeinschaftssystem für das Umweltmanagement und die Umweltbetriebsprüfung (EMAS), ABl. EG Nr. L 114, S. 1.

299 Richtlinie 2004/35/EG des Europäischen Parlaments und des Rates vom 21.4.2004 über die Umwelthaftung zur Vermeidung und Sanierung von Umweltschäden, ABl. EU Nr. L 143, S. 56.

300 Richtlinie 2001/42/EG des Europäischen Parlaments und des Rates über die Prüfung der Umweltauswirkungen bestimmter Pläne und Programme vom 27.6.2001, ABl. EG Nr. L 197, S. 30.

301 Der Rechtsgebietscharakter des Umweltrechts wird mittlerweile ganz überwiegend bejaht, siehe z.B. Kloepfer, Umweltrecht, § 1 Rn. 60 m.w.N.

302 Vgl. ausführlich Kloepfer, Zur Geschichte des deutschen Umweltrechts, 1994, S. 96f.

turschutzgesetz (1976) zahlreiche Regelungen zu speziellen Gefahrenlagen.[303] Ab Mitte der 1980er Jahre wurden neben Nachbesserungen und Modernisierungen der bereits erlassenen Gesetze neue, querschnittsartige Gesetze erlassen. Hauptgrund für diese legislatorischen Bemühungen war die wachsende Normierungstätigkeit der Europäischen Gemeinschaft.[304] Das Konzept hinter den einzelnen Umweltrechtsgesetzen bestand zumeist darin, entweder einzelne Medien zu schützen, Gefahren, die von bestimmten Stoffen ausgehen, zu bekämpfen oder Tiere und Pflanzen als Elemente der Umwelt zu schützen. Eine allgemeingültige Systematisierung des Umweltrechts ist aber bisher nicht erfolgt[305] und auch nicht erfolgversprechend, da sich eine Reihe von Gesetzen strikten Zuordnungen aufgrund ihrer Mehrfachzuordnung verschließen.[306] In der Regel schützten sie ihrem Grunde nach nur einen bestimmten Teil der Umwelt und verfolgten keine umfassende, medienübergreifende Wirkung im Sinne eines integrierten Umweltschutzes.[307]

Durch zahlreiche Rechtsakte der Europäischen Gemeinschaft hat mittlerweile auch der Gedanke des integrativen Umweltschutzes Eingang in die deutsche Umweltrechtsordnung gefunden. Die gängigen Gesetze zum Schutz der Umwelt enthalten jetzt in der Regel Vorschriften, die dem integrierten Umweltschutz Rechnung tragen sollen.[308] Künftige Normsetzungsverfahren unterliegen ebenfalls dem Bemühen, den Anforderungen des integrierten Umweltschutzes gerecht zu werden.

---

303 Z.B. das Fluglärmgesetz und Benzinbleigesetz (1971).

304 Vgl. Kloepfer, Zur Geschichte des deutschen Umweltrechts, S. 106.

305 Vgl. zum einen Breuer, in: Schmidt-Aßmann (Hrsg.), Besonderes Verwaltungsrecht, 5. Abschnitt Rn. 37ff.; zum anderen Helberg, in: Koch (Hrsg.), Umweltrecht, 2002, § 3 Rn. 28.

306 Vgl. Kloepfer, Umweltrecht, § 1 Rn. 67; Helberg, a.a.O., § 3 Rn. 31, der als Beispiel das Wasch- und Reinigungsmittelgesetz nennt.

307 Zur integrativen Wirkung des BImSchG vgl. einerseits verneinend Röckinghausen, Integrierter Umweltschutz im EG-Recht, 1997, S. 13ff. und andererseits bejahend Rebentisch, NVwZ 1995, 949ff.

308 Vgl. z.B. § 7 I S. 3 WHG.

3. Realisierung des integrierten Umweltschutzes mit der Rahmengesetzgebungskompetenz

a) Gesetzgebungskompetenzen des Bundes für integrierte Umweltschutzregelungen

Integrative Umweltschutzregelungen können nur auf der Grundlage der Gesetzgebungskompetenzen des Grundgesetzes erlassen werden. Da das Grundgesetz keine umfassende Gesetzgebungskompetenz des Bundes für den Umweltschutz kennt, muss für die integrierten Umweltschutzregelungen auf die Einzelkompetenzen des Grundgesetzes zurückgegriffen werden.[309] Der medienübergreifende Ansatz des integrierten Umweltschutzes bedingt dabei, dass für integrative Umweltrechtschutzregelungen verschiedene Gesetzgebungskompetenzen in Anspruch genommen werden müssen. Dies folgt aus der unterschiedlichen Zuordnung der Umweltschutzmaterien im Grundgesetz. So unterfallen beispielsweise Regelungen über den Luftverkehr der ausschließlichen Gesetzgebungskompetenz (Art. 73 Nr. 6 GG), immissionsschutz- und abfallrechtliche Regelungen der konkurrierenden Gesetzgebungskompetenz (Art. 74 Abs. 1 Nr. 24 GG) und wasser- und naturschutzrechtliche Regelungen der Rahmengesetzgebungskompetenz (Art. 75 Abs. 1 S. 1 Nr. 3, 4 GG). Die Gesetzgebungskompetenzen unterliegen hier verschiedenen Voraussetzungen, unter denen der Gesetzgeber jeweils tätig werden kann. Deshalb ist zunächst zu klären, inwieweit solche Kompetenzkombinationen überhaupt zulässig sind und wie das Verhältnis der verschiedenen Gesetzgebungskompetenzen in diesem Fall zueinander ist.

(1) Zulässigkeit von Kompetenzkombinationen

Die Frage der Zulässigkeit von Kompetenzkombinationen ist geklärt. Dem Bund stehen grundsätzlich alle Gesetzgebungskompetenzen kumulativ zur Verfügung.[310] Eine verfassungsrechtliche Grenze dieser Kombination ist nach allgemeiner Ansicht dann erreicht, wenn sich eine einzelne Aussage im Gesetz unter keinen Umständen auf einen Kompetenztitel stützen kann.[311] Der Bund darf somit durch eine Kompetenzkombination nicht unzulässigerweise eine neue Kom-

309 Allgemeine Ansicht, s. nur Berendes, in: Kloepfer (Hrsg.), Umweltföderalismus, 2001, S. 393.

310 Allgemeine Auffassung, vgl. Stern, Staatsrecht II, S. 607 f.; Rozek, in: v. Mangoldt/Klein/Stark, GG II, Art. 70 Rn. 54; Rengeling, Gesetzgebungskompetenzen für den integrierten Umweltschutz, S. 83 m.w.N.; speziell für den Bereich der Umweltgesetzgebung Kloepfer, Umweltrecht, § 3 Rn. 91.

311 Vgl. nur Peine, in: Kloepfer (Hrsg.), Umweltföderalismus, S. 110 m.w.N.

petenz schaffen, die für ihn nicht vom Grundgesetz vorgesehen ist, sondern darf sich im Falle einer Kompetenzkombination lediglich bei den vorhandenen Kompetenzen „bedienen“. Auch das sogenannte Baurechtsgutachten des Bundesverfassungsgerichts[312] steht dem nicht entgegen. Das Bundesverfassungsgericht lehnt dort zwar eine Gesetzgebungszuständigkeit des Bundes für das „Baurecht als Gesamtmaterie“ ab. Jedoch werden anschließend die Bundeskompetenzen für die einzelnen im Gutachtenauftrag bezeichneten Bereiche der Gesetzgebungszuständigkeit gesondert geprüft und aus dem Grundgesetz nachgewiesen.[313] Somit hat das Bundesverfassungsgericht an einer Kombination von Gesetzgebungskompetenzen nichts auszusetzen, soweit keine neue „Gesamtkompetenz“ vom Gesetzgeber geschaffen wird. Das bedeutet, dass einer Kombination von einzelnen Kompetenztiteln zum Erlass integrierter Umweltschutzregelungen die Rechtsauffassung des Bundesverfassungsgerichts nicht entgegensteht.[314] Dieser Auffassung ist der Bundesgesetzgeber beim bisherigen Erlass integrativer Umweltschutzregelungen gefolgt. So ging beispielsweise die Bundesregierung in der 11. Legislaturperiode in der Begründung des Gesetzentwurfs für das UVP-Gesetz davon aus, dass der Bundesgesetzgeber die dafür erforderlichen Gesetzgebungskompetenzen besitzt.[315]

Diesen Ausführungen folgte die Bundesregierung in der 12. Legislaturperiode bei der Begründung für den Entwurf eines Umsetzungsgesetzes für die Umweltinformationsrichtlinie.[316]

Die Kompetenz des Bundes zum Erlass des Umweltinformationsgesetzes ergebe sich aus seinen Kompetenzen für Regelungen, die die Beschaffenheit der in § 3 Abs. 2 Nr. 1 UIG genannten Umweltgüter betreffen. Von Seiten der Bundesregierung wurde auch in diesem Fall auf Einzelkompetenzen des Grundgesetzes zum Erlass einer Bundesregelung zurückgegriffen. Ausführungen zur Gesetzgebungskompetenz finden sich auch im UGB-KomE aus der 13. Legislaturperiode. Die Begründung bezüglich der Kompetenz des Bundes zum Erlass eines Umweltgesetzbuches geht davon aus, dass die Gesamtheit der Bundesgesetzgebungskompetenzen eine hinreichende Grundlage für eine bundesrechtliche Kodifikation des Umweltrechts darstellt.[317] Die Kombination verschiedener Gesetzgebungskompetenzen zum Erlass integrierter Umweltschutzregelungen ist daher zulässig und wird vom Gesetzgeber stetig praktiziert.

---

312 BVerfGE 3, 407ff.

313 BVerfGE 3, 407, 423ff.

314 Rengeling, Gesetzgebungskompetenzen für den integrierten Umweltschutz, S. 83.

315 BT-Drs. 11/3919, S. 18.

316 BT-Drs. 12/7138, S. 9 ff.

317 Bundesministerium für Umwelt, Naturschutz und Reaktorsicherheit – BMU – (Hrsg.), Umweltgesetzbuch (UGB-KomE), S. 15ff.

(2) Verhältnis der verschiedenen Gesetzgebungskompetenzen zueinander

Schwierigkeiten bereitet die Frage, wie sich die verschiedenen Gesetzgebungskompetenzen zueinander verhalten. Regelungen des integrierten Umweltschutzes stützen sich regelmäßig auf eine Kompetenzkombination. Die Wechselwirkungen zwischen den einzelnen Umweltmedien sind bei der Gesetzgebung zu berücksichtigen. Fraglich ist, ob der Bund das Medium Wasser im Bereich des integrierten Umweltschutzes lediglich gemäß seiner Rahmengesetzgebungskompetenz und der ihr innewohnenden begrenzten Reichweite schützen kann. Grundsätzlich gilt für Kompetenzkombinationen, dass die Normierungsintensität sich jeweils nach dem betroffenen Kompetenztitel zu richten hat, also dessen Voraussetzungen und Schranken innerhalb der Kompetenzkombination zu beachten sind.[318] Schwierigkeiten der richtigen Zuordnung ergeben sich daraus, dass sich einzelne Umweltschutzmaterien nicht immer eindeutig bestimmten Kompetenztiteln zuordnen lassen und somit Kompetenztitel im Hinblick auf verschiedene Nutzungen eines Umweltgutes auseinanderfallen können, wie z.B. für das Medium Wasser durch die Kompetenznormen Art. 74 Abs. 1 Nr. 21 GG (Wasserstraßenrecht) und Art. 75 Abs. 1 S. 1 Nr. 4 GG (Wasserhaushalt).[319] Dabei kann sich die Problematik sowohl im Verhältnis der Zuständigkeitsverteilung innerhalb ein und desselben Kompetenzträgers (Bund oder Land) als auch zwischen verschiedenen Kompetenzträgern (Bund und Land) stellen. Innerhalb eines Kompetenzträgers ist die Problematik insbesondere dann von Bedeutung, wenn dem Gesetzgeber unterschiedliche Kompetenzen entweder eine Voll- oder lediglich eine Rahmenregelung erlauben. Einigkeit zur Behandlung der Problematik zwischen verschiedenen Kompetenzträgern besteht insoweit, als sog. Doppelzuständigkeiten verfassungsrechtlich unzulässig sind.[320] Darunter ist eine Zuständigkeit von Bund und Ländern in dem Sinne zu verstehen, dass beide zuständig wären, ein und denselben Gegenstand in unterschiedlicher Weise zu regeln.[321] Eine solche Doppelzuständigkeit ist nach der Systematik des Art. 70 GG ausgeschlossen und wäre au-

---

318 Rozek, in: v. Mangoldt/Klein/Stark, GG II, Art. 70 Rn. 54; Stern, Staatsrecht II, S. 608; Fischer, Zur Herleitung von Gesetzgebungskompetenzen im Umweltschutz, 2001, S. 167; Kloepfer, Umweltrecht, § 3 Rn. 91.

319 Kloepfer, a.a.O., § 3 Rn. 96; anderes Beispiel bei Rengeling, Gesetzgebungskompetenzen für den integrierten Umweltschutz, S. 115.

320 So die wohl h.M., vgl. nur BVerfGE 36, 193, 202f.; 61, 149, 204f., BVerfG, DVBl. 1982, 1135, 1143; Schneider, Die Rahmengesetzgebungskompetenz des Bundes, S. 84; Degenhart, in: Sachs (Hrsg.) GG, Art. 70 Rn. 53; Rozek, in: v. Mangoldt/Klein/Stark, GG II, Art. 70 Rn. 55.

321 Vgl. nur Rozek, a.a.O., Art. 70 Rn. 10.

ßerdem mit der föderativen Kompetenzverteilung des Grundgesetzes schlechthin unvereinbar.

In der Literatur wird zur Lösung des Problems vertreten, dass im Falle eines Nebeneinanders von konkurrierender Gesetzgebungskompetenz und Rahmengesetzgebungskompetenz für denselben Regelungsbereich, das Gesetz auf die konkurrierende Gesetzgebung zu stützen sei.[322] Diese Auffassung ist abzulehnen. Sie führt im Ergebnis dazu, dass Art. 74 GG im Überschneidungsfall lex specialis zu Art. 75 GG wäre.[323] Dies wiederum würde zu einer Kompetenzverschiebung zu Gunsten des Bundes und zu Lasten der Länder führen. Als Konsequenz wäre zu erwarten, dass die Rahmengesetzgebungskompetenz als schwächere Kompetenz vollkommen ausgehöhlt werden würde.[324] Insgesamt würde auf Grund einer solchen Auslegung vom vorgesehenen Kompetenzgefüge des Grundgesetzes nicht viel übrig bleiben. Zumindest ein gleichberechtigtes Nebeneinander der Gesetzgebungszuständigkeiten wäre nicht mehr vorhanden.[325] Dasselbe gilt auch unter umgekehrten Vorzeichen. Ein Vorrang von Art. 75 GG gegenüber Art. 74 GG[326] lässt sich weder aus Wortlaut noch Systematik des Grundgesetzes gewinnen. Eine generelle Spezialität der Rahmengesetzgebungskompetenz ist daher nicht gegeben.

In der Regel wird bei einer mehrfachen Zuordnung eines Regelungsgegenstandes zu verschiedenen Gesetzgebungskompetenzen auf den Schwerpunkt bzw. den Normzweck der Regelung oder Maßnahme abgestellt.[327] Dies gilt allerdings nur, soweit keine eindeutige kompetenzielle Zuordnung durch das Grundgesetz erfolgt.[328] Im Bereich des integrierten Umweltschutzes bedeutet das für den Bundesgesetzgeber, dass er grundsätzlich den besonderen Anforderungen der Rahmengesetzgebungskompetenz unterliegt, soweit Regelungen den Wasserhaushalt oder den Naturschutz und die Landschaftspflege betreffen. Ausnahmsweise könnte der Gesetzgeber sich auch auf die konkurrierende Gesetzgebungskompetenz berufen, soweit der Schwerpunkt einer Regelung dieser Gesetzgebungskompetenz zuzuordnen wäre. In diesem Zusammenhang ist der Normzweck des integrierten Umweltschutzes zu beachten. Dessen Hauptziel ist der gesamthafte An-

---

322 Maunz, in: Maunz/Dürig, GG, Art. 70 Rn. 42; Maunz, a.a.O., Art. 74 Rn. 47.

323 Schneider, Die Rahmengesetzgebungskompetenz des Bundes, S. 87; Heeger, Die Rahmengesetzgebung, ihr Inhalt und ihre Auswirkung, 1962, S. 60.

324 Schneider, a.a.O., S. 87;

325 Schneider, Die Rahmengesetzgebungskompetenz des Bundes, S. 87.

326 Weber, DÖV 1954, 417ff., 418; Gieseke, DÖV 1956, 682ff., 685.

327 Rengeling, Gesetzgebungskompetenzen für den integrierten Umweltschutz, S. 116; wohl auch Kunig, in: v. Münch/Kunig, GG III, Art. 70 Rn. 12; Kloepfer, Umweltrecht, § 3 Rn. 96; BVerfGE 80, 124, 132: „Schwergewicht“; VerfGH Rh.-Pf., DVBl. 2001, 470, 471 zur Abgrenzung innerhalb derselben Gesetzgebungskompetenz.

328 Degenhart, in: Sachs (Hrsg.), GG, Art. 70 Rn. 53; Berendes, ZfW 2002, 197, 204.

satz, der alle Medien in seinem Blick hat. Schutzgüter sind somit die einzelnen Umweltmedien in ihrer Gesamtheit. Für die einzelnen Umweltmedien sind dem Bundesgesetzgeber ausdrücklich Gesetzgebungskompetenzen zugewiesen, im Falle des Wassers lediglich die Rahmengesetzgebungskompetenz. Daher wird der Bundesgesetzgeber beim Erlass integrativer Umweltschutzregelungen aufgrund des jeweiligen Normzwecks im Bereich des Wasserhaushalts und des Naturschutzes und der Landschaftspflege durch seine Rahmengesetzgebungskompetenz begrenzt.[329] Ein Rückgriff auf Art. 74 Abs. 1 Nr. 11 GG, soweit die integrierte Regelung auch wirtschaftliche Ziele verfolgt, scheidet grundsätzlich aus, da dieser Kompetenztitel durch die auf die Rahmengesetzgebungskompetenz beschränkten Bundeskompetenzen für Wasserhaushalt und Naturschutz gesperrt ist.[330]

b) Verwirklichungsschwierigkeiten durch die Rahmengesetzgebungskompetenz

Die eben dargestellten Voraussetzungen, unter denen der Bund integrative Umweltschutzregelungen erlassen darf, führen in der Praxis zu Schwierigkeiten, die der Zielsetzung des integrierten Umweltschutzes entgegenlaufen, was am Beispiel der wasserrechtlichen Umsetzung der IVU-Richtlinie gezeigt werden soll.

(1) Inhalt und Umsetzung der IVU-Richtlinie ins Wasserrecht

Das Konzept der IVU-Richtlinie[331] geht sowohl von inhaltlich-materiellen Anforderungen als auch von einer verfahrensrechtlichen Komponente aus. Die inhaltlich-materiellen Anforderungen ergeben sich insbesondere aus den Art. 3 und 8 – 10 der Richtlinie. Art. 3 regelt dabei die Betreiberpflichten, die der Anlagenbetreiber zu beachten hat. Art. 8 bestimmt, dass nur Anlagen zu genehmigen sind, die den Anforderungen der IVU-Richtlinie entsprechen, also solche Anlagen, die ein hohes Schutzniveau für die Umwelt insgesamt und nicht nur für ein bestimmtes Medium gewährleisten. Dementsprechend ist die Vorschrift des Art. 9 über die Genehmigungsauflagen gebildet. Abgeschlossen werden die Vorschriften durch Art. 10, der die Anwendung der besten verfügbaren Techniken und Qualitätsnormen regelt. Die verfahrensrechtliche Komponente der Richtlinie sieht vor, dass die Mitgliedstaaten die erforderlichen Maßnahmen für eine vollständige

329 Groß, NWVBl. 2002, 289ff., 291; Schink, ZG 2004, 1ff., 7. Bezüglich des Wasserhaushalts auch Berendes, ZfW 2002, 204.

330 So zum Wasserhaushalt BVerfGE 15, 1, 24 und zum Naturschutz BVerwG, NuR 2004, 167.

331 Dazu eingehend Kracht/Wasielewski, in: Rengeling (Hrsg.), Handbuch zum europäischen und deutschen Umweltrecht, § 35 Rn. 1ff.; Schäfer, UPR 1997, 444ff.

Koordinierung des Genehmigungsverfahrens und der Genehmigungsauflagen treffen, falls bei diesem Vorhaben mehrere zuständige Behörden mitwirken, um ein wirksames integriertes Konzept aller beteiligten Genehmigungsbehörden sicherzustellen.

Die Umsetzung[332] der Anforderungen der IVU-Richtlinie erfolgte im WHG in unterschiedlichem Maße. Die materiellen Anforderungen des integrativen Ansatzes wurden in zweifacher Weise im WHG umgesetzt.[333] Zum einen sind nach § 1a Abs. 1 S. 3 WHG mögliche Verlagerungen von nachteiligen Auswirkungen von einem Schutzgut auf ein anderes zu berücksichtigen. Danach sind die Wasserbehörden verpflichtet, in ihren Entscheidungen eine Abschätzung etwaiger Folgen des Gewässerschutzes zum Nachteil der anderen Umweltmedien vorzunehmen.[334] Zum anderen erfolgte die Umsetzung durch eine Neufassung des § 7a Abs. 5 WHG. Die Definition des Standes der Technik ist im wesentlichen Ausfluss der IVU-Richtlinie und setzt insbesondere das gemeinschaftsrechtliche Anforderungsniveau der „besten verfügbaren Techniken" nach Art. 2 Nr. 11 der IVU-Richtlinie in deutsches Recht um.[335] Zur näheren Konkretisierung wird auf den Anhang 2 des WHG verwiesen, der wortgleich dem Anhang IV der IVU-Richtlinie entspricht. Schwieriger gestaltete sich dagegen die Umsetzung der verfahrensrechtlichen Bestimmungen. Aus kompetenzrechtlichen Gründen erteilt das WHG den Ländern lediglich Regelungsaufträge, um den verfahrensrechtlichen Bestimmungen gerecht zu werden. Art. 75 GG lässt eine bundesrechtliche Vorgabe für die behördliche Koordinierung in den wasserrechtlichen Verfahren nicht zu und die notwendige Umsetzung hat daher durch die Länder zu erfolgen.[336] § 7 Abs. 1 S. 3 WHG listet insoweit nur einen bestimmten, zu erfüllenden Mindeststandard auf.[337] Auch im Gesetzentwurf[338] zur Umsetzung der IVU-Richtlinie wird dargelegt, dass im Bereich des Wasserrechts eine gemeinschaftsrechtskonforme Umsetzung hauptsächlich durch die Länder zu erfolgen hat.[339] Zur voll-

---

332 Vgl. Gesetz zur Umsetzung der UVP-Änderungsrichtlinie, der IVU-Richtlinie und weiterer EG-Richtlinien zum Umweltschutz vom 27.7.2001 (BGBl I, S. 1950).

333 Vgl. dazu Berendes, ZfW 2002, 207.

334 Czychowski/Reinhardt, WHG, § 1a Rn. 11b.

335 Czychowski/Reinhardt, a.a.O., § 7a Rn. 43.

336 Berendes, ZfW 2002, 208. Czychowski/Reinhardt, WHG, § 7 Rn. 14b; Kracht/ Wasielewski, in: Rengeling (Hrsg.), Handbuch zum europäischen und deutschen Umweltrecht, § 35 Rn. 16.

337 Czychowski/Reinhardt, a.a.O., § 7 Rn. 14b.

338 Vgl. den Gesetzentwurf der Bundesregierung BT-Drs. 14/5204 und deckungsgleich den Gesetzentwurf der Fraktionen von SPD und Bündnis 90/Die Grünen BT-Drs. 14/4599.

339 BT-Drs. 14/4599, S. 83; entsprechend BT-Drs. 14/5204, S. 83.

ständigen Umsetzung der IVU-Richtlinie haben die Länder dabei folgendes zu regeln:[340]

- Mindestinhalt der Genehmigungsaufträge;
- Erteilung der Genehmigung mit Auflagen zur Durchsetzung der Integrationsaspekte;
- Überprüfung und Aktualisierung der Auflagen für bestehende Anlagen mit Fristvorgaben;
- Überwachung, Überprüfung und Aktualisierung der Genehmigungsauflagen;
- Verfahren bei Änderung von Anlagen;
- Beteiligung der Öffentlichkeit und Zugang zu Informationen;
- Beschaffung relevanter Emissionsdaten (Abwassererklärung);
- Öffentlichkeits- und Behördenbeteiligung bei grenzüberschreitenden Auswirkungen.

(2) Tauglichkeit der Rahmengesetzgebungskompetenz im Bereich des integrierten Umweltschutzes

Aus dem dargestellten Umsetzungsverfahren der IVU-Richtlinie ins Wasserrecht lässt sich erkennen, welche Schwierigkeiten dem integrierten Umweltschutz in der deutschen Kompetenzordnung entgegenstehen. Die Idee des integrierten Umweltschutzes, einen gesamthaften Ansatz zu verfolgen und somit Umweltverschmutzungen medienübergreifend zu vermeiden, kann im derzeit geltenden deutschen Recht auf Bundesebene lediglich fragmentarisch umgesetzt werden.[341] Dem Bund fehlt die Kompetenz zum Erlass abschließender bundeseinheitlicher Regelungen im Bereich Wasserhaushalt, Naturschutz und Landschaftspflege. Dies läuft der Zielsetzung des integrierten Umweltschutzes jedoch entgegen. Durch die fehlende abschließende Bundeskompetenz müssen bestimmte Vorhaben, wie beispielsweise ein einheitliches Anlagenzulassungsrecht inklusive eines wasserrechtlichen Verfahrens, von vornherein scheitern. Die Verfahren müssen weiterhin auf Landesebene geregelt werden und führen somit, im äußersten Fall, zu 16 verschiedenen Zulassungsverfahren. Dabei ist zu berücksichtigen, dass die Länder sich an die vom Bund vorgegebenen Rahmenregelungen zu halten haben. In deren Ausfüllung sind sie jedoch frei. So kann es, um beim Beispiel der IVU-Richtlinie und ihrer Umsetzung ins Wasserrecht zu bleiben, dazu kommen, dass 16 verschiedene Regelungen hinsichtlich der Beteiligung der Öffentlichkeit und des Zugangs zu Informationen existieren. Gerade aber der Öffentlichkeitsbeteili-

---

340 Die folgende Aufzählung entspricht Berendes, ZfW 2002, 208.

341 Vgl. auch Sanden, in: BMU (Hrsg.), Föderalismusreform: Neuordnung der Umweltkompetenzen, 2004, S. 17; Sangenstedt, UVP-Report 2005, 13.

gung ist ein nicht zu vernachlässigender Faktor des integrierten Umweltschutzes, da die Beteiligung der Öffentlichkeit gewährleisten kann, dass tatsächlich alle wechselseitigen Auswirkungen der einzelnen Umweltmedien beachtet werden. Unterschiedliche Regelungen über diese Beteiligung können dazu führen, dass bei gleicher Ausgangslage für eine Genehmigung in zwei Ländern unterschiedliche Ergebnisse herauskommen, obwohl nach Maßgabe des integrierten Umweltschutzes nur die **eine** Genehmigung tatsächlich für ein hohes Schutzniveau für die Umwelt in ihrer Gesamtheit geeignet ist. Dies würde der Zielsetzung des integrierten Umweltschutzes entgegenlaufen. Es widerspricht auch dem Sinn des integrierten Umweltschutzes, nur ein teilweise medienübergreifendes Verfahren zu haben. Sinn und Zweck ist gerade der gesamthafte Ansatz. Ein Ineinandergreifen der auf die Medien bezogenen Maßnahmen ist praktisch ausgeschlossen, solange 16 Länder unterschiedliche Verfahrensvorschriften erlassen können.[342]

Daran ändert sich auch nichts durch die Möglichkeit des Bundes gemäß Art. 75 Abs. 2 GG, in Ausnahmefällen in Einzelheiten gehende oder unmittelbar geltende Regelungen zu erlassen. Zwar soll nach *Rengeling*[343] ein Ausnahmefall nach Art. 75 Abs. 2 GG im Bereich des integrierten Umweltschutzes nicht selten zu bejahen sein. Diese Auffassung lässt sich aber nach dem sog. Juniorprofessur-Urteil des Bundesverfassungsgerichts nicht mehr aufrechterhalten. Danach liegt eine Ausnahmeregelung nur dann vor, wenn die in Einzelheiten gehende oder unmittelbar geltende Regelung zum Erlass des Gesetzes schlechthin unerlässlich ist.[344] Im besagten Fall hat das Bundesverfassungsgericht beanstandet, dass der Bund nicht hinreichend dargelegt habe, „dass die Einführung der Juniorprofessur unter gleichzeitiger faktischer Abschaffung der Habilitation nach verständiger Betrachtung unentbehrlich und der einzig mögliche Weg ist".[345] Für den integrierten Umweltschutz bedeutet dies, dass bundesrechtliche Regelungen bezüglich des Wasserhaushalts oder des Naturschutzes und der Landschaftspflege unentbehrlich und der einzig mögliche Weg sein müssen, um einen gesamthaften Umweltschutz zu gewährleisten. Man mag versucht sein, diese Frage zu bejahen, da, wie bereits dargestellt, auf Grund der Kompetenzverteilung 16 verschiedene Regelungen im Bereich des Wasserhaushalts und des Naturschutzes und der Landschaftspflege bestehen können. Allerdings bedeutet die Zuständigkeit der Länder nicht, dass gleichzeitig kein gesamthafter Umweltschutz erreicht wird. Auch durch Landesregelungen ist ein solcher durchaus möglich. Davon zu unterschei-

342 Vgl. Pernice, in: BMU (Hrsg.), Föderalismusreform: Neuordnung der Gesetzgebungskompetenzen, S. 26.

343 Rengeling, Gesetzgebungskompetenzen für den integrierten Umweltschutz, S. 140; dagegen Berendes, ZfW 2002, 204.

344 BVerfG, NJW 2004, 2803, 2805.

345 BVerfG, NJW 2004, 2803, 2808.

den ist die Effektivität eines solchen gesamthaften Umweltschutzes. Reine Effektivitätserwägungen können jedoch die hohen Anforderungen, die das Bundesverfassungsgericht an einen Ausnahmefall stellt, nicht erfüllen. Durch eine solch extensive Interpretation der Anforderung des Bundesverfassungsgerichts würde letztendlich die Rechtsprechung ad absurdum geführt und die Rahmengesetzgebungskompetenz faktisch den Regelungsgehalt der konkurrierenden Gesetzgebungskompetenz erhalten, da Effektivitätserwägungen, zumindest bei der Umsetzung von Gemeinschaftsrecht in nationales Recht, leicht begründet werden könnten.

Integrierte Umweltschutzregelungen lassen sich nur teilweise mit der Rahmengesetzgebungskompetenz verwirklichen. Rumpfregelungen zum integrieren Umweltschutz lassen sich nach der geltenden Kompetenzverteilung und somit mit der Rahmengesetzgebungskompetenz durchaus verwirklichen. Soll allerdings ein vollständiges gesamthaftes Umweltrecht geschaffen werden, so scheitert die Umsetzung an der Rahmengesetzgebungskompetenz. Mit der Rahmengesetzgebungskompetenz kann kein wünschenswertes integratives Umweltrecht geschaffen werden, das dem Sinn und Zweck dieses umweltpolitischen Ideals entspricht. Dem Bund fehlt die notwendige Kompetenz für ein umfassendes integriertes Umweltrecht. Diese Kompetenz ist umso notwendiger, als die Bundesrepublik schnell ihren Verpflichtungen aus der Biodiversitätskonvention nachkommen muss.[346] Einer der maßgeblichen Grundsätze dieser Konvention ist der sogenannte ökosystemare Ansatz. Danach sind Ökosysteme in ihrem Funktionszusammenhang zu schützen. Zu erfassen und regulieren sind danach sowohl die unmittelbaren als auch die mittelbaren Auswirkungen und Umweltbelastungen einschließlich der Wechselwirkungen zwischen den einzelnen Umweltgütern und -medien.[347] Sollte die Kompetenzordnung nicht reformiert werden, so steht zu befürchten, dass die Bundesrepublik ihren Verpflichtungen nicht vollständig und dem Ansatz der Konvention gerecht nachkommen wird.

---

346 Zur Biodiversitätskonvention s. Wolff/Köck (Hrsg.), 10 Jahre Übereinkommen über die biologische Vielfalt – Eine Zwischenbilanz, 2004.

347 Koch, Naturschutz und Landschaftspflege in der Reform der bundesstaatlichen Ordnung, 2004, S. 21.

II. Europatauglichkeit der Rahmengesetzgebungskompetenz

1. Bedeutung des Gemeinschaftsrechts für das nationale Umweltrecht

Im Bereich der Umweltgesetzgebung hat das Gemeinschaftsrecht innerhalb der letzten Jahre enorm an Bedeutung gewonnen.[348] Dies zeigt sich zum einen an der Aufnahme umweltpolitischer Ziele in das Primärrecht, zum anderen an der großen Anzahl gemeinschaftsrechtlicher Sekundärrechtsakte zum Schutz der Umwelt.[349] Diese Tendenz hat massive Auswirkungen auf die nationale Umweltgesetzgebung. Impulsgeber für den nationalen Gesetzgeber ist meist die Gemeinschaft. Dies gilt sowohl für die Modifizierung fachrechtlicher, meist medienspezifischer Regelungen, als auch für neue, integrative Ansätze.[350] Betrachtet man die Gesetzesvorhaben im traditionell medienspezifischen Umweltrecht der letzten Jahre, so fällt auf, dass umfassende Novellierungen ihren Grund meist in der Umsetzung gemeinschaftsrechtlicher Vorgaben haben. Als Beispiel sei hier nur die 7. Novelle des Wasserhaushaltsgesetzes[351] genannt. Auch aktuelle Vorhaben im Bereich der Umweltgesetzgebung wie die Neuordnung des Chemikalienrechts[352], der Zugang zu Gerichten in Umweltangelegenheiten[353] und Regelungen über die

---

348 Caspar, in: Koch (Hrsg.), Umweltrecht, § 2 Rn. 54; Groß, NWVBl. 2002, 289; Kloepfer, NVwZ 2002, 645ff., 647; Peine, in: Knopp (Hrsg.), Neues Europäisches Umwelthaftungsrecht und seine Auswirkungen auf die deutsche Wirtschaft, 2003, S. 1ff.; Kloepfer, NuR 2006, 1ff., 2; Böhm, in: Magiera/Sommermann (Hrsg.), Verwaltung und Governance im Mehrebenensystem der Europäischen Union, 2002, S. 95.

349 Vgl. die ausgewählte Auflistung einiger Rechtsakte der Gemeinschaft bei Kloepfer, Umweltrecht, § 9 Rn. 127ff.

350 Zum integrativen Ansatz vgl. Kapitel 2 I.

351 Siebtes Gesetz zur Änderung des Wasserhaushaltsgesetzes vom 18.6.2002 (BGBl. I, S. 1914; berichtigt BGBl. I, S. 2711b). Vgl. dazu auch die Begründung des Gesetzentwurfs BT-Drs. 14/7755, S. 12: „Der vorliegende Gesetzentwurf dient der Umsetzung der Richtlinie 2000/60/EG des Europäischen Parlaments und des Rates vom 23. Oktober 2000 zur Schaffung eines Ordnungsrahmens für Maßnahmen der Gemeinschaft im Bereich der Wasserpolitik (Wasserrahmenrichtlinie), veröffentlicht im Amtsblatt der Europäischen Gemeinschaften Nr. L 372 S. 1, soweit dies im Rahmen der Gesetzgebungszuständigkeit des Bundes für den Wasserhaushalt möglich und sinnvoll ist."

352 Vgl. hierzu den sog. REACH-Verordnungs-Entwurf KOM(2003) 644 endgültig vom 29.10.2003. Zur dadurch notwendigen Umgestaltung des nationalen Rechts, Rengeling, DVBl. 2005, 393ff., s. auch Knopp, UPR 2005, 415ff.

353 Vgl. den Referentenentwurf des BMU zum Umwelt-Rechtsbehelfsgesetz vom 21.2.2005, s. Knopp, ZUR 2005, 281ff.

Umwelthaftung[354] sind Ausfluss des Gemeinschaftsrechts. Nationale Innovationen oder Initiativen im Bereich des Umweltrechts sind dagegen eher selten geworden oder werden auf Grund europäischer Bestrebungen aufgegeben. Für den letzten Punkt soll beispielhaft der Werdegang der angestrebten nationalen Verordnung über Elektronikschrott dargestellt werden. Die Bundesregierung präsentierte im Jahre 1998 einen Verordnungsentwurf einer IT-Altgeräte-Verordnung[355], der das vorläufige Ergebnis eines über zehnjährigen Entscheidungsfindungsprozess darstellte. Dieser Entwurf wurde vom Umweltausschuss des Bundesrats hinsichtlich seines Anwendungsbereichs beträchtlich erweitert und nach den Beratungen als Entwurf einer Elektroaltgeräte-Verordnung am 24. Juni 1999 verabschiedet.[356] Auf Grund des Erlasses der Richtlinie 2002/96/EG des europäischen Parlaments und des Rates vom 27. Januar 2003 über Elektro- und Elektronik-Altgeräte[357] sowie der Richtlinie 2002/95/EG des Europäischen Parlaments und des Rats vom 27. Januar 2003 zur Beschränkung der Verwendung bestimmter gefährlicher Stoffe in Elektro- und Elektronikgeräten[358] wurde der eigene Regelungsvorschlag nicht weiter verfolgt.[359] Nunmehr sind die Richtlinien durch das Gesetz über das Inverkehrbringen, die Rücknahme und die umweltverträgliche Entsorgung von Elektro- und Elektronikgeräten (Elektro- und Elektronikgerätegesetz – ElektroG) vom 16. März 2005[360] umgesetzt. Ausnahmen bilden dagegen unter anderem die Regelungen über das sog. Dosenpfand[361], den Atomausstieg[362], den Hochwasserschutz[363] und die Konzeption des EEG[364], die eigen-

354 Vgl. den Referentenentwurf des BMU zum Umweltschadensgesetz vom 4.3.2005, s. Knopp, UPR 2005, 361ff.

355 BT-Drs. 13/10769.

356 BR-Drs. 638/98.

357 ABl. EG Nr. L 37, S. 24. S. dazu Albrecht, in: Busch/Knopp/Heinze (Hrsg.), Brennpunkte der Abfallwirtschaft 2004 (I), 2004, S. 56ff.

358 ABl. EG Nr. L 37, S. 19.

359 Sparwasser/Engel/Vosskuhle, Umweltrecht, 5. Aufl. 2003, § 11 Rn. 245.

360 BGBl. I, S. 762.

361 §§ 8 – 10 VerpackV.

362 Vgl. Gesetz zur geordneten Beendigung der Kernenergienutzung zur gewerblichen Erzeugung von Elektrizität vom 22.4.2002 (BGBl. I, S. 1351).

363 Vgl. Gesetz zur Verbesserung des vorbeugenden Hochwasserschutzes vom 3.5.2005 (BGBl. I, S. 1224).

364 Vgl. Art 1 des Gesetzes zur Neuregelung des Rechts der Erneuerbaren Energien im Strombereich vom 21.7.2004 (BGBl. I, S. 1918). Im Bereich der Erneuerbaren Energien hat die Gemeinschaft erst eine Richtlinie (RL 2001/77/EG des Europäischen Parlaments und des Rates v. 27.9.2001 zur Förderung der Stromerzeugung aus erneuerbaren Energiequellen im Elektrizitätsbinnenmarkt; ABl. EG Nr. L 283, S. 33 zuletzt geändert durch die Beitrittsakte vom 16.4.2003 ABl. EU Nr. L 236, S. 586) erlassen, aufgrund derer das bereits existierende EEG angepasst werden musste.

ständig, ohne einen europäischen Impuls, verabschiedet wurden. Eine moderne, zeitgerechte Umweltschutzgesetzgebung setzt also voraus, dass Gemeinschaftsrecht, soweit erforderlich, effektiv umgesetzt werden kann.

2. Umsetzung von Richtlinien ins nationale Recht

Richtlinien sind grundsätzlich ins nationale Recht umzusetzen. Die Verpflichtung zur Umsetzung folgt aus Art. 249 Abs. 3 EGV, aus Art. 10 EGV und hinsichtlich gewisser Einzelfragen aus der umzusetzenden Richtlinie selbst.[365] Eine Umsetzung ist nach der Rechtsprechung des EuGH lediglich dann entbehrlich, wenn „namentlich allgemeine verfassungs- oder verwaltungsrechtliche Grundsätze die Umsetzung durch besondere Rechts- oder Verwaltungsvorschriften überflüssig machen. Voraussetzung dafür ist, dass diese Grundsätze tatsächlich die vollständige Anwendung der Richtlinie durch die nationalen Behörden gewährleisten und dass die sich aus diesen Grundsätzen ergebende Rechtslage, soweit die Richtlinie Ansprüche der Einzelnen begründen soll, hinreichend bestimmt und klar ist und die Begünstigten in die Lage versetzt werden, von allen ihren Rechten Kenntnis zu erlangen und diese gegebenenfalls vor den nationalen Gerichten geltend zu machen."[366] Nach ständiger Rechtsprechung des Gerichtshofs ist eine bloße Verwaltungspraxis nicht ausreichend, da die Verwaltung diese jederzeit ändern könne und sie nicht hinreichend bekannt sei.[367] Die Umsetzungsverpflichtung entfällt außerdem, wenn die Umsetzung einer Richtlinie aus geographischen Gründen gegenstandslos ist.[368] Die direkte Wirkung einer Richtlinie befreit ebenfalls nicht von der Umsetzungsverpflichtung, sondern ist lediglich eine Mindestgarantie.[369] Im Regelfall ist daher von einer Umsetzungspflicht auszugehen.

Die Mitgliedstaaten sind im Rahmen der Umsetzung grundsätzlich bei der Wahl ihrer Mittel und Formen frei. Dies folgt schon aus der Legaldefinition des Art. 249 Abs. 3 EGV, wobei die von der umzusetzenden Richtlinie festgesetzte Frist jeweils einzuhalten ist.[370] Der Gerichtshof fordert, dass die Umsetzung in einer Art und Weise erfolgt, „die sich zur Gewährleistung der praktischen Wirksamkeit (effet utile) der Richtlinien unter Berücksichtigung des mit ihnen verfolg-

---

365 Rengeling, in: Rengeling (Hrsg.), Handbuch zum europäischen und deutschen Umweltrecht, § 28 Rn. 13.
366 EuGH, Rs. 29/84 (Kommission/Deutschland) = Slg. 1985, 1661, 1673.
367 EuGH, Rs. 102/79 (Kommission/Belgien) = Slg. 1980, 1473.
368 EuGH, Rs. C-372/00 (Kommission/Irland) = Slg. 2001, I-10 303.
369 EuGH, Rs. C-253/95 (Kommission/Deutschland) = Slg. 1996, I-2423.
370 Vgl. nur Geiger, EUV/EGV, 4. Auflage 2004, Art. 249 EGV Rn. 9; Epiney, in: Kloepfer (Hrsg.), Umweltföderalismus, 2002, S. 170.

ten Zwecks am besten eigne."[371] Dieses Effizienzgebot bewirkt, dass den Mitgliedstaaten bei einer verspäteten Umsetzung eine Reihe von Rechtfertigungsgründen verwehrt bleiben. Eine nicht fristgerechte Umsetzung kann danach nicht durch eine vermeintlich zu kurze Umsetzungsfrist gerechtfertigt werden, vielmehr hat vom säumigen Mitgliedstaat eine Einwirkung auf Gemeinschaftsebene zur Verlängerung der Frist zu erfolgen.[372] Daneben bleibt den Mitgliedstaaten der Einwand verwehrt, innerstaatliche Probleme, wie beispielsweise Umsetzungsprobleme im dezentralisierten Bundesstaat, hätten zur verspäteten Umsetzung geführt.[373] Neben diesem allgemeinen Effizienzerfordernis hat der Gerichtshof Qualitätsmaßstäbe hinsichtlich des Inhalts der Umsetzung festgelegt. Er verlangt, dass „den Erfordernissen der Eindeutigkeit und Bestimmtheit des Rechtszustandes" voll Rechnung getragen wird.[374] Nicht erforderlich ist, dass die Richtlinienbestimmung förmlich und wörtlich in einer ausdrücklichen, besonderen Gesetzesvorschrift wiedergegeben wird. Ein allgemeiner rechtlicher Rahmen kann genügen, soweit die vollständige Anwendung der Richtlinie in so klarer und bestimmter Weise gewährleistet ist, dass die Begünstigten in der Lage sind, von allen ihren Rechten Kenntnis zu erlangen und diese erforderlichenfalls vor den nationalen Gerichten gelten zu machen.[375] Dazu wird vom EuGH ein eindeutiger gesetzlicher Rahmen gefordert[376], so dass eine Befolgung der Richtlinie durch eine bloße Verwaltungsvorschrift nicht zur Erfüllung der aus der Richtlinie ent-

---

371 EuGH, Rs. 48/75 (Royer) = Slg. 1976, 497.

372 EuGH, Rs. 52/75 (Kommission/Italien) = Slg. 1976, 277; EuGH, Rs. 30/81 (Kommission/Belgien) = Slg. 1983, 467; EuGH, Verb. Rs. C-178/94 u. a. (Dillenkofer) = Slg. 1996, I-4845.

373 Vgl. dazu und zu weiteren nicht durchgreifenden Einwänden nur EuGH, Rs. 52/75 (Kommission/Italien) = Slg. 1976, 277; EuGH, Rs. 100/77 (Kommission/Italien) = Slg. 1978, 879; EuGH, Rs. 102/79 (Kommission/Belgien) = Slg. 1980, 1473; EuGH, Rs. 160/82 (Kommission/Niederlande) = Slg. 1982, 4637; EuGH, Rs. 145/82 (Kommission/Italien) = Slg. 1983, 711; EuGH, Rs. 254/83 (Kommission/Italien) = Slg. 1984, 3395; EuGH, Rs. 239/85 (Kommission/Belgien) = Slg. 1986, 3657; EuGH, Rs. C-200/88 (Kommission/Griechenland) = Slg. 1990, I-4299; EuGH, Rs. C-157/89 (Kommission/Italien) = Slg. 1991, I-57; EuGH, Rs. C-33/90 (Kommission/Italien) = Slg. 1991, I-5987; EuGH, Verb. Rs. C-178/94 u. a. (Dillenkofer) = Slg. 1996, I-4845; EuGH, Rs. C-253/95 (Kommission/Deutschland) = Slg. 1996, I-2423; EuGH, Rs. C-107/96 (Kommission/Spanien) = Slg. 1997, I-3193; EuGH, Rs. C-208/96 (Kommission/Belgien) = Slg. 1997, I-5375; EuGH, Rs. C-272/97 (Kommission/Deutschland) = Slg. 1999, I-2175; EuGH, Rs. C-354/98 (Kommission/Frankreich) = Slg. 1999, I-4927; EuGH, Rs. C-327/98 (Kommission/Frankreich) = Slg. 2000, I-1851; EuGH, Rs. C-274/98 (Kommission/Spanien) = Slg. 2000, I-2823.

374 EuGH, Rs. 300/81 (Kommission/Italien) = Slg. 1983, 449.

375 EuGH, Rs. C-96/95 (Kommission/Deutschland) = Slg. 1997, I-1653.

376 EuGH, Rs. C-340/96 (Kommission/Vereinigtes Königreich) = Slg. 1999, I-2023.

springenden Pflichten ausreicht.[377] Ein allgemeiner Verweis auf das Gemeinschaftsrecht stellt nach der Rechtsprechung des Gerichtshofs keine Umsetzung dar.[378]

Adressaten der Umsetzungsverpflichtung sind die in den Mitgliedstaaten nach nationalem Recht dafür zuständigen Organe.[379] Bei der Umsetzung von Gemeinschaftsrecht in Deutschland ergeben sich die Gesetzgebungskompetenzen somit aus den Art. 70ff. GG analog.[380] Das Grundgesetz kennt keine Sachmaterie „Umsetzung von Gemeinschaftsrecht", so dass bei der Umsetzung von Richtlinien deren Inhalt jeweils den vorgegebenen Sachmaterien der Art. 73ff. GG zugeordnet werden muss, soweit der Bund zur Umsetzung zuständig sein soll. Anderenfalls folgt aus der allgemeinen Kompetenzverteilung, dass die Länder zur Umsetzung des Gemeinschaftsrechts zuständig sind. Eine Verpflichtung zur Umsetzung trifft die Länder dabei sowohl aus dem Grundsatz der Bundestreue[381] als auch nach einer Ansicht in der Literatur[382] direkt aus dem Gemeinschaftsrecht, da die Umsetzungsverpflichtung in den innerstaatlichen Rechtskreis hineinwirke und alle mitgliedschaftlichen Organe zur Realisierung der umzusetzenden Richtlinie anhalte. Somit kann der Bund Richtlinien betreffend den Wasserhaushalt und den Naturschutz und der Landschaftspflege lediglich rahmenrechtlich gem. Art. 75 GG umsetzen, womit Bund und Länder gemeinsam für die vollständige Umsetzung verantwortlich sind.[383] Der Bund hat folglich bei der Umsetzung solcher Richtlinien die von Art. 75 GG aufgestellten Voraussetzungen zu beachten.

---

377 EuGH, Rs. C-361/88 (Kommission/Deutschland) = EuZW 1991, 440; EuGH, Rs. C-95/92 (Kommission/Italien) = Slg. 1993, I-3119.

378 EuGH, Rs. C-96/95 (Kommission/Deutschland) = Slg. 1997, I-1653.

379 EuGH, Rs. 222/84 (Johnston/Chief Constable of the Royal Ulster Constabulary) = Slg. 1986, 1651; Everling, NVwZ 1993, 209ff., 212.

380 Vgl. nur Rengeling, in: Rengeling (Hrsg.), Handbuch zum europäischen und deutschen Umweltrecht, § 28 Rn. 42; Trüe, EuR 1996, 179ff., 189f.; Haslach, DÖV 2004, 12ff., 15; BVerwG, NVwZ 2005, 337, 338.

381 Rengeling, a.a.O., § 28 Rn. 43; Streinz, in: Isensee/Kirchhof (Hrsg.), HStR VII, 2. Aufl. 1999, § 182 Rn. 53; Trüe, EuR 1996, 192.

382 So Langenfeld, DÖV 1992, 955ff., 956; Scherzberg, JURA 1992, 572ff., 576; Trüe, EuR 1996, 191.

383 Vgl. bzgl. des Wasserhaushalts Czychowski/Reinhardt, WHG, Einl. Rn. 62.

3. Schwierigkeiten durch die Rahmengesetzgebungskompetenz bei der Umsetzung des Gemeinschaftsrechts in nationales Recht

a) Inhaltliche und zeitliche Umsetzungsprobleme

Die Umsetzung von Gemeinschaftsrecht in nationales Recht stellt sich bei föderalistisch strukturierten Mitgliedsstaaten in der Regel als eine tendenziell schwierigere Frage dar als in eher zentralistisch orientierten Mitgliedstaaten.[384] Dies ist oftmals Ausfluss einer ungeklärten Kompetenzverteilung zwischen Gesamtstaat und Gliedstaaten hinsichtlich der Umsetzung von Gemeinschaftsrecht. So ist etwa der Fall denkbar, dass für die Umsetzung beide Ebenen, also sowohl Gesamtstaat als auch Gliedstaat, zuständig sind und deshalb Abgrenzungsprobleme in gewissen Detailfragen bestehen. Unabhängig davon lässt sich eine weite Reihe von Problemstellungen bei der Umsetzung von Gemeinschaftsrecht in nationales Recht feststellen. Insbesondere ergeben sich Schwierigkeiten:[385]

- bei der Integration neuartiger Regelungs- und Handlungsinstrumente in das bestehende nationale Rechtssystem,
- bei der Interpretation und Konkretisierung gemeinschaftsrechtlicher Vorgaben,
- bei der inhaltlichen Anreicherung bloß verfahrensrechtlicher Vorgaben,
- bei dem Versuch, unangemessenen Verwaltungsaufwand zu vermeiden,
- bei der Einhaltung der Umsetzungsfristen und
- bei der Anwendung des teilweise unzulänglichen nationalen Umsetzungsinstrumentariums.

Besondere Schwierigkeiten, die unmittelbar mit der Rahmengesetzgebungskompetenz zusammenhängen, lassen sich in zwei Bereichen vermehrt feststellen: Zum einen bei der sachlich vollständigen Umsetzung von Richtlinien mit Querschnittscharakter, die dem deutschen medienspezifischen System überwiegend fremd sind, und zum anderen bei der rechtzeitigen Umsetzung von Richtlinien.[386]

---

384 Vgl. Epiney, in: Kloepfer (Hrsg.), Umweltföderalismus, S. 167, mit dem Hinweis, dass auch in zentralistischen Mitgliedstaaten Tendenzen bestehen, den unteren Verwaltungseinheiten gewisse Kompetenzen einzuräumen, die über den bloßen Vollzug hinausgehen.

385 Vgl. insoweit die Aufzählung bei Hansmann, NVwZ 1995, 320ff.; Hansmann, NVwZ 2006, 51ff.

386 So auch Rehbinder/Wahl, NVwZ 2002, 21ff.; Kloepfer, NVwZ 2002, 647f.; Haslach, DÖV 2004, 15. Eine regelmäßig verspätete Umsetzung von Gemeinschaftsrecht nach der Verfassungsreform von 1994 befürchtet auch Sendler, NVwZ 2000, 2871ff., 2872.

Im europäischen Vergleich lag Deutschland 2003 – was die nicht fristgerechte Umsetzung von Richtlinien im Umweltbereich betraf – mit Griechenland zusammen auf dem zweiten Platz.[387] Lediglich Frankreich lag noch vor diesen beiden Staaten. Diese „Spitzenposition“ Deutschlands wurde auch von den Sachverständigen der Bundesstaatskommission festgestellt und kritisiert.[388] Die nicht fristgerechte Umsetzung ist dabei allerdings kein spezifisches Problem der Bundesstaaten in der Europäschen Gemeinschaft. So liegt zwar Belgien auf dem vierten Rang und damit gleich hinter Deutschland im oberen Drittel, jedoch ist Österreich in diesem Bereich Vorletzter. Daraus ergibt sich, dass die Umsetzungsproblematik mit der innerhalb des jeweiligen Bundesstaates geltenden Kompetenzverteilung zusammenhängt und kein generell bundesstaatliches Problem ist. Auch 2004 hat sich die Lage für Deutschland im europäischen Vergleich nur marginal geändert.[389] Zusammen mit Belgien liegt Deutschland auf dem fünften Platz und damit weiterhin im oberen Drittel, wobei zu beachten ist, dass 2004 erstmals die neuen Mitgliedstaaten der Gemeinschaft berücksichtigt wurden.

In Deutschland hängt das Fristproblem maßgeblich mit der Systematik der Rahmengesetzgebungskompetenz zusammen. So ist zur vollständigen Umsetzung einer Materie, die dem Art. 75 GG unterfällt, grundsätzlich ein zweistufiges Gesetzgebungsverfahren erforderlich. Vorab hat der Bundesgesetzgeber den Rahmen zu erlassen, den die Länder anschließend auszufüllen haben. Dieses Verfahren ist auf Grund seiner Komplexität sehr zeitaufwendig und die vorgegebenen Fristen sind daher kaum einzuhalten.[390] Zunächst ist das Bundesgesetzgebungsverfahren zu durchlaufen. Die Umsetzung von Richtlinien erfolgt in der Regel auf Grund einer Gesetzesinitiative der Bundesregierung. Neben dem im Grundgesetz dafür vorgesehenen Verfahren kommt der Gemeinsamen Geschäftsordnung der Bundesministerien (GGO)[391] eine weitreichende Bedeutung zu. Diese regelt das Vorverfahren, das bei Gesetzesinitiativen der Bundesregierung einzuhalten ist, bevor in das formelle Gesetzgebungsverfahren des Grundgesetzes ü-

387 Vgl. zu dieser und den folgenden Ausführungen European Commission (Hrsg.), Fifth Annual Survey on the implementation and enforcement of Community environmental law 2003, SEC(2004) 1025, S. 38.

388 Vgl. nur Schmidt-Jorzig, Kommissionsdrucksache 0037, S. 12; Benz, Kommissionsdrucksache 0043, S. 13. Die Landesregierung Rheinland-Pfalz weist allerdings daraufhin, dass in der überwiegenden Anzahl der Fälle der Bund alleine für die nicht fristgerechte Umsetzung verantwortlich sei, Kommissionsdrucksache 0034, S. 5f.

389 S. hierzu European Commission (Hrsg.), Sixth Annual Survey on the implementation and enforcement of Community environmental law 2004, SEC(2005) 1055, S. 56.

390 Koch, Naturschutz und Landschaftspflege in der Reform der bundesstaatlichen Ordnung, S. 10; Schink, UPR 2004, 206ff., 209; Koch/Mechel, NuR 2004, 277ff., 278; Schink, ZG 2004, 9.

391 Vgl. Beschluss der Bundesregierung vom 26.6.2000.

bergegangen wird. Gemäß § 75 GGO ist das federführende Bundesministerium in seinem Zuständigkeitsbereich für die fristgerechte Umsetzung des Gemeinschaftsrechts verantwortlich. Das Verfahren richtet sich nach den §§ 40 – 61 GGO. Erforderlich ist ein weiträumiges Vorabbeteiligungsverfahren. Nach § 45 GGO sind die Referentenentwürfe vor einem Beschluss des Bundeskabinetts denjenigen Bundesministerien zuzuleiten, die von dem Gesetz betroffen sind. Dadurch können sich umfangreiche Abstimmungsprozesse zwischen den einzelnen Ministerien ergeben. Daneben regelt § 47 GGO die frühzeitige Beteiligung von Ländern, kommunalen Spitzenverbänden, Fachkreisen und Verbänden. Durch die frühzeitige Beteiligung sollen Anregungen wahrgenommen werden, die zu einem Ausgleich während des Gesetzgebungsverfahrens führen können. Dieses Vorverfahren kostet erhebliche Zeit, da auf entsprechende Anregungen der Beteiligten im federführenden Ministerium, unabhängig davon, ob diese aufgenommen oder abgelehnt werden, reagiert werden muss. Die durch das Vorverfahren beabsichtigte Verfahrensbeschleunigung im anschließenden förmlichen Gesetzgebungsverfahren ist nur im Idealfall möglich. Soweit im Referentenentwurf nicht auf die Einwände der Betroffenen eingegangen wurde, werden diese auch im darauffolgenden Verfahren tätig werden. Nach Abschluss des langwierigen Gesetzgebungsprozesses auf Bundesebene folgt anschließend das Gesetzgebungsverfahren auf Landesebene. Auch dort ist zunächst ein Gesetzentwurf zu erarbeiten. Nach der Einbringung des Gesetzentwurfs im Plenum können neben zwei bzw. drei Lesungen[392] auch Ausschussberatungen und im Zweifelsfall Anhörungen stattfinden, bevor das jeweilige Landesgesetz beschlossen ist.

392 Die Anzahl der Lesungen variiert von Land zu Land. Überwiegend sind bei Gesetzesvorlagen in der Regel 2 Lesungen vorgesehen, die in einigen Ländern auf 3 Lesungen bei bestimmten Vorhaben (Änderung der Verfassung, Haushaltsrechtliche Vorlagen) oder bestimmten Verfahrenshandlungen (Antrag auf 3. Lesung, Rücküberweisung der Vorlage nach 2. Lesung in die Ausschüsse) erweitert werden können, vgl. § 42 Geschäftsordnung des Landtags von Baden-Württemberg; § 50 Geschäftsordnung für den Bayerischen Landtag; § 42 Geschäftsordnung des Landtags Brandenburg; § 34 Geschäftsordnung des Abgeordnetenhauses von Berlin; § 32 Geschäftsordnung der Bremischen Bürgerschaft; § 13 Geschäftsordnung des Hessischen Landtags; § 47 Geschäftsordnung des Landtags Mecklenburg-Vorpommern; § 24 Geschäftsordnung des Niedersächsischen Landtags; § 77 Geschäftsordnung des Landtags Nordrhein-Westfalen; § 52 Geschäftsordnung des Landtags Rheinland-Pfalz; § 25 Geschäftsordnung des Landtags von Sachsen-Anhalt; § 24 Geschäftsordnung des Schleswig-Holsteinischen Landtags; §§ 55, 59 Geschäftsordnung des Thüringer Landtags. Ausnahmen bilden § 13 Geschäftsordnung der Hamburgischen Bürgerschaft (generell 2 Lesungen), §§ 32, 36 Geschäftsordnung des Saarländischen Landtags (In der Regel 3 Lesungen, 2 Lesungen, soweit dies in 1. Lesung beschlossen wird) und § 41 Geschäftsordnung des Landtags des Freistaates Sachsen (In der Regel 3 Lesungen, Ausnahmen können in 1. Lesung beschlossen werden).

Es verwundert kaum, dass dieses Verfahren häufig zu einer Überschreitung der von der Richtlinie vorgegebenen Umsetzungsfrist führt. Erschwerend kommt hinzu, dass nicht alle Länder gleichzeitig mit der Umsetzung beginnen, eine vollständige Umsetzung jedoch erst dann vorliegt, wenn auch das letzte Landesgesetz verabschiedet ist.[393] Logische Konsequenz ist daher, dass im Bereich des Gewässerschutzes bei zahlreichen Richtlinien[394] von der Europäischen Kommission Vertragsverletzungsverfahren gegen Deutschland wegen nicht rechtzeitiger oder nicht vollständiger Umsetzung eingeleitet und in einem Fall sogar die später allerdings wiederum eingestellte Zwangsgeldklage erhoben worden ist.[395] Auch im Bereich des Naturschutzrechts hat die Bundesrepublik zahlreiche Vertragsverletzungsverfahren verloren.[396]

Ein weiteres Problem bereitet die Reichweite des Art. 75 GG hauptsächlich im Zusammenhang mit der wachsenden Anzahl integrativer Umweltrichtlinien.[397] Auch bei der Umsetzung solcher Richtlinien kommt es regelmäßig zu Vertragsverletzungsverfahren und Verurteilungen der Bundesrepublik[398], da das grundgesetzlich vorgegebene Instrumentarium zur vollständigen Umsetzung nicht ausreicht. Die hier aufgezeigten Probleme sollen am Beispiel der Umsetzung der Wasserrahmenrichtlinie in nationales Recht verdeutlicht werden.

b) Beispiel: Umsetzung der Wasserrahmenrichtlinie in nationales Recht

Die Wasserrahmenrichtlinie verfolgt das Ziel, den bis zu ihrem Erlass nur vereinzelt geregelten und unzureichend konsistenten gemeinschaftsrechtlichen Gewässerschutz auf eine umfassende, kohärente Grundlage zu stellen.[399] Diese Zielset-

---

393 Vgl. auch BT-Drs. 13/6081, S. 7.

394 Vgl. die instruktive Auflistung bei Breuer, in: Kloepfer (Hrsg.), Umweltföderalismus, S. 435 Fn. 149.

395 EuGH, Rs. C-122/97 (Kommission/Deutschland) bzgl. der Umsetzung der Richtlinie 75/440/EWG des Rates vom 16. Juni 1975 über die Qualitätsanforderungen an Oberflächenwasser für die Trinkwassergewinnung in den Mitgliedstaaten. Durch Beschluss des EuGH vom 18. Oktober 1999 wurde diese Rechtssache aus dem Register des Gerichtshofs gestrichen, nachdem alle deutschen Bundesländer die erforderlichen Maßnahmen ergriffen hatten und die Kommission danach die Zwangsgeldklage zurücknahm.

396 S. z.B. EuGH, Rs. C-83/97 (Kommission/Deutschland) = NVwZ 1998, 721ff. und EuGH, Rs. C-71/99 (Kommission/Deutschland) = NVwZ 2002, 461ff.; zur FFH-Richtlinie s. nur Kloepfer, NuR 2006, 2.

397 Vgl. zu den Schwierigkeiten mit Art. 75 GG im integrierten Umweltschutz Kapitel 2 I.

398 Zuletzt wegen der Umsetzung der UVP-Richtlinie, EuGH-Rechtssache C-531/03 = NVwZ 2005, 673ff.

399 Czychowski/Reinhardt, WHG, Einl. Rn. 61.

zung wird in Art. 1 der Wasserrahmenrichtlinie umschrieben, der besagt, dass die Schaffung eines Ordnungsrahmens für den Schutz der Binnenoberflächengewässer, der Übergangsgewässer, der Küstengewässer und des Grundwassers zwecks Vermeidung einer weiteren Verschlechterung sowie dem Schutz und der Verbesserung des Zustands der aquatischen Ökosysteme, der Förderung einer nachhaltigen Wassernutzung auf der Grundlage eines langfristigen Schutzes der vorhandenen Ressourcen, dem Anstreben eines stärkeren Schutzes und einer Verbesserung der aquatischen Umwelt, der Sicherstellung einer schrittweisen Reduzierung der Verschmutzung des Grundwassers und der Verhinderung seiner weiteren Verschmutzung und einem Beitrag zur Minderung der Auswirkungen von Überschwemmungen und Dürren Ziele der Wasserrahmenrichtlinie sind. Mit diesen Maßnahmen soll zu einer ausreichenden Versorgung mit Oberflächen- und Grundwasser guter Qualität, wie es für eine nachhaltige, ausgewogene und gerechte Wassernutzung erforderlich ist, zu einer wesentlichen Reduzierung der Grundwasserverschmutzung, zum Schutz der Hoheitsgewässer und der Meeresgewässer und zur Verwirklichung der Ziele der einschlägigen internationalen Übereinkommen beigetragen werden. Das Instrumentarium der Wasserrahmenrichtlinie, mit dessen Hilfe diese Ziele verwirklicht werden sollen, weicht dabei vom traditionellen deutschen Gewässerschutzkonzept ab.[400] So erfordern die integrierte und kohärente Bewirtschaftung der Gewässer nach Flussgebietseinheiten statt nach Verwaltungseinheiten die Zuordnung aller Gewässer zu Flussgebietseinheiten, die nationale und internationale Koordinierung der grenzüberschreitenden Gewässerbewirtschaftung, die Einführung konkreter Bewirtschaftungsziele – „guter" Zustand als Hauptziel – für Oberflächengewässer und Grundwasser und bestimmte Fristen zur Erreichung der Ziele einschließlich zulässiger Ausnahmeregelungen sowie die Aufstellung und Durchführung von Maßnahmenprogrammen und Bewirtschaftungsplänen grundlegende und umfassende Anpassungen im nationalen Wasserrecht.[401] Nach der geltenden Kompetenzverteilung sind neben einer Rahmenregelung weitere Legislativakte der Länder notwendig.[402] Dies geht auch aus der Begründung zur 7. Novelle des Wasserhaushaltsgesetzes hervor. Danach beschränkt sich die Novelle „auf die zur Umsetzung der Richtlinie notwendigen und nach Art. 75 GG zulässigen Rahmenregelungen des Bundes."[403] Das Bundesgesetz enthält daher lediglich wesentliche Eckpunkte, die

400 Zur Kritik vgl. nur Breuer, in: Kloepfer (Hrsg.), Umweltföderalismus, S. 425ff. m.w.N.; dagegen Kotulla, NVwZ 2002, 1409ff., 1411.

401 Berendes, in: Kloepfer (Hrsg.), Umweltföderalismus, S. 397; Kotulla, NVwZ 2002, 1409; Knopp, in: Erbguth (Hrsg.), Änderungsbedarf im Wasserrecht – zur Umsetzung europarechtlicher Vorgaben –, 2003, S.27ff.

402 Vgl. Knopp, a.a.O., S.27.

403 BT-Drs. 14/7755, S. 12.

von den Ländern noch auszufüllen sind. Nach der Konzeption der Novelle erteilt der Bund hauptsächlich Regelungsaufträge[404] an die Länder, so dass ihnen eine umfangreiche Gesetzgebungstätigkeit mit erheblichem Gestaltungsspielraum verbleibt.[405] Die wesentliche Aufgabe der Ländergesetzgebung besteht darin, die in der Richtlinie und im Wasserhaushaltsgesetz nur allgemein vorgegebenen Bewirtschaftungsziele nach Maßgabe der äußerst detailliert abgefassten Anhänge zur Richtlinie in konkrete Ausführungsvorschriften umzusetzen, die Inanspruchnahme der nach der Richtlinie und dem Wasserhaushaltsgesetz zulässigen Ausnahmen von der Erreichung der Bewirtschaftungsziele sowie etwaige Fristverlängerungen zu regeln, die umfangreichen Vorschriften über die Beschreibung, Festlegung und Einstufung, kartenmäßige Darstellung und Überwachung des Gewässerzustands sowie über die Aufstellung, Durchführung, Überprüfung und Aktualisierung der Maßnahmenprogramme und Bewirtschaftungspläne zu erlassen.[406]

Die Hauptlast der Umsetzung liegt im Ergebnis bei den Ländern. Insgesamt bedeutet die vollständige Umsetzung der Wasserrahmenrichtlinie in Deutschland den Erlass von 33 Rechtsakten, bestehend aus der Novellierung des Wasserhaushaltsgesetzes, 16 Novellierungen der Landeswassergesetze und dem Erlass von 16 Landesrechtsverordnungen zur Umsetzung der Anhänge II und V der Wasserrahmenrichtlinie. Diese Gesetzgebungsvorhaben mussten bis zum 22. Dezember 2003 und somit innerhalb einer Frist von drei Jahren durchgeführt werden. Die Umsetzung auf Bundesebene erfolgte durch das bereits genannte 7. Gesetz zur Änderung des Wasserhaushaltsgesetzes vom 18. Juni 2002.[407] Somit blieben für die Länder, die zunächst das von ihnen anschließend auszufüllende Rahmengesetz abzuwarten hatten, zur fristgerechten Umsetzung noch eineinhalb Jahre. Eine fristgerechte, vollständige Umsetzung bis zum 22. Dezember 2003 fand in Deutschland nicht statt.[408] Bis zu diesem Zeitpunkt hatte lediglich Schleswig-Holstein sowohl sein Landeswassergesetz geändert als auch die erforderliche

---

404 Ein solcher Regelungsauftrag liegt beispielsweise im Bereich der Bewirtschaftungsziele vor. So enthält das WHG Regelungsaufträge über die Beschreibung, Festlegung, Einstufung und kartenmäßige Darstellung sowie Überwachung des Zustands aller Gewässer, vgl. §§ 25a II, 25b I S. 2, 32c, 33a II WHG.

405 BT-Drs. 14/7755, S. 12.

406 So die Aufzählung des für die Umsetzung der Wasserrahmenrichtlinie zuständigen Referatsleiters im BMU Berendes, in: Kloepfer (Hrsg.), Umweltföderalismus, S. 398.

407 Zu den zahlreichen Änderungen im WHG vgl. nur Kotulla, NVwZ 2002, 1409ff.; Berendes, ZfW 2002, 213.

408 Vgl. auch European Commission (Hrsg.), Fifth Annual Survey on the implementation and enforcement of Community environmental law 2003, SEC(2004) 1025, S. 33.

Rechtsverordnung erlassen.[409] Einige Länder hatten innerhalb der Frist lediglich ihr Landeswassergesetz geändert[410] *oder* die erforderliche Rechtsverordnung erlassen.[411] Die vollständige Umsetzung durch Erlass beider Rechtsakte erfolgte in der Mehrzahl der Länder bis Ende 2004 und wurde erst am 10. Februar 2006 in allen Ländern vollständig abgeschlossen.[412] Deshalb wurde die Bundesrepublik Deutschland in einem weiteren Vertragsverletzungsverfahren wegen der nicht fristgemäß erfolgten Umsetzung verurteilt.[413]

c) Lösung des Fristproblems über andere Normen bzw. Auslegung

Spezielle Vorschriften des Grundgesetzes oder eine entsprechende Auslegung des Art. 75 Abs. 2 GG könnten eine fristgemäße Umsetzung von Gemeinschaftsrecht in nationales Recht ermöglichen, wenn dadurch dem Bund ermöglicht wird, Umweltschutzmaterien der Rahmengesetzgebungskompetenz ausnahmsweise komplett umzusetzen.

(1) Umsetzungskompetenz aus Art. 73 Nr. 1 GG

Fraglich ist, ob dem Bund aus der Zuständigkeit für die auswärtigen Angelegenheiten nach Art. 73 Nr. 1 GG eine Kompetenz für die Umsetzung europäischer Rechtsakte wie der WRRL in nationales Recht erwächst. Auswärtige Angelegenheiten im Sinne der Vorschrift sind die „Beziehungen, die sich aus der Stellung

409 Gesetz zur Änderung des Landeswassergesetzes vom 18.6.2003 (GVOBl. Schl.-H. S. 384); Landesverordnung zur Umsetzung der Anhänge II und V der Richtlinie 2000/60/EG vom 10.11.2003 (GVOBl. Schl.-H. S. 567).

410 So die Länder Baden-Württemberg (Gesetz zur Änderung wasserrechtlicher Vorschriften vom 22.12.2003; GBl. 2004, S. 1), Bayern (Gesetz zur Änderung des Bayerischen Wassergesetzes und des Bayerischen Gesetzes zur Ausführung des Abwasserabgabengesetzes vom 24.7.2003; Bay GVOBl. S. 482), Bremen (Gesetz zur Änderung des Bremischen Wassergesetzes und des Bremischen Abwasserabgabengesetzes vom 18.12.2003; Brem. GBl. S. 401, ber. 2004 S. 45) und Thüringen (Zweites Gesetz zur Änderung des Thüringer Wassergesetzes vom 24.11.2003; GVBl. S. 495).

411 So das Land Mecklenburg-Vorpommern (Verordnung zur Umsetzung der Wasserrahmenrichtlinie – WRRLUVO M-V – vom 22.12.2003; GVOBl. M-V 2004, S. 14.

412 So hat Nordrhein-Westfalen am 10.2.2006 die notwendige Verordnung endlich erlassen. Vgl. zum Stand der Umsetzung die Webseite der Grünen Liga e.V., zuletzt abgerufen am 22.3.2005 http://www.wrrl-info.de/site.php4?navione=gesetze&navitwo=land&content=land .

413 EuGH, Rs. C-67/05 (Kommission/Deutschland); vgl. auch Sixth Annual Survey on the implementation and enforcement of Community environmental law 2004, SEC(2005) 1055, S. 12; s. schon Knopp, in: Erbguth (Hrsg.), Änderungsbedarf im Wasserrecht – zur Umsetzung europarechtlicher Vorgaben –, 2003, S. 27.

der Bundesrepublik als Völkerrechtssubjekt zu anderen Staaten ergeben"[414] sowie Beziehungen zu sonstigen Völkerrechtssubjekten und internationalen Organisationen.[415] Die Europäische Union ist eine internationale Gemeinschaft und damit Ausland im Sinne des Art. 73 Nr. 1 GG.[416] Nicht jeder Auslandsbezug fällt unter den Kompetenztitel[417], sondern dieser wird begrenzt auf Fragen des auswärtigen Verkehrs im engeren Sinn. Im Wesentlichen reduziert sich damit die Kompetenznorm auf Vorschriften des auswärtigen Dienstes.[418]

Für die Umsetzung von Richtlinien bedeutet das, dass Art. 73 Nr. 1 GG nicht als Kompetenznorm herangezogen werden kann. Angelegenheiten des auswärtigen Dienstes werden bei der Umsetzung von Umweltschutzrichtlinien nicht berührt. Art. 73 Nr. 1 GG sagt nichts über die Transformation gemeinschaftsrechtlicher Akte ins innerstaatliche Recht aus. Die Transformation richtet sich nach den jeweiligen Sachmaterien, da Art. 73 Nr. 1 GG keine Generalermächtigung für Regelungen mit Auslandsbezug ist.[419] Daher ist ein Rückgriff auf Art. 73 Nr. 1 GG zur Umsetzung von Gemeinschaftsrecht nicht möglich.

(2) Umsetzungskompetenz aus Art. 20a GG

In der Literatur[420] wird diskutiert, ob sich aus der Staatszielbestimmung des Art. 20a GG eine Kompetenz des Bundes zur Umsetzung von Umweltgemeinschaftsrecht ergibt. Art. 20a GG enthält einen Schutzauftrag für die Umwelt[421] mit rechtlich bindender Wirkung für alle Staatstätigkeit.[422] Die Norm gibt lediglich das Ziel vor. Die Mittel zur Verwirklichung dieses Ziels werden nicht genannt. Daraus ergibt sich für den Gesetzgeber ein weiter Gestaltungsspielraum.[423] Entscheidend für die Frage einer zusätzlichen Umsetzungskompetenz im Bereich des Umweltschutzes ist, ob Art. 20a GG dem Bund diese bestimmte Befugnis zuweist. Dies müsste entweder im Wege eines generellen Vorrangs gegenüber

414 BVerfGE 33, 52, 60.
415 Degenhart, in: Sachs (Hrsg.), GG, Art. 73 Rn. 2.
416 Maunz, in: Maunz/Dürig, GG, Art. 73 Rn. 38a.
417 BVerwG, NJW 1982, 194ff.
418 Degenhart, in: Sachs (Hrsg.), GG, Art. 73 Rn. 3; Rengeling, in: Isensee/Kirchhof (Hrsg.), HStR IV, § 100 Rn. 71; Kunig, in: v. Münch/Kunig, GG III, Art. 73 Rn. 6.
419 Degenhart, a.a.O., Art. 73 Rn. 4; Kunig, a.a.O., Art. 73 Rn. 6; Rengeling, a.a.O., § 100 Rn. 71.
420 S. etwa Spreen, Bundeskompetenzen bei fehlender Umsetzung des Europarechts durch die Bundesländer – das Beispiel der FFH-Richtlinie, 2004, S. 84.
421 Kloepfer, Umweltrecht, § 3 Rn. 30.
422 Murswiek, in: Sachs (Hrsg.), GG, Art. 20a Rn. 13.
423 Murswiek, a.a.O., Art. 20a Rn. 17.

den anders lautenden Vorschriften der Art. 70ff. GG oder aber im Einzelfall durch einen Anwendungsvorrang geschehen.[424]

Ein genereller Vorrang kommt Art. 20a GG gegenüber den anderen Verfassungsnormen nach allgemeiner Auffassung nicht zu, sondern die Normen stehen gleichwertig zueinander.[425] Bei der Befolgung der Zielbestimmungen des Art. 20a GG sind Bund und Länder an die bestehenden verfassungsrechtlichen Grenzen gebunden,[426] die sich aus der Kompetenzordnung des Grundgesetzes ergeben. Trotz der Gleichrangigkeit zwischen Art. 20a GG und den Kompetenzregelungen der Art. 70ff. GG könnte sich im konkreten Fall ein Anwendungsvorrang im Wege der Spezialität ergeben. Voraussetzung dafür ist, dass Art. 20a GG eine konkrete Handlungsbefugnis enthält.[427] Dies ist nicht der Fall. Von Art. 20a GG wird nur ein allgemeiner Schutz der Umwelt verlangt und nicht gleichzeitig zum Erlass bestimmter umweltschützender Vorschriften ermächtigt. Die Staatszielbestimmung ist zu unbestimmt, da sie weder inhaltlich noch umfänglich begrenzt wird.[428] Eine alleinige Handlungsermächtigung des Bundes lässt sich aus Art. 20a GG nicht herauslesen, da die Vorschrift lediglich vom Staat spricht, der die Umwelt zu schützen hat. Davon ausgehend sind aber sowohl der Bund als auch die Länder und Gemeinden, mithin alle Träger öffentlicher Gewalt erfasst.[429] Neben dem Bund wären auch die Länder erfasst. Ein weiteres Abgrenzungskriterium wäre erforderlich, um feststellen zu können, wer im konkreten Fall zuständig ist. Im Ergebnis kann Art. 20a GG also keine von Art. 70ff. GG abweichenden Befugnisse begründen und kommt somit als Kompetenzgrundlage für ein gesetzgeberisches Handeln nicht in Betracht.

(3) Umsetzungskompetenz aus Art. 23 Abs. 5 S. 2 GG

Dem Bund könnte eine Umsetzungskompetenz aus dem sogenannten Europaartikel 23 GG zukommen. Danach ist die gesamtstaatliche Verantwortung des Bundes zu wahren, auch wenn bei gemeinschaftsrechtlichen Rechtsetzungsakten im Schwerpunkt Gesetzgebungs- oder Verwaltungsbefugnisse der Länder betroffen sind und deshalb bei der Willensbildung des Bundes die Auffassung des Bundes-

---

424 Spreen, Bundeskompetenzen bei fehlender Umsetzung des Europarechts durch die Bundesländer – das Beispiel der FFH-Richtlinie, 2004, S. 84.

425 Allgemeine Auffassung, s. etwa Scholz, in: Maunz/Dürig, GG, Art. 20a Rn. 41 (Loseblatt, Stand: Juni 2002); Murswiek, in: Sachs (Hrsg.), GG, Art. 20a Rn. 17.

426 Kloepfer, Umweltrecht, § 3 Rn. 36; Murswiek, a.a.O., Art. 20a Rn. 57.

427 Spreen, Bundeskompetenzen bei fehlender Umsetzung des Europarechts durch die Bundesländer – das Beispiel der FFH-Richtlinie, S. 85.

428 Spreen, a.a.O., S. 85.

429 Murswiek, in: Sachs (Hrsg.), GG, Art. 20a Rn. 57.

rates maßgeblich zu berücksichtigen ist. Der Bund ist als Vertragspartner auch für Umsetzungsfehler der Länder im Außenverhältnis verantwortlich. Er trägt also die „gesamtstaatliche Verantwortung". Daraus könnte sich für den Bund eine Befugnis zu Ersatzmaßnahmen ergeben, um seiner gesamtstaatlichen Verantwortung gerecht zu werden. Art. 23 Abs. 5 S. 2 GG müsste dann den Charakter einer Kompetenzbestimmung haben und als lex specialis zu den Art. 73 – 75 GG zu sehen sein, um als Grundlage einer Umsetzung von Gemeinschaftsrecht durch den Bund dienen zu können.[430]

Eine solche Bedeutung kommt Art. 23 Abs. 5 S. 2 GG nicht zu. Der Wortlaut der Vorschrift lässt eine Deutung als Kompetenznorm nicht zu. Er stellt nur klar, dass die Interessen sowohl des Bundes als auch der Länder im Wege wechselseitiger Kompromisse zu berücksichtigen sind.[431] Die historische Auslegung der Vorschrift kommt ebenfalls zu keinem positiven Ergebnis. Mit der Schaffung des Art. 23 GG sollte lediglich die Übertragung von Kompetenzen ermöglicht werden.[432] Neue Bundeskompetenzen sollten nicht geschaffen werden. Ebenso lässt sich die Gesetzessystematik nicht zur Bestätigung einer Kompetenznorm heranziehen. Art. 23 Abs. 5 S. 2 GG befindet sich im Abschnitt „II. Der Bund und die Länder". In diesem Abschnitt befinden sich allgemeine Bestimmungen für das Verhältnis zwischen Bund und Ländern. Allerdings werden hier, wenn überhaupt, nur allgemein Kompetenzen, wie beispielsweise in Art. 30 GG, zugewiesen. Die konzentrierte Zuweisung von Kompetenzen im legislativen Bereich befindet sich dagegen im VII. Abschnitt über die Gesetzgebung des Bundes. Daher ist aus gesetzessystematischer Sicht davon auszugehen, dass der Gesetzgeber mit Art. 23 Abs. 5 S. 2 GG keine eigenständige Gesetzgebungsbefugnis des Bundes schaffen wollte. Dagegen spricht auch nicht die Vielzahl der über das Grundgesetz verteilten weiteren Kompetenzen des Bundes, die nicht im VII. Abschnitt stehen, wie etwa Art. 21 Abs. 3 und Art. 24 Abs. 1 GG. Diese Normen, die ausschließlich den Bund berechtigen, unterscheiden sich von Art. 23 Abs. 5 S. 2 GG schon in ihrem Wortlaut, indem sie gerade feststellen, dass der Bund näheres durch Gesetz regelt. Auch aus Sinn und Zweck der Vorschrift lässt sich keine Kompetenzzuweisung herleiten: Die Bundesrepublik soll an der Verwirklichung eines vereinten Europas mitwirken.[433] Durch die damit verbundenen Kompetenzverschiebungen zugunsten des Bundes wurden in den Absätzen II bis VI binnenstattliche Ausgleichsmaßnahmen vorgesehen.[434] Darin ist keine besondere Zuweisung in

430 Spreen, Bundeskompetenzen bei fehlender Umsetzung des Europarechts durch die Bundesländer – das Beispiel der FFH-Richtlinie, S. 86.
431 Classen, in: v. Mangoldt/Klein/Stark, GG II, Art 23 Rn. 104.
432 Streinz, in: Sachs (Hrsg.), GG, Art. 23 Rn. 3f.
433 Streinz, a.a.O., Art. 23 Rn. 8.
434 Streinz, in: Sachs (Hrsg.), GG, Art. 23 Rn. 14.

Ergänzung zu den Vorschriften der Art. 73 – 75 GG zu sehen. Eine solche würde nicht in den inhaltlichen Zusammenhang passen. Art. 23 Abs. 5 S. 2 GG verleiht dem Bund daher keine zusätzliche Ermächtigung zur Umsetzung von Gemeinschaftsrecht in nationales Recht.[435]

(4) Umsetzungskompetenz aus europarechtskonformer Auslegung des Art. 75 Abs. 2 GG

In der Literatur wird teilweise vorgeschlagen, das Fristproblem über Art. 75 Abs. 2 GG zu lösen. So wurde die Frage aufgeworfen, ob eine zumindest bis zur Umsetzung des Rahmenrechts in Landesrecht befristete unmittelbare Geltung von Gemeinschaftsrecht umzusetzende Rahmenvorschrift einen nach Art. 75 Abs. 2 GG zulässigen Ausnahmefall darstellt.[436] Eine fristgerechte Umsetzung des Gemeinschaftsrechts wäre dann möglich. Argumentiert wird, dass bei einer Fristüberschreitung das Gemeinschaftsrecht ohnehin unmittelbare Wirkung entfalten würde. Es würde sich dabei auch um einen minderschweren Eingriff in die Gesetzgebungsbefugnisse der Länder handeln, da der Spielraum der Länder bei der Umsetzung ohnehin durch die Vorgaben des Gemeinschaftsrechts eng begrenzt wäre.[437]

Diese Auffassung führt zu einem uneinheitlichen Anwendungsbereich der Rahmengesetzgebungskompetenz. Die inhaltlichen Anforderungen an die Rahmengesetzgebungskompetenz wären unterschiedlich zu qualifizieren, je nachdem ob Gemeinschaftsrecht umgesetzt werden soll oder ob es sich lediglich um einen Fall der nationalen Gesetzgebung handelt. Bei der Umsetzung von Gemeinschaftsrecht hätte der Bundesgesetzgeber mehr Spielraum, während er bei einem rein nationalen Gesetz eng begrenzt wäre. Das würde zu einer besonderen Kompetenz des Bundes im Bereich der Umsetzung von Gemeinschaftsrecht führen. Eine solche Kompetenz sieht das Grundgesetz aber ausdrücklich nicht vor.[438] Auch bei der Umsetzung des Gemeinschaftsrechts soll die nationale Kompetenzordnung gelten. Von dieser Regel abzuweichen, um Zeit bei der Umsetzung zu sparen, widerspricht eindeutig dem bundesstaatlichen Charakter des Grundgeset-

---

435 Spreen, Bundeskompetenzen bei fehlender Umsetzung des Europarechts durch die Bundesländer – das Beispiel der FFH-Richtlinie, S. 88.

436 Freytag/Iven, NuR 1997, 124; Spreen, a.a.O., S. 210; im Ergebnis auch Jarass, NVwZ 2000, 1095; wohl auch Kunig, in: v. Münch/Kunig, GG III, Art. 75 Rn. 42.

437 Freytag/Iven, NuR 1997, 124; Jarass, NVwZ 2000, 1095; Sannwald, in: Schmidt-Bleibtreu/Klein (Hrsg.), GG, Art. 75 Rn. 23a.

438 Vgl. auch BVerfGE 3, 407ff., in der das BVerfG feststellt, dass dem Gesetzgeber eine Neuschaffung einer Gesamtkompetenz durch die Kombination einzelner Kompetenzen verwehrt ist.

zes. Dass die Länder lediglich einen eingeschränkten Umsetzungsspielraum haben bzw. sich mit dem „Abschreiben" der Richtlinie begnügen müssen, regelt nicht die Frage, „ob" die Länder überhaupt zuständig sind, sondern lediglich „wie" sie ihre Gesetzgebungsfunktion zu erfüllen haben. Art. 75 Abs. 2 GG regelt, „ob" der Bund oder die Länder für den Erlass der jeweiligen Regelung zuständig sind. Der begrenzte Spielraum der Länder bei der Umsetzung ist daher bei der Frage, „ob" die Länder überhaupt zuständig sind, nicht zu berücksichtigen.[439]

Einer weiten Auslegung des Art. 75 Abs. 2 GG steht auch die neueste Rechtsprechung des Bundesverfassungsgerichts entgegen. Danach sind in Einzelheiten gehende oder unmittelbar geltende Regelungen lediglich zulässig, soweit sie unerlässlich sind.[440] Dies ist im Falle der Fristwahrung nicht der Fall. Ziel des Rahmengesetzes ist die jeweilige Umsetzung von Gemeinschaftsrecht ins nationale Recht. Sollten die Länder in Verzug geraten, so gelten die Regelungen der Richtlinie unmittelbar und garantieren somit die Verwirklichung der Zielsetzung der Richtlinie. Die Einhaltung der Frist ist somit zur Verwirklichung der Zielsetzung nicht erforderlich. Sie vermeidet lediglich, dass es zu Konsequenzen auf gemeinschaftsrechtlicher Ebene kommt.[441] „Unerlässlich" im Sinne des Bundesverfassungsgerichts ist eine Regelung, die lediglich die Frist wahrt, nicht. Daneben ist hinsichtlich des zeitlichen Aspektes zu berücksichtigen, dass Art. 75 Abs. 3 GG dem Bund die Möglichkeit gibt, auf die fristgemäße Ausfüllung des Rahmenrechts und damit gleichzeitig auf die Umsetzung des Gemeinschaftsrechts hinzuwirken[442] und damit ein Ausweichen auf Art. 75 Abs. 2 GG nicht geboten ist. Eine zeitlich beschränkte vollständige Umsetzung einer Richtlinie auf Bundesebene über Art. 75 Abs. 2 GG ist folglich nicht zulässig.[443]

(5) Kompetenzzuweisung durch ungeschriebenes Verfassungsrecht

Der Bund könnte mit Hilfe ungeschriebenen Verfassungsrechts zur vollständigen Umsetzung von Gemeinschaftsrecht zuständig sein. Eine solche Zuständigkeit

---

439 A.A. Traulsen, NuR 2005, 619ff., 622.

440 Vgl. Kapitel 2 II 3.

441 Zu den gemeinschaftsrechtlichen Konsequenzen vgl. unten 4.

442 Kunig, in: v. Münch/Kunig, GG III, Art. 75 Rn. 44; Rozek, in: v. Mangoldt/Klein/Stark, GG II, Art. 75 Rn. 72ff.

443 So auch Freytag/Iven, NuR 1997, 124; Groß, NWVBl. 2002, 291; a.A. VerfGH Rh.-Pf., NuR 2001, 213ff., 215; Jarass, NVwZ 2000, 1096; Pieroth, in: Jarass/Pieroth, GG, Art. 75 Rn. 3; Spreen, Bundeskompetenzen bei fehlender Umsetzung des Europarechts durch die Bundesländer – das Beispiel der FFH-Richtlinie, S. 216; Traulsen, NuR 2005, 623; wohl auch Kunig, in: v. Münch/Kunig, GG III, Art. 75 Rn. 42; Streppel, Die Rahmenkompetenz, 2005, S. 159.

könnte sich aus der Kompetenz kraft Natur der Sache ergeben. Kompetenzen aus Natur der Sache sind allgemein anerkannt.[444] Diese Kompetenz ist nur für Sachgebiete gegeben, die ihrer Natur nach eine eigene Angelegenheit des Bundes darstellen, also nur von ihm geregelt werden können und damit von vornherein partikularen Gesetzgebungszuständigkeiten entzogen sind.[445] Erforderlich ist eine Aufgabe überregionalen Charakters, die nach ihrer Art nicht allein durch ein Bundesland effektiv wahrgenommen werden kann.[446] Die Umsetzung von Gemeinschaftsrecht müsste demnach naturgemäß nur vom Bund wahrgenommen werden können. Zwar kommt es regelmäßig zu Verzögerungen bei der Umsetzung von Gemeinschaftsrecht. Eine wirksame und effektive Umsetzung des Gemeinschaftsrechts erfolgt nicht nur durch den Bund. Auch die bisherige Umsetzung in den Ländern kann, abgesehen von der zeitlichen Verzögerung, in großem Maße als effektiv gelten. Es ergeben sich keine verständlichen Gründe, die allgemein gegen eine Umsetzung durch die Länder mit praxistauglichen Ergebnissen sprechen[447], da die Länder dieselben gesetzgeberischen Möglichkeiten wie der Bund besitzen, um Gemeinschaftsrecht umzusetzen.

Auch eine Kompetenz kraft Sachzusammenhangs kommt nicht in Betracht. Sie ist anzunehmen, wenn eine dem Bund ausdrücklich zugewiesene Sachmaterie verständigerweise nicht geregelt werden kann, ohne dass zugleich eine nicht ausdrücklich zugewiesene Materie mitgeregelt wird, wenn also ein Übergreifen in nicht ausdrücklich zugewiesene Materien eine unerlässliche Voraussetzung für eine Bundesmaterie ist.[448] Ein solcher notwendig enger Zusammenhang besteht nicht zwischen der Umsetzung von Gemeinschaftsrecht und den Umweltschutzmaterien des Art. 75 GG. Umweltschutzregelungen können geregelt werden, ohne dass zugleich eine Regelung über die Umsetzung von Gemeinschaftsrecht getroffen werden muss. Die Titel des Art. 75 GG lassen keinen notwendigen Zusammenhang mit der Richtlinienumsetzung erkennen.[449]

Annexkompetenzen weisen dem Bund ebenfalls keine spezielle Umsetzungsbefugnis zu. Durch die Anerkennung von Annexkompetenzen werden Gesetzgebungsbefugnisse des Bundes von ausdrücklich ihm zugewiesenen Kompetenzmaterien auf Stadien der Vorbereitung und Durchführung erstreckt.[450] Die Umset-

---

444 Stern, Staatsrecht I, S. 676.
445 BVerfGE 26, 246, 257.
446 BVerfGE 22, 180, 217.
447 Grabitz, AöR 111, 1, 27.
448 BVerfGE 3, 407, 421.
449 Spreen, Bundeskompetenzen bei fehlender Umsetzung des Europarechts durch die Bundesländer – das Beispiel der FFH-Richtlinie, S. 133.
450 BVerfGE 8, 104, 118; 8, 143, 149; 77, 288, 299; Rozek, in: v. Mangoldt/Klein/Stark, GG II, Art. 70 Rn. 45.

zung von Gemeinschaftsrecht ist keine vor- oder nachgelagerte Aufgabe einer Sachkompetenz. Bei der Umsetzung führt der Bund gerade die von ihm durchzuführende Rechtsetzung im Bereich dieser Sachmaterie durch. Auch die Annexkompetenz weist dem Bund daher keine zusätzliche Umsetzungsbefugnis im Bereich des Art. 75 GG zu. Aus ungeschriebenen Kompetenzen lässt sich folglich keine generelle Kompetenz des Bundes zur Umsetzung von Gemeinschaftsrecht in nationales Recht herleiten.[451]

(6) Bundeszwang und Bund – Länder – Streitverfahren

Ergänzend wird in der Literatur[452] untersucht, ob dem Bund der Bundeszwang bzw. das Bund – Länder – Streitverfahren eine weitere Möglichkeit zur Umsetzung gibt. Der Bundeszwang nach Art. 37 Abs. 1 GG ermöglicht dem Bund, ein Bundesland zur Erfüllung seiner Pflichten anzuhalten, wenn dieses die ihm nach dem Grundgesetz oder einem anderen Bundesgesetz obliegenden Bundespflichten nicht erfüllt. Der Bundeszwang scheidet insofern schon aus, als zu seiner Anwendung die Zustimmung des Bundesrats erforderlich ist. Diese Zustimmung wäre nicht zu erreichen, da die Länder für die Verzögerung der Umsetzung verantwortlich sind und sich nicht selbst Zwangsmaßnahmen aussetzen würden. Es ist auch nicht erforderlich, dass mehr als ein Land säumig ist, da beinahe jedes Land mit der Möglichkeit rechnen muss, einmal säumig zu sein und somit aus Solidarität nicht gegen ein anderes Land stimmen würde.

Daneben besteht noch die Möglichkeit in Form des Bund – Länder – Streits nach Art. 96 Abs. 1 Nr. 3 GG, die Länder zur Umsetzung zu „zwingen". Aufgrund der regelmäßig langen Dauer des Verfahrens ist die Einholung einer abschließenden Entscheidung wenig hilfreich und praktikabel.[453] Eine Umsetzung innerhalb der vorausgesetzten Frist ist kaum zu erreichen. Auch bei einer Entscheidung des Bundesverfassungsgerichts zugunsten des Bundes erfolgt die Umsetzung nicht automatisch. Das Bundesverfassungsgericht stellt in einem solchem Fall lediglich nach § 67 S. 1 BVerfGG fest, ob die beanstandete Maßnahme oder Unterlassung des Antraggegners gegen eine Bestimmung des Grundgesetzes verstößt. Das Gericht selbst hat keine Möglichkeit, das vom Bund geforderte Gesetz des Landes selbst zu erlassen, sondern das Land hat diesen Akt zu vollziehen. Das Grundgesetz sieht demnach keine weiteren Möglichkeiten vor, mit denen der

451 Trüe, EuR 1996, 189; Spreen, Bundeskompetenzen bei fehlender Umsetzung des Europarechts durch die Bundesländer – das Beispiel der FFH-Richtlinie, S. 134.

452 S. etwa Spreen, Bundeskompetenzen bei fehlender Umsetzung des Europarechts durch die Bundesländer – das Beispiel der FFH-Richtlinie, S. 208.

453 Spreen, Bundeskompetenzen bei fehlender Umsetzung des Europarechts durch die Bundesländer – das Beispiel der FFH-Richtlinie, S. 208.

Bund fristgemäß Gemeinschaftsrecht im Falle des Art. 75 GG umsetzen kann. Weder Verfassungsnormen noch ungeschriebenes Verfassungsrecht ermächtigen den Bund im Falle eines Fristverstoßes durch die Länder, Gemeinschaftsrecht für diese umzusetzen.

d) Schlussfolgerung

Die Ausführungen haben gezeigt, dass die Rahmengesetzgebungskompetenz des Bundes nicht ausreicht, um Richtlinien der Gemeinschaft zum Schutz der Umwelt effektiv und vor allem fristgerecht umzusetzen. Eine reibungslose Umsetzung des Gemeinschaftsrechts ist für einen effektiven Umweltschutz unabdingbar, da das Gemeinschaftsrecht längst zu einem Reformmotor des nationalen Umweltrechts geworden ist.[454] Dies führt zu durchgreifenden Folgeproblemen und berührt nicht nur die Frage der Umsetzungsstatistik, wie die folgenden Ausführungen verdeutlichen.

4. Folgeproblem: Bund – Länder – Regress

a) Gemeinschaftsrechtliche Folgen mangelhafter Richtlinienumsetzung

Die mangelhafte bzw. nicht fristgerechte Umsetzung von Richtlinien der Gemeinschaft kann massive Auswirkungen auf den Finanzhaushalt mit sich bringen, wenn gegen den säumigen Mitgliedstaat ein Zwangsgeld verhängt wird. Bevor dieses Zwangsgeld wegen mangelnder Umsetzung verhängt wird, ist zunächst ein abgestuftes Verfahren zu durchlaufen. Eingeleitet wird das Verfahren durch eine Stellungnahme der Kommission, die dem betroffenen Mitgliedstaat zuvor noch nach Art. 226 EGV Gelegenheit zur Äußerung zu geben hat. Der Gerichtshof kann anschließend angerufen werden, sollte der Mitgliedstaat der Stellungnahme innerhalb der gesetzten Frist nicht nachkommen. Wird vom Gerichtshof festgestellt, dass der Mitgliedstaat gegen eine Verpflichtung aus dem Vertrag verstoßen hat, so wird er verurteilt, die erforderlichen Maßnahmen zu ergreifen, vgl. Art. 228 Abs. 1 EGV. Kommt der Mitgliedstaat auch diesem Urteil nicht nach, so kann der Gerichtshof auf einen entsprechenden Antrag der Kommission ein Zwangsgeld bzw. einen Pauschalbetrag festsetzen, wobei der Mitgliedstaat zuvor noch einmal anzuhören ist. Die Höhe des Zwangsgeldes kann bis zu EUR

454 S. nur Knopp, ZUR 2005, 284; Knopp, UPR 2004, 379ff., 381f.; Kloepfer, NVwZ 2002, 648.

792 000,- pro Tag der fortdauernden Vertragsverletzung betragen.[455] Von dieser Möglichkeit wurde bisher dreimal erfolgreich Gebrauch gemacht. Erstmals setzte der EuGH am 4. Juli 2000 gegen Griechenland wegen Missachtung eines EuGH-Urteils zur Rechtswidrigkeit unterlassener Beseitigung giftiger und gefährlicher Abfälle ein Zwangsgeld fest.[456] Im zweiten Fall wurde Spanien am 25. November 2003 zur Zahlung eines Zwangsgeldes wegen nicht ordnungsgemäßer Umsetzung der sog. Badegewässerrichtlinie[457] verurteilt.[458] Der bisher letzte Fall betrifft Frankreich, welches am 12. Juli 2005 zur Zahlung eines Zwangsgeldes und erstmals zur gleichzeitigen Zahlung eines Pauschalbetrages verurteilt wurde.[459]

Die Bundesrepublik Deutschland stand dreimal kurz vor einer Verurteilung zu einem Zwangsgeld.[460] Die Verfahren wurden jedoch aus dem Register des Gerichtshofs gestrichen, nachdem alle deutschen Bundesländer die sich aus den vorangegangen Urteilen ergebenden Maßnahmen ergriffen hatten und die Kommission daraufhin jeweils die Klage zurücknahm. Die Mehrzahl der Verfahren endet wie im Falle der Bundesrepublik Deutschland, und es kommt somit bereits im Vorverfahren zu einer einvernehmlichen Lösung. Auch im Falle der Wasserrahmenrichtlinie kann daher damit gerechnet werden, dass es nicht bis zur Festsetzung eines Zwangsgeldes kommt. Die einvernehmliche Lösung könnte zum Ausnahmefall werden, falls die Europäische Verfassung ratifiziert wird.[461] Der EU-Verfassungsvertrag sieht in Artikel III-362 (3) ein beschleunigtes Verfahren hinsichtlich einer Zwangsgeldfestsetzung vor. Danach kann schon mit Erhebung der Klage nach Artikel III-360 (ex-Art. 226 EGV) die Kommission, wenn sie dies für zweckmäßig hält, die Höhe des von dem betroffenen Mitgliedstaat zu zahlenden Pauschalbetrags oder Zwangsgelds benennen, die sie den Umständen nach für angemessen hält. Der Gerichtshof kann dann gleichzeitig mit der Feststellung des Verstoßes einen Pauschalbetrag oder ein Zwangsgeld verhängen. Aus den bisherigen zwei Verfahren wird somit ein Verfahren. Durch diese Verfahrenskonzent-

---

455 Vgl. die Stellungnahme der Bundesregierung BT-Drs. 15/2805, S. 1; zur Bemessung vgl. Stotz, in: Rengeling (Hrsg.), Handbuch zum europäischen und deutschen Umweltrecht, § 45 Rn. 52ff.

456 EuGH, Rs. C-387/97 (Kommission/Griechenland) = Slg. 2000, I-5047.

457 Richtlinie 76/160/EWG des Rates vom 8.12.1975 über die Qualität der Badegewässer (ABl. EG Nr. L 31 v. 5.2.1976, S. 1; letzte Änderung ABl. EG Nr. L 377 v. 31.12.1991, S. 48.

458 EuGH, Rs. C-278/01 (Kommission/Spanien) = BayVBl. 2004, 334ff.

459 EuGH, Rs. C-304/02 (Kommission/Frankreich) = EurUP 2005, 193f. (Leitsatz und Anmerkung).

460 EuGH, Rs. C-121/97 (Kommission/Deutschland) = Slg. 1990, I-2721; EuGH, Rs. C-122/97 (Kommission/Deutschland) = Slg. 1991, I-5019; EuGH, Rs. C-41/01 (Kommission/Deutschland) = Slg. 1998, I-6135.

461 So auch die Befürchtung der Bundesregierung, BT-Drs. 15/2805, S. 2.

ration wird die Möglichkeit einer Zwangsgeldfestsetzung immens erhöht, da den einzelnen Bundesländern weniger Zeit zur Erfüllung der Anforderungen der Kommission im Gegensatz zu früher bleibt. Aufgrund des mangelhaften Umsetzungsinstrumentariums im Umweltrecht ist die Gefahr einer Zahlung an die Gemeinschaft erhöht.

b) Allgemeine Anforderungen bei der Zahlung von Zwangsgeldern

Für die Zahlung von Zwangsgeldern können grundsätzlich sowohl die Länder als auch der Bund verantwortlich sein. Im Außenverhältnis, also im Verhältnis zur Europäischen Gemeinschaft, muss unabhängig davon, wer die mangelnde Umsetzung zu vertreten hat, die Bundesrepublik Deutschland als Mitgliedstaat haften.[462] So hat der Bund auch dann einzustehen, wenn die Vertragsverletzung allein durch die mangelnde legislatorische Umsetzung der Länder entstanden ist.[463] Von Bedeutung ist daher, ob im innerstaatlichen Verhältnis der Bund in einem solchen Fall Regress nehmen kann. Diese Frage ist in Literatur[464] und Politik[465] umstritten. Das Bundesverfassungsgericht unterließ in einer parallelen Problematik hinsichtlich der innerstattlichen Kostentragung für eine EU-Anlastung wegen Verfristung des Klageantrags eine Äußerung zur Sache.[466] Bei der Suche nach einer entsprechenden Anspruchsgrundlage ist grundsätzlich zu beachten, dass das Ziel des Art. 228 Abs. 2 EGV immer gegenwärtig sein muss. Ziel des Art. 228 Abs. 2 EGV ist die Sanktionsfunktion, die die Mitgliedstaaten letztendlich zur zügigen und vollständigen Umsetzung der Richtlinien anhalten und damit der Be-

---

462 Vgl. EuGH, Rs. 77/69 (Kommission/Belgien) = Slg. 1970, 233; aus der Literatur zuletzt Schwenke, NVwZ 2003, 1430ff., 1432.

463 So wurde das Zwangsgeldverfahren Rs. C-121/97 lediglich deswegen eingeleitet, da das Saarland durch seine unvollständigen Jagdvorschriften gegen die Vogelschutzrichtlinie verstoßen hatte. Wäre das Verfahren zu Ende geführt worden, hätte folglich der Bund für das Fehlverhalten des Saarlandes einstehen müssen. Auch das Zwangsgeldverfahren Rs. C-122/97 betraf eine ungenügende Umsetzung, die den Ländern zuzurechnen war, vgl. dazu auch Länderarbeitsgemeinschaft Wasser (LAWA) (Hrsg.), Jahresbericht 1998, S. 3.

464 Vgl. nur aus neuerer Zeit Böhm, in: Magiera/Sommermann (Hrsg.), Verwaltung und Governance im Mehrebenensystem der Europäischen Union, S. 89ff.; Schwenke, NVwZ 2003, 1430ff.; Dederer, NVwZ 2001, 258ff.; Durner, BayVBl. 2002, 745ff.

465 BT-Drs. 15/2805, S. 2f.: Die Länder sind dabei der Auffassung, dass der Bund auch innerstaatlich in vollem Umfang zur Tragung des Zwangsgeldes verpflichtet sei. Demgegenüber ist der Bund der Ansicht, dass, soweit die Beachtung und Umsetzung von EU-Recht innerstaatlich in die Zuständigkeit der Länder fällt, die Länder auch die Finanzierungsverantwortung trifft.

466 BVerfG, NVwZ 2004, 468ff.

folgung des vorausgegangenen Urteils des EuGH dienen soll.[467] Wäre nun grundsätzlich ein Regress des Bundes gegenüber den Ländern ausgeschlossen, so würde in bestimmten Fällen die Sanktionswirkung des Art. 228 Abs. 2 EGV keine Wirkung entfalten. Daher ist das nationale Recht generell in einer Weise auszulegen, die es ermöglicht, den Sanktionseffekt des Art. 228 Abs. 2 EGV sicherzustellen, und daher ist der Grundsatz des „effet utile" als Auslegungsmaxime heranzuziehen.[468]

(1) Anwendung des Art. 104a Abs. 5 GG

Für die Begründung eines Haftungsanspruchs kommen verschiedene Anspruchsgrundlagen in Betracht. Eine direkte Anwendung des Art. 104a Abs. 5 GG auf legislatorisches Handeln wird auf Grund des Wortlauts überwiegend abgelehnt.[469] In Betracht kommen könnte eine analoge Anwendung. Dagegen spricht die grundlegende Entscheidung des Verfassunggebers in Art. 104a GG, die Ausgabenverteilung an die Verwaltungskompetenz zu knüpfen. Daneben sind die Fälle des Verwaltungshandelns und der Gesetzgebung nicht vergleichbar, da jeweils verschiedene Staatsgewalten tätig werden und grundlegende Unterschiede zwischen einer Verwaltungshaftung und einem Regress wegen Nichterlass von Rechtsregelungen bestehen.[470]

(2) Haftung aus dem Grundsatz der Bundestreue

Die Haftung der Länder könnte sich auch aus dem Grundsatz der Bundestreue[471] ergeben. Nach überwiegender Auffassung in der Literatur[472] soll das Prinzip der Bundestreue keine eigenständige Grundlage für Haftungsansprüche darstellen.

---

467 Vgl. nur Stotz, in: Rengeling (Hrsg.), Handbuch zum europäischen und deutschen Umweltrecht, § 45 Rn. 51.

468 So auch Durner, BayVBl. 2002, 748.

469 Böhm, in: Magiera/Sommermann (Hrsg.), Verwaltung und Governance im Mehrebenensystem der Europäischen Union, S. 101f; Dederer, NVwZ 2001, 260; Heintzen, in: v. Münch/Kunig, GG III, Art. 104a Rn. 72; offen gelassen Schwenke, NVwZ 2003, 1436; a.A. ohne weitere Begründung Siekmann, in: Sachs (Hrsg.), GG, Art. 104a Rn. 69 m.w.N.

470 Böhm, a.a.O., S. 102f.; Dederer, a.a.O., 261; Heintzen, in: v. Münch/Kunig, GG III, Art. 104a Rn. 72; Durner, BayVBl. 2002, 752.

471 Zum Grundsatz der Bundestreue vgl. nur Sommermann, in: v. Mangoldt/Klein/Stark, GG II, Art. 20 Rn. 37ff.

472 Böhm, in: Magiera/Sommermann (Hrsg.), Verwaltung und Governance im Mehrebenensystem der Europäischen Union, S. 104; Dederer, NVwZ 2001, 261; Schwenke, NVwZ 2003, 1432.

Dem Prinzip der Bundestreue kommt lediglich ein akzessorischer Charakter zu, und es vermag somit kein eigenständiges Rechtsverhältnis selbst zu begründen.[473] Dem wird entgegnet, dass eine Korrektur der gefestigten Rechtsprechung unter dem Einfluss der gemeinschaftsrechtskonformen Auslegung wünschenswert sei, da der innerstaatliche Regressanspruch gerecht und ohne ihn die Bundestreue als Anspruchsgrundlage wenig konsequent sei.[474] Diese Ansicht übersieht, dass die Bundestreue keine Anspruchsgrundlage ist, sondern lediglich ein Prinzip, welches beim staatlichen Handeln zu beachten ist. Gemeinschaftsrechtliche Anforderungen können auch nicht so weit gehen, dass ein innerstaatliches Prinzip zur Anspruchsgrundlage umgedeutet wird. Zur Durchsetzung der Bundestreue stehen dem Bund außerdem der Bundeszwang[475] und die Anrufung des Bundesverfassungsgerichts[476] zur Verfügung.

(3) Weitere Anspruchsgrundlagen

Ergänzend werden in der Literatur weitere Anspruchsgrundlagen geprüft.[477] Gegen einen Rückgriff auf Amtshaftungsansprüche aus Art. 34 GG und § 839 BGB spricht zunächst, dass noch nach ganz h.M. eine Amtshaftung wegen unterlassener Gesetzgebung grundsätzlich nicht in Betracht kommt.[478] Außerdem sind Bund und Länder nicht als „Dritte" im Sinne des Amtshaftungsrechts anzusehen, soweit sie in Erfüllung gemeinschaftsrechtlicher Verpflichtungen handeln, da sie in diesem Fall als einheitliches Ganzes auftreten.[479]

Grundsätzlich besteht die Möglichkeit, zwischen Hoheitsträgern den allgemeinen öffentlich-rechtlichen Erstattungsanspruch anzuwenden.[480] Voraussetzung ist, dass eine rechtsgrundlose Leistung erbracht wurde. Bei einer Zwangsgeldzahlung liegt der Rechtsgrund der Leistung im Urteil des EuGH. Außerdem fehlt es zudem an der erforderlichen Bereicherung des Anspruchsgegners, da die

473 St. Rspr., vgl. BVerfGE 13, 54, 75 f.; 21, 312, 326; 42, 103, 117.
474 Durner, BayVBl. 2002, 752.
475 Gubelt, in: v. Münch/Kunig, GG II, Art. 37 Rn. 6; Erbguth, in: Sachs (Hrsg.), GG, Art. 37 Rn. 8; Stern, Staatsrecht I, S. 715.
476 Insbesondere Art. 93 I Nr. 3 GG i.V.m. §§ 13 Nr. 7, 68 – 70 BVerfGG.
477 Dederer, NVwZ 2001, 262; Schwenke, NVwZ 2003, 1432; Böhm, in: Magiera/Sommermann (Hrsg.), Verwaltung und Governance im Mehrebenensystem der Europäischen Union, S. 100 m.w.N.; Durner, BayVBl. 2002, 753f.
478 Vgl. nur BGH, NJW 1989, 101ff. m.w.N.; Jarass, in: Jarass/Pieroth, GG, Art. 34 Rn. 13 m.w.N.
479 Dederer, NVwZ 2001, 262; Schwenke, NVwZ 2003, 1432; Böhm, in: Magiera/Sommermann (Hrsg.), Verwaltung und Governance im Mehrebenensystem der Europäischen Union, S. 100 m.w.N.; a.A. Durner, BayVBl. 2002, 753f.
480 BVerwG, NVwZ 1996, 595, 596.

Länder durch die Leistung des Bundes von keiner Schuld befreit werden, da der Bund auf eine eigene Schuld gegenüber der Gemeinschaft zahlt. Somit kann der allgemeine öffentlich-rechtliche Erstattungsanspruch nicht für den Bund-Länder-Regress herangezogen werden.[481] Daneben werden weitere Ansprüche beispielsweise wegen Drittschadensliquidation oder nach Auftragsrecht in der Literatur allgemein abgelehnt.[482]

c) Schlussfolgerung

Ein Regress des Bundes gegenüber den Ländern ist bei einer Verurteilung nach Art. 228 Abs. 2 EGV mit den vorhandenen Anspruchsgrundlagen nicht möglich. Daher wird von *Böhm*[483] vorgeschlagen, einen verfassungsrechtlichen Regressanspruch für diese Fälle zu schaffen. In diese Zielrichtung gehen auch die Vorschläge der Sachverständigen, die im Rahmen der Bundesstaatskommission gemacht wurden. Sie waren sich im Rahmen der Anhörung zu diesem Themenkomplex einig, dass keine befriedigende Haftungsregelung besteht und eine entsprechende Änderung des Grundgesetzes erfolgen sollte.[484] Dementsprechend wurden der Bundesstaatskommission sowohl seitens der Sachverständigen[485] als auch seitens der ordentlichen Mitglieder[486] Vorschläge zur Regelung dieses Sachverhalts unterbreitet. Aufgrund des Scheiterns der Kommission besteht nunmehr die unbefriedigende Lage fort.[487] Die Zuordnung umweltbezogener Ma-

---

481 Böhm, in: Magiera/Sommermann (Hrsg.), Verwaltung und Governance im Mehrebenensystem der Europäischen Union, S. 101; Dederer, NVwZ 2001, 264; Schwenke, NVwZ 2003, 1432; a.A. Durner, BayVBl. 2002, 752.

482 Vgl. dazu ausführlich Dederer, NVwZ 2001, 263f.

483 Böhm, in: Magiera/Sommermann (Hrsg.), Verwaltung und Governance im Mehrebenensystem der Europäischen Union, S. 106 schlägt einen neuen Absatz 8 in Art. 23 GG mit folgendem Wortlaut vor: „Der Bund kann bei den Ländern Regress nehmen, wenn und soweit diese dafür verantwortlich sind, dass der Bund von der Gemeinschaft für Pflichtverletzungen durch ein Zwangsgeld, einen Pauschalbetrag oder eine Geldbuße in Anspruch genommen wird. Das Nähere regelt ein Bundesgesetz, das der Zustimmung des Bundesrates bedarf."

484 So die Sachverständigen Schneider, Meyer und Huber. Vgl. Stenographischer Bericht der 5. Sitzung der Bundesstaatskommission vom 11. März 2004, S. 122.

485 Kirchhof, Kommissionsdrucksache 0052, S. 3ff.; Schneider, Kommissionsdrucksache 0032, S. 17; Meyer, Kommissionsdrucksache 0020, S. 12.

486 Kröning, Kommissionsdrucksache 0054, S. 1ff.

487 S. jetzt aber die Bestimmungen des Koalitionsvertrages Gemeinsam für Deutschland – mit Mut und Menschlichkeit, Koalitionsvertrag zwischen CDU, CSU und SPD, Anlage 2, Ergebnis der Koalitionsarbeitsgruppe zur Föderalismusreform, S. 42 abrufbar unter www.cdu.de; BT-Drs. 16/813, S. 10 entsprechend BR-Drs. 178/06.

terien zur Rahmengesetzgebungskompetenz führt zu einer unbefriedigenden finanziellen Belastung des Bundes.

III. Auswirkungen der Rahmengesetzgebungskompetenz auf die Wirtschaft

1. Umweltrecht und Wirtschaft

Eine effektive Umweltschutzgesetzgebung muss sich auch daran messen lassen, wie sie sich auf die Wirtschaft auswirkt, da Umweltschutz und Wirtschaft eng voneinander abhängen und sich kein anderer Lebensbereich so umfassend auf die Umwelt auswirkt wie die Wirtschaft.[488] Teile des Umweltrechts wie etwa das Abfall- und Wasserrecht sind nicht nur Umweltrecht, sondern zugleich auch Wirtschaftsverwaltungsrecht.[489] So regelt zum Beispiel das Abfallrecht die Wirtschaftstätigkeit beim Umgang mit Abfällen und hat damit maßgebliche Auswirkungen auf die Tätigkeit der Unternehmen. Der Einfluss des Abfallrechts auf Produktionsabläufe und die Produktgestaltung ist aufgrund der zahlreichen Bestimmungen über die Produktverantwortung nicht unerheblich. Daneben erfordern die Vermeidungs- und Verwertungsanforderungen mit ihren umweltschutzbezogenen Zielsetzungen eine Unmenge an betrieblichen Vorkehrungen, Organisation und Investitionen in Anlagen und Verfahren. Dies hat Einfluss auf die Kosten im Entsorgungssektor und damit auf die Wettbewerbsfähigkeit der einzelnen Unternehmen. Wirtschaftsrelevant sind auch die Vorschriften über die Entsorgungsinfrastruktur, die maßgeblich von umweltschützenden Gründen geprägt sind, da sie maßgeblich Einfluss auf die Entsorgungspreise haben und ebenfalls zu den kalkulatorischen Faktoren der Wirtschaft und zu Wettbewerbsaspekten gehören. Somit ist keine industrielle bzw. wirtschaftliche Tätigkeit ohne Beachtung der vielfältigen und komplizierten Umweltrechtsnormen vorstellbar.[490]

Daneben ist zu beachten, dass Umweltschutz effektiv nur dann durchgesetzt wird, wenn geeignete wirtschaftliche Rahmenbedingungen herrschen. Wenn es während eines Konjunkturtiefs darum geht, ob die Umwelt geschützt oder ob ein Projekt zum Antrieb der Wirtschaft gefördert wird, so hat der Umweltschutz in den meisten Fällen das Nachsehen. Es ist nachvollziehbar, dass sich in Notzeiten

---

488 Sparwasser/Engel/Vosskuhle, Umweltrecht, § 1 Rn. 9; Breuer, in: Schmidt-Aßmann (Hrsg.), Besonderes Verwaltungsrecht, 5. Abschnitt Rn. 4; Kloepfer, Umweltrecht, § 1 Rn. 5; Frank, Umweltrecht und Wirtschaft, 2000, S. 1ff. Zum Zusammenhang zwischen Umwelt und Wirtschaft s. auch BVerfGE 102, 1ff.

489 S. dazu und zum folgenden Schink, UPR 2004, 210.

490 Becker, UPR 2005, 418ff.

ein ökologischer Raubbau kaum verhindern lässt.[491] Ein Blick auf die Geschichte belegt diese These. Der erste wirtschaftlich bedeutende Aufschwung in Europa begann mit dem Ende des 30-jährigen Krieges mit der Epoche der merkantilistisch-kameralistischen Wirtschaftsverwaltung. Ziel dieser Wirtschaftverfassung war die Vergrößerung des nationalen Reichtums und damit letzten Endes der Stärkung der Staatsmacht.[492] Folge der Priorität der Wirtschaftsförderung war, dass Umweltgesichtspunkte kaum von bedeutender Relevanz waren.[493] Die Priorität der Wirtschaftsförderung galt auch im Zeitalter der Industrialisierung. Zwar produzierte der Industriestaat die ersten industriellen Umweltprobleme, die als solche auch wahrgenommen, im Wesentlichen aber zugunsten der industriellen und damit der gesamtwirtschaftlichen Entwicklung hingenommen wurden.[494] Nach dem Zweiten Weltkrieg spielten ebenfalls primär wirtschaftliche Gesichtspunkte eine Rolle. Die Not der ersten Nachkriegsjahre führte deshalb zu einem erneuten Raubbau an natürlichen Ressourcen. Begünstigend wirkte sich die Tatsache aus, dass entscheidende Verwaltungsstellen im Bereich des Umweltschutzes zunächst handlungsunfähig blieben.[495] Im Rahmen des Wiederaufbaus wurden Natur und Landschaft in einem bisher nicht gekannten Ausmaße weiter zerstört. Dazu kam auch die steigende Menge der schädlichen Abgase auf Grund des erhöhten Energieverbrauchs und der industriellen Produktion, da die Gesellschaft andere Prioritäten als Umweltschutz hatte.[496] Erst nachdem das „Wirtschaftswunder" vollbracht war, setzte ein ökologisches Problembewusstsein ein, das zu einem verstärkten Erlass umweltschützender Normen führte.[497] Dass Umweltschutz immer mit Geld und Kosten verbunden ist und daher zumeist eine Aufgabe, der sich lediglich „wohlhabende" Nationen stellen (können), mag ein Beispiel aus dem Gewässerschutz verdeutlichen.[498] Zur Jahrhundertwende zum 20. Jahrhundert gewann die Flussverunreinigungsfrage auf Grund der immer häufiger auftretenden Cholera- und Typhusepidemien an zunehmender Bedeutung. Dabei standen sich zwei Theorien zur Herkunft der Epidemien gegenüber. Nach der „Bodentheorie" von Max Pettenkofer wurden die Epidemien durch Dünste verursacht, die bei Grundwasserschwankungen aus dem durch Exkremente und Haushaltsabfälle verunreinigten Boden entweichen würden. Nach der „Trinkwassertheorie" von Robert Koch war das Trinkwasser der Ursprungsherd der Epide-

---

491 Frank, Umweltrecht und Wirtschaft, S. 40.
492 Vgl. Stober, Quellen zur Geschichte des Wirtschaftsverwaltungsrechts, 1986, S. 20.
493 Frank, Umweltrecht und Wirtschaft, S. 29.
494 Kloepfer, Umweltrecht, § 2 Rn. 13.
495 Kloepfer, Geschichte des Umweltrechts, S. 81.
496 Hofmann, JZ 1988, 265ff., 273.
497 Vgl. dazu z.B. den Überblick bei Frank, Umweltrecht und Wirtschaft, S. 34ff.
498 Zum folgenden Kloepfer, Umweltrecht, § 2 Rn. 35.

mien. Da die Trinkwassertheorie jedoch mit enormen Investitionen und damit Kosten verbunden war, konnte sie sich erst Anfang des 20. Jahrhunderts endgültig durchsetzen. Die Ausführungen verdeutlichen den engen Zusammenhang zwischen Umweltschutz und Wirtschaft. Die Rahmengesetzgebungskompetenz muss also hinreichend auf Bedürfnisse der Wirtschaft eingehen können. Anderenfalls ist sie kein taugliches Instrument zu einem effektiven Umweltschutz.

2. Probleme der Rahmengesetzgebungskompetenz im Bereich der Wirtschaft

Die Zuweisung einiger Umweltschutzmaterien zur Rahmengesetzgebungskompetenz des Bundes führt in der Praxis für Wirtschaft und Unternehmen zu zahlreichen Problemen. Zunächst ist auf ein Problem einzugehen, welches nicht nur die Rahmengesetzgebungskompetenz betrifft, aber durch diese verstärkt wird. Das gesamte Umweltrecht leidet unter einer erheblichen Übersteuerung[499] und bedarf der Deregulierung, Harmonisierung und Kodifikation.[500] Schon im Jahre 1997 wurden mit steigender Tendenz rund 800 umweltrelevante Gesetze, 2800 Umweltverordnungen und 4700 Verwaltungsvorschriften gezählt.[501] Diese Normenflut führt dazu, dass der Rechtsanwender oft nicht genau weiß, welche Vorschrift er im konkreten Fall zu beachten hat. Doppelregelungen in unterschiedlichen Gesetzen führen zu weiterer Verwirrung. So ist etwa die Umsetzung der Vorgaben der Artikel 4 Abs. 1 Buchstabe c, Artikel 6 und Anhang IV der WRRL über die Gewässerrandstreifen in Brandenburg in zwei Landesgesetzen erfolgt.[502] Solche Mehrfachregelungen führen zu Verwirrungen und Rechtsunsicherheit in der Praxis.[503] Sie sind ein Ausfluss der Rahmengesetzgebungskompetenz und könnten durch eine andere Zuweisung, entweder insgesamt an den Bund oder an die Länder, einfacher geregelt werden. Die Rechtsunsicherheit durch ein unüberschaubares und unklares Recht führt zur erhöhten Wahrscheinlichkeit, dass sich die in-

---

499 Kloepfer, NuR 2004, 759ff., 761 spricht in diesem Zusammenhang von einem „undurchsichtigen Regelungsdschungel".

500 Kloepfer, NVwZ 2002, 653; Knopp, UPR 2005, 415ff., 417.

501 Vgl. den Nachweis bei Frank, Umweltrecht und Wirtschaft, S. 59 Fn. 290.

502 § 35 BbgNatSchG und § 84 BbgWG. Daneben ist noch die bundesrechtliche Vorschrift des § 31 BNatSchG zu beachten.

503 Vgl. auch DIHK-Positionspapier zur Umsetzung der europäischen Wasserrahmenrichtlinie (WRRL) und zum rechtlichen Rahmen der Wasserwirtschaft in Deutschland vom 8.2.2004, S. 3. Für den Bereich des Altlastenrechts vor dem Erlass des BBodSchG vgl. Knopp, in: ders. (Hrsg.), Das neue Bundesbodenschutzgesetz und Altlasten, 2000, S. 7. Zum Gewässerschutzrecht, Kloepfer, Umweltrecht in Bund und Ländern, 2003, § 1 Rn. 33.

tendierten Wirkungen einer Teilrechtsordnung gegenseitig partiell aufheben.[504] Daneben kann eine Normenflut die Rechtsakzeptanz und Loyalität der Rechtsanwender verringern.[505] Es besteht insoweit die Gefahr, dass bei einer unüberschaubaren Anzahl von Normen diese nicht mehr zur Kenntnis genommen werden und Rechtsverstöße zur Gewohnheit werden. Gerade für die kleinen und mittelständischen Unternehmen (KMU) ist es aufgrund der Vielfalt der Regelungen schwierig, immer rechtmäßig zu handeln.[506] Im schlimmsten Fall kann das Rechtsbewusstsein in Gesetzesverdrossenheit bis hin zum Verhalten, Gesetze zu umgehen, umschlagen.[507] Eine solche Verhaltensweise wird durch die Zuweisung einiger Umweltschutzmaterien zur Rahmengesetzgebungskompetenz gefördert. Die Umsetzung der WRRL hat gezeigt, wie eine solche „Normenflut" entstehen kann. Wäre der Wasserhaushalt der konkurrierenden Gesetzgebungskompetenz zugewiesen, würde es 16 Gesetze und 15 Rechtsverordnungen weniger geben. Die Rahmengesetzgebungskompetenz ist also nicht geeignet, zur Deregulierung des Umweltrechts beizutragen.

Ein weiteres Hemmnis im Hinblick auf die Ansiedelung und den Betrieb von Unternehmen, insbesondere für diejenigen, die europaweit oder global arbeiten, ist die Vielzahl an unterschiedlichen Regelungen für dieselben Sachverhalte, die das Unternehmen in den einzelnen Bundesländern antrifft.[508] Ein Beispiel betrifft das Verwaltungsverfahren hinsichtlich der Benutzungstatbestände des Wasserrechts. Dieses ist in den einzelnen Bundesländern unterschiedlich und unübersichtlich geregelt.[509] Sehr deutlich wird das Problem, wenn man die einzelnen Landesregelungen über ein Wasserentnahmeentgelt betrachtet. Der Gestaltungsraum für die Einführung eines Wasserentnahmeentgelts ist den Ländern verblieben. Ursprünglich war im Regierungsentwurf des WHG[510] die Einführung eines Wasserzinses vorgesehen, der am Widerstand der Länder scheiterte.[511] Weitere Vorhaben zur Einführung einer bundeseinheitlichen Regelung blieben ebenfalls ohne Erfolg.[512] Zuletzt wurde im Rahmen der Beratungen über ein Umweltgesetzbuch eine bundeseinheitliche Lösung vorgeschlagen. Nach § 413 UGB-

---

504 Koch, NVwZ 1996, 215ff., 216.
505 Stern, Staatsrecht II, S. 643; Hill, JZ 1988, 377ff., 379; Becker, UPR 2005, 423.
506 Kloepfer, NuR 2004, 761.
507 Sendler, DÖV 1989, 482ff., 486f.; Frank, Umweltrecht und Wirtschaft, S. 63.
508 Schendel, in: Kloepfer (Hrsg.), Umweltföderalismus, S. 375; s. auch Trittin, Föderalismusreform als Chance für Umwelt und Wirtschaft, s. FAZ vom 11.08.2004.
509 Hoppe/Beckmann/Kauch, Umweltrecht, 2. Aufl. 2000, § 18 Rn. 104; Breuer, Öffentliches und privates Wasserrecht, 3. Aufl. 2004, Rn. 362ff.
510 BT-Drs. II/2072, S. 8.
511 Vgl. BVerfGE 93, 319, 341f.
512 Z.B. die Gesetzinitiativen von Hessen BR-Drs. 438/84 und Niedersachsen BR-Drs. 701/91.

KomE sollte für die genehmigungspflichtige Benutzung des Grundwassers eine Abgabe durch den Benutzer entrichtet werden. Dabei waren einige Grundwasserentnahmen von der Abgabepflicht befreit. §§ 414f. UGB-KomE regelten die Bemessungsgrundlage, den Abgabesatz und den Verwendungszweck der Abgabe. Begründet wurde die Einführung der bundeseinheitlichen Regelung mit deren Notwendigkeit, gleiche Abgabenbelastungen und gleiche Wettbewerbsbedingungen zu gewährleisten.[513] Die Einführung des § 42 Abs. 2 WHG zur Umsetzung des Artikels 9 WRRL ändert an dieser Rechtslage nichts, da § 42 Abs. 2 WHG nicht zur Begründung einer bundeseinheitlichen Abgabe herangezogen werden kann.[514] Einzelne Länder haben deshalb anstelle einer bundeseinheitlichen Regelung eigene Regelungen über ein Wasserentnahmeentgelt erlassen.[515] Die grundsätzliche verfassungsrechtliche Zulässigkeit einer solchen Abgabe hat das BVerfG in seinem Beschluss zum baden-württembergischen Wasserpfennig und zur hessischen Grundwasserabgabe gebilligt.[516] Das BVerfG hat zur Begründung hervorgehoben, dass das Wassernutzungsentgelt den Charakter einer Vorteilsabschöpfungsabgabe im Rahmen einer öffentlich-rechtlichen Nutzungsregelung trage.[517] Das Wasser gehöre als knappe Ressource zu den Gütern der Allgemeinheit und unterliege zudem einem öffentlich-rechtlichen Bewirtschaftungsregime. Werde die Nutzung einer solchen Ressource Einzelnen eröffnet, so erhielten diese die Möglichkeit der Teilhabe an einem Allgemeingut und somit zugleich einen Sondervorteil gegenüber jedem anderen, der das betreffende Gut nicht oder zumindest nicht im gleichen Umfang nutzen dürfte. Der Gesetzgeber sei in diesem Fall befugt, diesen Vorteil abzuschöpfen. Die bundesstaatliche Finanzverfassung werde dadurch nicht umgangen oder unterlaufen, da gegenleistungsabhängige

513 Bundesministerium für Umwelt, Naturschutz und Reaktorsicherheit (Hrsg.), Umweltgesetzbuch (UGB-KomE), S. 1156f.

514 Czychowski/Reinhardt, WHG, § 42 Rn. 3; offen gelassen Berendes, ZfW 2002, 218.

515 Vgl. § 17a WG BW; § 13a BerlWG; § 40 BbgWG; Bremen: Gesetz über die Erhebung einer Grundwasserentnahmegebühr (BrGruWEGG) vom 24.11.1992 (GBl., S. 641); Hamburg: Gesetz über die Erhebung einer Gebühr für Grundwasserentnahmen (GruWaG) vom 26.6.1989 (GVBl., S. 115); § 16 WG M-V; §§ 47 ff. NdsWG; NRW: Gesetz über die Erhebung eines Entgelts für die Entnahme von Wasser aus Gewässern (WasEG) vom 27.1.2004 (GVBl. S. 30, 31); § 23 SächsWG; Schleswig-Holstein: Gesetz über die Erhebung einer Grundwasserentnahmeabgabe (GruWAG) vom 14.2.1994 (GVBl., S. 141) und Gesetz über die Erhebung einer Abgabe auf die Entnahme von Wasser aus oberirdischen Gewässern (OWAG) vom 13.12.2000 (GVBl., S. 610). Ermächtigungen zum Erlass entsprechender Regelungen für ein Wasserentnahmeentgelt sehen die Wassergesetze in Bayern (Art. 4 II 4 BayWG) und Sachsen-Anhalt (§ 47 WG LSA) vor. In beiden Fällen wurde von diesen Ermächtigungen bisher kein Gebrauch gemacht.

516 BVerfGE 93, 319ff. S. dazu z.B. Murswiek, NVwZ 1996, 417ff.

517 Vgl. dazu und zum Folgenden BVerfGE, a.a.O., 345ff.

Abgaben nicht in ein finanzverfassungsrechtlich unzulässiges Konkurrenzverhältnis zur Steuer treten würden. In den einzelnen Landesregelungen bestehen Unterschiede hinsichtlich der Art der Wasserentnahme – ob Grund- oder Oberflächenwasser entnommen wird –, der Höhe des zu entrichtenden Entgelts und der Ausnahmeregelungen. So sehen die Länder Baden-Württemberg, Brandenburg, Mecklenburg-Vorpommern, Niedersachsen, Nordrhein-Westfalen, Sachsen und Schleswig-Holstein sowohl für die Entnahme von Grundwasser als auch für die Entnahme von Oberflächenwasser eine entsprechende Abgabe vor, während die übrigen Länder lediglich für die Entnahme von Grundwasser eine Abgabe verlangen.[518] Die Höhe des zu entrichteten Entgelts schwankt teilweise beträchtlich. So verlangt beispielsweise Baden-Württemberg[519] für die Entnahme von Grundwasser zum Zwecke der Öffentlichen Wasserversorgung einen Betrag in Höhe von 0,05113 EUR/m³, während Berlin[520] für denselben Verwendungszweck einen Betrag in Höhe von 0,31 EUR/m³, also ca. das Sechsfache, berechnet. Daneben bestehen zahlreiche Möglichkeiten zur Ermäßigung des Entgelts.[521] Unterschiede betreffen auch die Ausnahmeregelungen, für die kein Entgelt gefordert wird. Mehrheitlich ist geregelt, dass ein Entgelt erst dann anfällt, wenn eine bestimmte Wassermenge verbraucht wird. Die Mengenangaben variieren dabei enorm. In Baden-Württemberg[522] ist ein Entgelt schon ab einer jährlichen Menge von 2000m³ fällig, in Brandenburg[523] ab 3000m³ und in Berlin[524] erst ab 6000m³. Die Ausnahmetatbestände sind nicht einheitlich, so dass dieselbe Nutzung in einem Land entgeltpflichtig und einem benachbarten Land nicht entgeltpflichtig ist. So ist in Berlin[525] die Entnahme von Grundwasser zum Zweck der Fischhaltung entgeltpflichtig, während für dieselbe Entnahme in Brandenburg[526] kein Entgelt erhoben wird. Die einzelnen Landesregelungen, die sich insbesondere hinsichtlich der Höhe des Entgelts und der gesetzlich vorgesehenen Ausnahmen unterscheiden[527], führen dazu, dass Unternehmen mit unterschiedlichen Rahmenbedingungen zu kämpfen haben. Für ein Unternehmen, das über eine Landesgrenze hinweg tätig wird, stellt sich also ein Mindestmaß an Rechtsunsicherheit ein, da es damit rechnen muss, am neuen Standort mehr zu bezahlen.

518 S. auch Kotulla, Rechtliche Instrumente des Grundwasserschutzes, 1999, S. 763f.
519 § 17a WG BW i.V.m. Verzeichnis über das Entgelt für Wasserentnahmen.
520 § 13a Abs. 2 4 BerlWG.
521 Z.B. § 17d WG BW. Vgl. hierzu auch VGH Mannheim, NVwZ-RR 2000, 716ff.
522 § 17a Abs. 2 Nr. 6 WG BW.
523 § 40 Abs. 4 Nr. 2 BbgWG.
524 § 13a Abs. 2 4 BerlWG.
525 § 13a Abs. 1 BerlWG.
526 § 40 Abs. 4 Nr. 6 BbgWG.
527 S. dazu Kotulla, Rechtliche Instrumente des Grundwasserschutzes, S. 763.

Dadurch wird zugleich die Wettbewerbsfähigkeit innerhalb der wassernutzenden Wirtschaft über die Kosten nicht unerheblich beeinflusst.[528] Die dadurch entstehenden Wettbewerbsverzerrungen zwischen den Ländern können im äußersten Falle dazu führen, dass ein Entnahmeentgelt so niedrig wie möglich gehalten wird, um die Ansiedelung von wassernutzenden Unternehmen zu erleichtern. Eine solche Vorgehensweise geht zu Lasten der Umwelt und kann zum sog. „Ökodumping“ bzw. „race-to-the-bottom“ – Wettbewerb führen.[529] Es würde der herausragenden Stellung des Allgemeinguts Wasser nicht gerecht werden, wenn sein Schutz auf Grund ökonomischer Bestrebungen vernachlässigt wird. Ein solcher Effekt kann durch eine bundeseinheitliche Regelung verhindert werden, die mit Hilfe der Rahmengesetzgebungskompetenz aber nicht verwirklicht werden kann, da die notwendigen Vollregelungen nach den strengen Maßstäben des Bundesverfassungsgerichts nicht erreichbar sind. Die kompetentiell möglichen Vorgaben sind insoweit schon durch § 42 Abs. 2 WHG verwirklicht.

Ein weiteres Beispiel für unterschiedliche Wettbewerbsbedingungen in den einzelnen Ländern betrifft die naturschutzrechtliche Eingriffsregelung. Bundesweit einheitlich ist das Recht der Eingriffsregelung in den §§ 18 – 20 BNatSchG geregelt. Daneben bestehen zahlreiche, unterschiedliche Länderregelungen. Sinn und Zweck der Eingriffsregelung ist es, die Integrität von Natur und Landschaft zu schützen, wobei ihnen gerade im Industriestaat eine erhebliche Bedeutung zukommt.[530] Nach der Eingriffsregelung wird der Verursacher eines erheblichen Eingriffs in Natur und Landschaft zur Vermeidung vermeidbarer sowie zur Kompensation unvermeidbarer Beeinträchtigungen verpflichtet. Probleme für Unternehmen, die einen erheblichen Eingriff zu kompensieren haben, bestehen in den unterschiedlichen Regelungen zur Feststellung eines Eingriffs und zur Art und Höhe einer Kompensationsmaßnahme bzw. -abgabe.

Der Eingriffstatbestand wird in § 18 Abs. 1 BNatSchG definiert. Danach gelten als Eingriffe Veränderungen der Gestalt oder der Nutzung von Grundflächen oder Veränderungen des mit der belebten Bodenschicht in Verbindung stehenden Grundwasserspiegels, welche die Leistungs- und Funktionsfähigkeit des Naturhaushalts oder das Landschaftsbild erheblich beeinflussen können. § 18 Abs. 4 BNatSchG gibt den Ländern daneben die Möglichkeit, die Eingriffstatbestände innerhalb gewisser Grenzen einzuschränken oder zu erweitern. Fast alle Bundes-

528 Oldiges, in: ders. (Hrsg.), Aktuelle Probleme des Gewässerschutz- und Abwasserrechts, 1998, S. 61; Sanden, in: BMU (Hrsg.), Föderalismusreform: Neuordnung der Umweltkompetenzen, 2004, S. 17.

529 Koch, Naturschutz und Landschaftspflege in der Reform der bundesstaatlichen Ordnung, S. 17, 19, 22; Koch/Mechel, NuR 2004, 281; Kloepfer, NuR 2006, 6.

530 Gassner, in: Gassner/Bendomir-Kahlo/Schmidt-Räntsch, BNatSchG, 2. Aufl. 2003, vor § 18 Rn. 5.

länder haben die Möglichkeit genutzt, sog. Positiv- bzw. Negativlisten zu normieren.[531] Die Listen unterscheiden sich qualitativ und quantitativ teilweise erheblich. So beschränkt sich das baden-württembergische Naturschutzgesetz auf eine Auflistung von vier Nummern, während das brandenburgische Naturschutzgesetz Tatbestände, die als Eingriffe gelten, in 13 Nummern definiert. Diese Unterschiede führen zu einer Rechtsunsicherheit für Unternehmen, die sich im Bundesgebiet niederlassen wollen. Zwar stellen die Positiv- und Negativkataloge lediglich Richtwerte dar, die im Einzelfall widerlegbar sind, so dass die Fachbehörden jeweils im Einzelfall zu entscheiden haben und durch Landesrecht der bundesrechtliche Rahmen nicht korrigiert werden kann.[532] Dies führt dazu, dass ein Vorhaben eines Unternehmens in einem Land aufgrund der dortigen Positivliste einen Eingriff darstellt, dessen Vermutung widerlegt werden muss, während in einem anderen Land die Lage gerade anders herum ist, was zu verzerrten Wettbewerbsbedingungen führen kann.

Ein weiteres Problem mit wirtschaftlichen Konsequenzen ist die unterschiedliche Ausprägung der finanziellen Ausgleichszahlung nach § 19 Abs. 4 BNatSchG. Die Funktion dieser Regelung besteht darin, dass dort, wo naturale Ausgleichs- oder Ersatzmaßnahmen vom Verursacher selbst nicht durchgeführt werden können, eine entsprechende Kostenanlastung gemäß dem Verursacherprinzip zu ermöglichen ist.[533] Die landesrechtlichen Bestimmungen sind im Einzelnen sehr unterschiedlich, wobei die vorhandenen Modelle entsprechend differenzierte Abgabetarife vorschreiben.[534] Die Mehrzahl der Landesregelungen orientiert sich an den Kosten der Ersatzvornahme bzw. den Vermeidungskosten (ersparte Rekultivierungskosten).[535] Daneben werden in einigen Bundesländern alternativ oder kumulativ die Dauer und die Schwere des Eingriffs[536], die wirt-

---

531 § 10 NatSchG BW; § 14 NatSchG Bln; § 10 BbgNatSchG; § 11 BremNatSchG; § 9 HmbNatSchG; § 5 HENatSchG; § 14 LNatSchG MV; § 4 LG NW; § 4 LPflG Rh.-Pf.; § 10 SNG; § 8 SächsNatSchG; § 18 NatSchG LSA; § 7 NatSchG Schl.-H.; § 6 ThürNatSchG.

532 BVerwG, NVwZ 2001, 560ff.; BVerwGE 85, 348, 355; Gassner, in: Gassner/ Bendomir-Kahlo/Schmidt-Räntsch, BNatSchG, § 18 Rn. 16 m.w.N.

533 Kloepfer, Umweltrecht, § 11 Rn. 104 m.w.N.

534 Gassner, in: Gassner/Bendomir-Kahlo/Schmidt-Räntsch, BNatSchG, § 19 Rn. 40; Kloepfer, a.a.O., § 11 Rn. 105.

535 Art. 6a Abs. 3 S. 3 BayNatSchG; § 15 Abs. 1 S. 3 BbgNatSchG; § 11 Abs. 8 Nr. 2 BremNatSchG; § 9 Abs. 9 S. 3 HmbNatSchG; § 6b Abs. 1 S. 2 HENatSchG; § 12b Abs. 1 S. 4 NNatG; § 16 Abs. 7 S. 2LNatG M-V; § 5 Abs. 3 S. 2 LG NW; § 21 Abs. 1 S. 2 NatSchG LSA; § 8b Abs. 3 S. 1 NatSchG Schl.-H.; § 7 Abs. 8 S. 3 ThürNatSchG.

536 Art. 6a Abs. 3 S. 4 BayNatSchG; § 11 Abs. 6 BaWüNatSchG; § 14 Abs. 7 S. 3 NatSchGBln; § 15 Abs. 1 S. 5 BbgNatSchG; § 12b Abs. 1 S. 3 NNatG; § 5a Abs. 1 LPflG Rh.-Pf.; § 11 Abs. 5 S. 2 SNG; § 9 Abs. 9 S. 2 SächsNatG; § 7 Abs. 7 S. 2

schaftliche Zumutbarkeit sowie der Wert und Vorteil des Eingriffs für den Verursacher[537] berücksichtigt. Diese unterschiedlichen Regelungen, die einen nicht unerheblichen Einfluss auf die Kosten der Unternehmen haben, beeinflussen damit deren Wettbewerbsfähigkeit. Der kalkulatorische Faktor einer Ansiedelung besteht also auch in der Höhe der Ausgleichsabgabe und gehört zu den Wettbewerbsaspekten. Die dadurch entstehenden Wettbewerbsverzerrungen zwischen den Ländern können im schlimmsten Falle dazu führen, dass eine Ausgleichsabgabe so niedrig wie möglich gehalten wird, um die Ansiedelung von Unternehmen zu erleichtern. Dies gilt auch für die Vorstufen der Ausgleichsabgabe: Unterschiedliche Ausprägungen, in welcher Art und Weise Ausgleichs- oder Ersatzmaßnahmen durchgeführt werden müssen, stehen vor denselben Problemen. Diese Probleme können durch eine bundeseinheitliche Regelung verhindert werden, die mit Hilfe der Rahmengesetzgebungskompetenz aber nicht verwirklicht werden kann, da die notwendigen Vollregelungen nach den strengen Maßstäben des Bundesverfassungsgerichts nicht erreichbar sind.

IV. Grenzüberschreitender Umweltschutz

1. Vorbemerkung

Grenzüberschreitender Umweltschutz ist für einen effektiven Umweltschutz unabdingbare Voraussetzung, da Verschmutzungen nicht vor den durch Menschen gezogenen Grenzen halt machen.[538] Gerade für die Umweltmedien Luft und Wasser gilt diese Erkenntnis. Emissionen, die in Baden-Württemberg ihren Ursprung haben, können ohne weiteres auf dem Luft- oder Wasserwege bis nach Nordrhein-Westfalen gelangen und erst dort ihre umweltschädliche Wirkung entfalten. Daher besteht ein Interesse, bundeseinheitliche Regelungen zum Schutz vor diesen „verschobenen" Umweltschäden zu erlassen. Für das Medium Luft besteht diese Möglichkeit über Art. 74 Abs. 1 Nr. 24 GG. Schutz vor Emissionen, die über das Wasser verbreitet werden, kann nur im Rahmen von Art. 75 GG bundeseinheitlich gewährleistet werden. Am Beispiel des jüngst erlassenen Gesetzes zur Verbesserung des vorbeugenden Hochwasserschutzes[539] soll gezeigt

---

ThürNatSchG; in Hamburg, Bremen, Mecklenburg-Vorpommern, Sachsen-Anhalt und Schleswig-Holstein nur hilfsweise.

537 § 11 Abs. 6 BaWüNatSchG; § 5a Abs. 1 LPflG Rh.-Pf.; § 11 Abs. 5 S. 2 SNG; § 9 Abs. 4 S. 2 SächsNatG; § 7 Abs. 7 S. 2 ThürNatSchG; in Hamburg und Mecklenburg-Vorpommern nur hilfsweise.

538 S. nur Groß, NWVBl. 2002, 294.

539 BGBl. 2005 I, S. 1224.

werden, ob die Rahmengesetzgebungskompetenz die gestellten Anforderungen erfüllen kann.

2. Hochwasserschutz durch den Bund

a) Hochwasserschutz als Bundeskompetenz?

Der Hochwasserschutz ist nicht ausdrücklich als Sachmaterie im Kompetenzkatalog des Grundgesetzes erwähnt. Hochwasserschutz ist eine Querschnittsmaterie[540], die zahlreiche Rechtsgebiete, etwa Landwirtschafts-, Bau-, und Bodenrecht erfasst. Fraglich ist, ob Hochwasserschutz von Art. 75 Abs. 1 S. 1 Nr. 4 GG erfasst wird, oder ob insoweit die Länder zuständig sind, da es sich ebenfalls um Gefahrenabwehrrecht handeln könnte. Ein Teil der Literatur[541] sieht den Hochwasserschutz nicht von Art. 75 Abs. 1 S. 1 Nr. 4 GG erfasst, sondern hält den Küstenschutz (Art. 74 Abs. 1 Nr. 17 GG) für die einschlägige Kompetenznorm. Dem ist nur teilweise zuzustimmen. Für Meereshochwasser, welches die Küste bedroht, ist der Küstenschutz tatsächlich die richtige Kompetenznorm. Der komplette Verweis auf den Küstenschutz geht insoweit fehl, als Hochwasser auch im Zusammenhang mit Binnengewässern auftreten kann. Für diese kann schon vom Wortlaut her Art. 74 Abs. 1 Nr. 17 GG nicht einschlägig sein, da es im Binnenland schon begriffstechnisch keine Küste gibt.

Der Küstenhochwasserschutz wird folglich von Art. 74 Abs. 1 Nr. 17 GG erfasst. Fraglich ist nun, ob der Schutz vor Binnenhochwässern zu Art. 75 Abs. 1 S. 1 Nr. 4 GG gehört oder ob es sich um reines Gefahrenabwehrrecht und somit um klassisches ausschließliches Landesrecht[542] handelt. Eine Zuweisung kann nur durch eine inhaltliche Bestimmung des Hochwasserschutzes getroffen werden. Teilweise wird angenommen, dass es beim Hochwasserschutz um den Schutz von Menschenleben und die Verhinderung enormer ökonomischer, volkswirtschaftlicher Schäden in akuten Hochwassersituationen gehe.[543] Daraus wird abgeleitet, dass eine Zuordnung der Materie Hochwasserschutz zum Wasserhaushalt gemäß Art. 75 Abs. 1 S. 1 Nr. 4 GG abzulehnen sei. Der Wasserhaushalt erfasst rechtliche Regelungen „für die haushälterische Bewirtschaftung des in der

540 Blasberg, NWVBl. 2005, 205ff.
541 Rozek, in: v. Mangoldt/Klein/Stark, GG II, Art. 75 Rn. 51;Degenhart, in: Sachs (Hrsg.), GG, Art. 75 Rn. 36.
542 So Dallhammer, in: Köck (Hrsg.), Rechtliche Aspekte des vorbeugenden Hochwasserschutzes, 2005, S. 28.
543 Blasberg, NWVBl. 2005, 207.

Natur vorhandenen Wassers nach Menge und Güte."[544] Ziel der Wasserwirtschaft ist also, den Wasserhaushalt vor schädlichen Einwirkungen zu schützen. Bezogen auf Hochwasser bedeutet das einen Güteschutz durch Mengenregulierung, so dass Hochwasserschutz von Art. 75 Abs. 1 S. 1 Nr. 4 erfasst wird.[545] Es ist zwar richtig, dass es auch um den Schutz *vor* dem Gewässer geht. Die Gefahrenabwehr allein ist nicht mehr ausreichend. Zum Schutz vor Gewässern sind langfristig eine Wiederherstellung des hydrologischen Gleichgewichts und damit auch ein Schutz *der* Gewässer erforderlich.[546] Der Hochwasserschutz der Binnengewässer ist also Teil der Gesetzgebungskompetenz des Bundes nach Art. 75 Abs. 1 S. 1 Nr. 4 GG.

b) Gesetz zur Verbesserung des vorbeugenden Hochwasserschutzes

Als Reaktion auf die Hochwasserkatastrophe an der Elbe im Sommer 2002 hat die Bundesregierung im Frühjahr 2004 einen Gesetzentwurf zur Verbesserung des vorbeugenden Hochwasserschutzes vorgelegt.[547] Schwerpunkte des Entwurfs waren neben der bundeseinheitlichen Festsetzung von Überschwemmungsgebieten die Beschränkung der Ausweisung von Baugebieten und ein Verbot des Ackerbaus in Überschwemmungsgebieten. Der Bundestag verabschiedete nach ablehnender Stellungnahme des Bundesrats[548] das Gesetz am 1. Juli 2004 gegen die Stimmen von CDU/CSU und FDP.[549] Nach Anrufung des Vermittlungsausschusses[550] durch den Bundesrat hat der Bundestag dessen Beschlussempfehlung[551] angenommen und der Bundesrat zugestimmt.[552] Das Gesetz ist am 10. Mai 2005 in Kraft getreten.[553]

Die Kompetenz des Bundes zum Erlass rahmenrechtlicher Hochwasserschutzvorschriften ist durch die Rechtsprechung des Bundesverfassungsgerichts dreifach begrenzt: durch den Rahmencharakter der Vorschriften, durch den

544 BVerfGE 15, 1, 15.

545 BVerwGE 116, 175, 178; Maunz, in: Maunz/Dürig, GG, Art. 75 Rn. 144; Köck, in: Köck (Hrsg.), Rechtliche Aspekte des vorbeugenden Hochwasserschutzes, S. 52; s. auch die Auffassung der Bundesregierung BT-Drs. 15/3168, S. 9f.

546 Kloepfer, Umweltrecht, § 13 Rn. 5; zur Ökologisierung des Hochwasserschutzes s. auch Köck, in: Köck (Hrsg.), Rechtliche Aspekte des vorbeugenden Hochwasserschutzes, S. 55.

547 BT-Drs. 15/3168.

548 BR-Drs. 268/04.

549 Vgl. BT-Drs. 15/3455 und BT-Drs. 15/3510.

550 BT-Drs. 15/3871.

551 BT-Drs. 15/5121.

552 BR-Drs. 185/05.

553 BGBl. I, S. 1224.

grundsätzlichen Ausschluss von Detailregelungen und unmittelbar geltenden Vorschriften in Art. 75 Abs. 2 GG und durch die Erforderlichkeit der bundesgesetzlichen Regelung nach Art. 72 Abs. 2 GG.[554] Fraglich scheint schon, ob der Bund tatsächlich lediglich Rahmenvorschriften erlassen hat. Rahmenvorschriften müssen auf inhaltliche Konkretisierung und Gestaltung durch die Landesgesetzgebung angelegt sein. Dem Landesgesetzgeber muss ein nicht nur unerheblicher Gestaltungsspielraum für eine politisch selbstverantwortliche Rechtssetzung verbleiben. Er darf nicht darauf beschränkt werden, lediglich zwischen engen vorgegebenen rechtlichen Möglichkeiten zu wählen, wobei Detailregelungen nicht schlechthin verboten sind.[555] Gegen den Rahmencharakter könnte sprechen, dass einige Vorgaben des Gesetzes an die Länder derart detailliert sind, dass von einem normativen Spielraum nicht mehr gesprochen werden kann.[556] Als Beispiel wird § 31b Abs. 3 WHG genannt, der abschließend die in den Abflussbereichen der Überschwemmungsgebiete zu treffenden Maßnahmen und hiervon zulässige Ausnahmen nennt, wobei die betreffenden Flächen bundesgesetzlich definiert und von den Ländern lediglich festzusetzen sind. Dabei ist zu beachten, dass die Bundesregierung die angegriffene Regelung gerade nicht nur der Rahmengesetzgebungskompetenz zuweist, sondern als einschlägige Kompetenznorm auch Art. 74 Abs. 1 Nr. 17 GG nennt.[557] Ob diese Auffassung richtig ist, § 31b Abs. 3 WHG also von Art. 74 Abs. 1 Nr. 17 GG gedeckt wird, kann offen bleiben, da allein die Tatsache, dass eine detaillierte Regelung vorliegt, noch nicht zu der Annahme führen kann, der Rahmencharakter der Vorschrift würde nicht vorliegen. Im Hochwasserschutzgesetz sind auch zahlreiche Regelungen zu finden, die noch auszufüllen sind.[558] Ob daneben zu viele detaillierte Regelungen vorliegen, ist erst im Rahmen des Art. 75 Abs. 2 GG zu prüfen. Der Rahmencharakter des Gesetzes ist somit gegeben.[559] Die zahlreichen Detailregelungen könnten zu einem Verstoß gegen Art. 75 Abs. 2 GG führen. Nach Art. 75 Abs. 2 GG sind solche Regelungen nur im Ausnahmefall zulässig. Dabei sind quantitative und qualitative Kriterien maßgeblich. Ein Ausnahmefall ist nach der Auffassung des Bundesverfassungsgerichts nur gegeben, wenn die Rahmenvorschriften ohne die ins Detail gehenden Regelungen verständigerweise nicht erlassen werden können, also schlechthin unerlässlich sind und der kooperative Charakter des Rahmengesetzes gewahrt bleibt.[560] Im vorliegenden Gesetz ist schon der rein quantitative Anteil

554 BVerfG, NJW 2004, 2803.
555 Vgl. ausführlich Kapitel 2 III 1.
556 Dazu und zum folgenden Blasberg, NWVBl. 2005, 207f.
557 BT-Drs. 15/3168, S. 14.
558 S. z.B. § 31a Abs. 3 WHG; § 31c Abs. 2 WHG.
559 A.A. Blasberg, NWVBl. 2005, 207f.
560 Ausführlich Kapitel 2 III 3.

solcher Detailregelungen so zahlreich, dass von einer Ausnahme nicht mehr gesprochen werden kann. Bei über der Hälfte der wesentlichen Vorschriften, die auf Art. 75 Abs. 1 S. 1 Nr. 4 GG gestützt werden, handelt es sich um Detailregelungen.[561] Daher kann schon allein aus diesem Grund nicht mehr von einer von Art. 75 Abs. 2 GG geregelten Ausnahme gesprochen werden. Des Weiteren fehlt für diese zahlreichen Ausnahmeregelungen eine stichhaltige Begründung, die vom Bundesverfassungsgericht gefordert wird.[562] Somit verstößt das Hochwasserschutzgesetz gegen Verfassungsrecht.[563] Nicht angezweifelt werden kann die Erforderlichkeit der bundesgesetzlichen Regelung.[564] Zum Schutz gleichwertiger Lebensverhältnisse ist das Gesetz erforderlich, da eine mangelhafte Hochwasserschutzpolitik eines Landes sich jedenfalls nicht nur in diesem Land auswirkt, sondern auch in benachbarten Ländern.[565] Der vorbeugende Hochwasserschutz bedarf einer länderübergreifenden Konzeption, da nur dadurch die Verwirklichung der Schutzziele erreicht werden kann.[566] Nicht überzeugend ist in diesem Zusammenhang die Ansicht des Bundesrats, dass die Voraussetzungen des Art. 72 Abs. 2 GG deshalb nicht vorliegen würden, da die Wassergesetze der von Hochwassergefahren betroffenen Länder bereits entsprechend novelliert worden seien.[567] Diese Argumentation ist nicht geeignet, die grundsätzlich anzunehmende Erforderlichkeit bundeseinheitlicher Regelungen aufzuheben, weil durch landesspezifisches Tätigwerden gerade nicht zwingend Einheitlichkeit erreicht wird.[568] Außerdem wird dem Bundesgesetzgeber durch das Bundesverfassungsgericht in diesem Fall eine Einschätzungsprärogative zugebilligt.[569] Zusammenfassend lässt sich feststellen, dass das Gesetz zur Verbesserung des vorbeugenden Hochwasserschutzes nicht den Anforderungen des Art. 75 Abs. 2 GG genügt und damit verfassungswidrig ist.

561 Betroffen sind die Vorschriften § 31a Abs. 1, Abs. 2; § 31b Abs. 2 S. 3, Abs. 5, Abs. 6; § 31 Abs. 1 S. 2, § 31d Abs. 1, Abs. 2 und § 32 Abs. 2 WHG; vgl. auch BT-Drs. 15/3168, S. 10.

562 Vgl. Erklärung von Staatsminister Huber (Bayern) zu Punkt 58 der Tagesordnung, Stenografischer Bericht, BR-Plenarprotokoll 809, S. 104; s. dazu auch Berendes, ZfW 2005, 197ff., 214.

563 Kritisch auch Blasberg, NWVBl. 2005, 208; a.A. Kotulla, NVwZ 2006, 129ff., 135.

564 So auch Berendes, ZfW 2005, 202, Kotulla, NVwZ 2006, 135; a.A. Dallhammer, in: Köck (Hrsg.), Rechtliche Aspekte des vorbeugenden Hochwasserschutzes, S. 28f.; vgl. auch Erklärung von Staatsminister Huber (Bayern) zu Punkt 58 der Tagesordnung, Stenografischer Bericht, BR-Plenarprotokoll 809, S. 103.

565 So auch Blasberg, a.a.O., 208.

566 Köck, in: Köck (Hrsg.), Rechtliche Aspekte des vorbeugenden Hochwasserschutzes, S. 53; Kotulla, NVwZ 2006, 135.

567 BT-Drs. 15/3168, S. 18.

568 Blasberg, NWVBl. 2005, 208.

569 BVerfG, NJW 2004, 2803, 2805.

3. Schlussfolgerung

Dem Bund ist es derzeit nicht möglich, effektive, grenzüberschreitende Umweltschutzregelungen zu erlassen. Die dafür notwendigen Detailregelungen dürften regelmäßig, wie am Beispiel des Hochwasserschutzes erläutert, an den Anforderungen des Art. 75 Abs. 2 GG scheitern. Grenzübergreifender Umweltschutz ist im Rahmen eines effektiven Umweltschutzes erforderlich, so dass auch hier vieles dafür spricht, Umweltschutzmaterien aus der Rahmengesetzgebungskompetenz zu entfernen.

V. Zusammenfassung

Die Ausführungen haben gezeigt, dass ein modernes und flexibles Umweltschutzrecht mit der Rahmengesetzgebungskompetenz nicht im gewünschten Maß erreicht werden kann. Ein integriertes Umweltschutzrecht ist mit Hilfe der Rahmengesetzgebungskompetenz nur begrenzt möglich. Regelungen über den Wasserhaushalt und den Naturschutz und die Landschaftspflege können lediglich in geringem Umfang bundeseinheitlich geregelt werden. Durch das zweistufige Gesetzgebungsverfahren der Rahmengesetzgebungskompetenz wird die fristgerechte Umsetzung von Gemeinschaftsrecht im Bereich des Umweltrechts erschwert. Diese Fristverletzungen können im äußersten Fall zu einem Zwangsgeld führen, wobei die Modalitäten, wer ein solches Zwangsgeld zu tragen hat, zwischen Bund und Ländern noch nicht abschließend geklärt sind. Die Belange der Wirtschaft, die ebenfalls von Umweltgesetzen erheblich betroffen sind, können durch die Rahmengesetzgebungskompetenz nicht befriedigend berücksichtigt werden. Zahlreiche Doppelregelungen und länderrechtliche Unterschiede bei der umweltrechtlichen Behandlung von wirtschaftlichen Tätigkeiten führen zu verzerrten Wettbewerbsbedingungen, die zu einem „race-to-the-bottom"-Wettbewerb zwischen den einzelnen Ländern führen können. Schließlich ist die Rahmengesetzgebungskompetenz nicht geeignet, um einen grenzüberschreitenden Umweltschutz zu gewährleisten. Daraus folgt, dass für den Bereich des Umweltschutzes die Rahmengesetzgebungskompetenz nicht geeignet ist. Ob sich die Umweltziele mit Hilfe einer der bisher vorhandenen Gesetzgebungskompetenzen verwirklichen lassen oder ob ein neuer Gesetzgebungskompetenztyp geschaffen werden muss, zeigt das folgende Kapitel.

Kapitel 3: Alternativen zur Rahmengesetzgebung unter besonderer Berücksichtigung der Beratungen der Bundesstaatskommission

I. Vorfragen

1. Bestrebungen zur Reform des Föderalismus in Deutschland

Im heutigen Verfassungsstaat lassen sich zahlreiche Probleme ausmachen, die im Endeffekt zur Lähmung des Bundesstaats führen. Deshalb haben Bundestag und Bundesrat im Oktober 2003 eine Kommission zur Modernisierung der bundesstaatlichen Ordnung eingesetzt mit dem Ziel, „die Handlungs- und Entscheidungsfähigkeit von Bund und Ländern zu verbessern, die politischen Verantwortlichkeiten deutlicher zuzuordnen sowie die Zweckmäßigkeit und Effizienz der Aufgabenerfüllung zu steigern."[570]

Die Einsetzung einer Kommission zur Reform des bundesstaatlichen Systems hat in Deutschland schon beinahe Tradition. Neben mehreren erfolgten und versuchten Grundgesetzänderungen der Systematik der Gesetzgebungskompetenzen wurde bisher zweimal eine Kommission gebildet, die zur Aufgabe hatte, das gesamte bundesstaatliche System auf seine Effizienz und Zukunftsfähigkeit zu überprüfen. In der sechsten Wahlperiode am 29. September 1970 und in der siebten Wahlperiode am 22. Februar 1973 wurde eine Enquête – Kommission zur Verfassungsreform eingesetzt. Die jeweils ausschließlich vom Bundestag beauftragte Enquête – Kommission hatte den Auftrag zu überprüfen, ob und in wie weit es erforderlich sei, das Grundgesetz den gegenwärtigen und voraussehbaren zukünftigen Gegebenheiten anzupassen. Dabei stand neben verschiedenen anderen bundesstaatlich bedeutsamen Fragen die Aufteilung der Gesetzgebungszuständigkeiten zwischen Bund und Ländern zur Diskussion. Die Kommission legte zum Ablauf der sechsten Legislaturperiode im Jahre 1972 zunächst einen Zwischenbericht vor.[571] Der über 300 Seiten umfassende Schlussbericht erfolgte 1976.[572] Hinsichtlich der Ordnung der Gesetzgebungskompetenzen wurde eine Abschaffung der Rahmengesetzgebungskompetenz und eine Neufassung des Art. 72 GG beschlossen.[573] Der neue Art. 72 GG enthielt eine Art Richtlinienge-

570 BT-Drs. 15/1685, BR-Drs. 750/03.
571 BT-Drs. 6/3829.
572 BT-Drs. 7/5924.
573 BT-Drs. 7/5924, S. 123ff.

setzgebung des Bundes, die ausfüllungsfähige und ausfüllungsbedürftige Bundesgesetze hervorbringen und damit den Landesgesetzgebern die Möglichkeit zur Ausfüllung geben sollte. Die Materien des Umweltschutzes wurden insgesamt in die konkurrierende Gesetzgebungskompetenz des Bundes überführt. Der Vorschlag der Kommission blieb nicht unumstritten. In der Literatur wurde argumentiert, dass die zum großen Teil im Bereich der Rahmengesetzgebung erfolgten Detailregelungen des Bundes die Länder de facto von einer Ausfüllung der Richtliniengesetze ausschließen würden.[574] Die gewünschte Stärkung der Landesparlamente wäre durch das vorgeschlagene Verfahren nicht ermöglicht worden. Auf Grund der damals geäußerten Kritik und der kurzen Zeitspanne bis zum Ablauf der Legislaturperiode kam es nicht zur Umsetzung dieses Vorschlags. Der zweite Anlauf zu einer umfassenden Reform der bundesstaatlichen Ordnung erfolgte durch eine Verfassungskommission, die im Jahre 1992 von Bundestag und Bundesrat gemeinsam konstituiert wurde. Ein wichtiger Bestandteil der Arbeit war wiederum die Neuordnung der Gesetzgebungskompetenzen zwischen Bund und Ländern. Die Ergebnisse der Kommission in diesem Bereich wurden durch die Änderung des Grundgesetzes im Jahre 1994 teilweise umgesetzt[575] und standen in der aktuellen Reformdiskussion wiederum zur Disposition.

Die von Bundestag und Bundesrat im Oktober 2003 eingesetzte Kommission beendete nach über einem Jahr ihre Arbeit am 17. Dezember 2004, da sie sich nicht auf gemeinsame Vorschläge, vor allem im Bereich des Bildungswesens, einigen konnte.[576] Aufgabe der Kommission war unter anderem, die Systematik des Grundgesetzes bei den Gesetzgebungskompetenzen zu überprüfen, sowohl hinsichtlich der verschiedenen Kompetenztypen als auch der ihnen zugeordneten Sachmaterien. Hier wurden im Bereich der Gesetzgebungskompetenzen, auch von der Projektgruppe 4 „Gesetzgebungskompetenzen im Umwelt- und Verbraucherschutzrecht“[577], zahlreiche Vorschläge gemacht. Die Vorschläge blieben allgemeiner staatsrechtlicher Natur und berücksichtigten nicht die besonderen Anforderungen, die sich aus dem Umweltrecht ergeben.[578] Vor allem die Vorschläge der Vorsitzenden der Bundesstaatskommission[579] lassen erkennen, dass man sich

574 Vgl. Fischdick, Die Reform des föderalen Systems der Bundesrepublik Deutschland, 2005, S. 14.

575 Vgl. zu den Änderungen die Ausführungen in Kapitel 2.

576 Zu den Gründen des Scheiterns s. auch Schmidt-Jortzig, ZG 2005, 16ff.

577 Vgl. Kommission von Bundestag und Bundesrat zur Modernisierung der bundesstaatlichen Ordnung, Sten. Ber. der 8. Sitzung vom 8. Juli 2004, S. 195ff.

578 Deshalb zu Recht kritisch Koch/Mechel, NuR 2004, 279, die eine Beteiligung von Fachleuten im Bereich des Umweltrechts in der Bundesstaatskommission fordern.

579 Vorentwurf für einen Vorschlag der Vorsitzenden der Bundesstaatskommission vom 13.12.2004, Arbeitsunterlage 0104.

auf keine grundlegende Änderung der Gesetzgebungskompetenzen einigen konnte. So wurde lediglich die Erforderlichkeitsklausel des Art. 72 Abs. 2 GG für bestimmte Sachmaterien außer Kraft gesetzt. Die Rahmengesetzgebungskompetenz, deren Abschaffung während der Verhandlungen überwiegend gefordert wurde[580], sollte erhalten bleiben, allerdings mit weit weniger Sachmaterien.[581] Für die Sachmaterien des Umweltschutzes hatte der Vorschlag keine gravierenden Änderungen vorgesehen. So verblieben die Materien „Abfall und Lärm mit Ausnahme des Sport- und Freizeitlärms und des Lärms von Anlagen mit sozialer Zweckbestimmung" weiterhin innerhalb der konkurrierenden Gesetzgebungskompetenz, ohne von der Ausnahme des Art. 72 Abs. 2 GG betroffen zu sein. Die Rahmengesetzgebungskompetenz wurde im Bereich der Umweltschutzmaterien überhaupt nicht geändert, so dass es bei der Rechtslage zum Zeitpunkt vor der Reform bleiben sollte. Dieses Ergebnis kann aus Sicht der Umweltrechtswissenschaft nur als unbefriedigend angesehen werden und lässt sich damit erklären, dass im Bereich des Umweltrechts keine endgültige Entscheidung aufgrund unterschiedlicher Auffassungen getroffen wurde.[582] Deshalb werden die Vorschläge zur Änderung der Gesetzgebungskompetenzen näher darauf untersucht, ob sie die Rahmengesetzgebungskompetenz im Umweltschutzrecht effektiv ablösen können und einer Beibehaltung des Status quo vorzuziehen sind.

Im Rahmen der Koalitionsverhandlungen zwischen CDU/CSU und SPD, die durch die vorgezogenen Neuwahlen im September 2005 erforderlich wurden, wurde ein neuer Ansatz zur Reform des Föderalismus vereinbart. Im Bereich des Umweltrechts ergeben sich erhebliche Konsequenzen: Grundsätzlich werden die Umweltsachmaterien der konkurrierenden Gesetzgebungskompetenz zugeordnet. Die Länder sollen allerdings im Bereich des Jagdwesens, des Naturschutzes und der Landschaftspflege, der Bodenverteilung, der Raumordnung und des Wasserhaushalts ein Abweichungsrecht erhalten, wobei es „abweichungsfeste Kerne" geben soll. Damit entspricht die Vereinbarung im Grunde den schon während der Bundesstaatskommission vorgeschlagenen Zugriffsrechten.

580 S. etwa Kirchhof, DVBl. 2004, 977ff., 981; Zypries, ZRP 2003, 265ff., 266.

581 Kritisch Schmidt-Jortzig, ZG 2005, 25.

582 Vgl. Stenografischer Bericht der 11. Sitzung der Kommission von Bundestag und Bundesrat zur Modernisierung der bundesstaatlichen Ordnung vom 17.12.2004, S. 279 (B).

2. Eigenstaatlichkeit der Länder und Neuordnung der Gesetzgebungskompetenzen

Um Reformbestrebungen, die eine Neuordnung der Gesetzgebungskompetenzen zur Folge haben, zu realisieren, ist es von Bedeutung, welche Grenzen durch Art. 79 Abs. 3 GG gezogen werden.[583] Art. 79 Abs. 3 GG garantiert eine bestimmte Staatsform – den Bundesstaat – innerhalb der Bundesrepublik und wird wegen seines Inhalts auch als „Ewigkeitsgarantie" bezeichnet.[584] Er verbietet Maßnahmen, die zur Abschaffung der Länder als Gliedstaaten und zur Bildung eines Einheitsstaats führen würden. Unzulässig sind Verfassungsänderungen, die den Ländern Kompetenzen oder Finanzen in einem Maße entziehen oder zu entziehen drohen, die ihre Eigenstaatlichkeit gefährden.[585] Erforderlich sind deshalb ein Kern eigener Aufgaben der Länder und ein ausreichender Anteil am Gesamtsteueraufkommen im Bundesstaat zur Finanzierung dieser Aufgaben.[586] Zum Kern der eigenen Aufgaben gehört auch ein gewisses Maß an Gesetzgebungskompetenzen; eine gänzliche Beseitigung der Landesgesetzgebung ist nicht zulässig.[587] Dies bringt das Grundgesetz zum Ausdruck, indem es die Gesetzgebung in Art. 28 Abs. 1 S. 1 GG i.V.m. Art. 20 Abs. 2 S. 2 GG zur verfassungsmäßigen Ordnung der Länder zuordnet. Es ist allgemein anerkannt, dass Art. 79 Abs. 3 GG den Ländern einen bestimmten unentziehbaren Bestand an nicht abgeleiteten, ausschließlichen Kompetenzen auf dem Gebiet der Gesetzgebung gewährleistet.[588] Dieser unentziehbare Bestand an Gesetzgebungskompetenzen besteht darin, dass den Ländern in jedem Falle die Gesetzgebungsautonomie für ihr formelles Verfassungsrecht, für das (unterverfassungsmäßige) Recht ihrer obersten Organe und für die Wahl ihrer Parlamente verbleiben muss.[589] Daraus ergibt sich, dass andere Gesetzgebungszuständigkeiten der Länder zu Gunsten des Bundes grundsätzlich abgeändert werden können, da gerade nicht jede jetzt bestehende Landeszuständigkeit für unantastbar erklärt wird.[590]

Die umweltschützenden Gesetzgebungsmaterien gehören nicht zum unentziehbaren Bestand der Landesgesetzgebung, da sie weder formelles Landesver-

583 Hesse, AöR 98, 1ff., 3.
584 Stern, Staatsrecht I, S. 165.
585 Lücke, in: Sachs (Hrsg), GG, Art. 79 Rn. 27; Stern, a.a.O., S. 169.
586 BVerfGE 34, 9, 19f.; 87, 181, 196; s. auch Lücke, a.a.O., Art. 79 Rn. 27 m.w.N.
587 Hesse, AöR 98, 17.
588 Vgl. nur Maunz, in: Maunz/Dürig, GG, Art. 79 Rn. 35 (Loseblatt, Erstkommentierung); Hesse, a.a.O., 7.
589 BVerfGE 1, 14, 34; 34, 9, 19.
590 Maunz, in: Maunz/Dürig, GG, Art. 79 Rn. 35; Lücke, in: Sachs (Hrsg.), Art. 79 Rn. 27.

fassungsrecht noch Recht der obersten Landesorgane oder Wahlrecht der Landesparlamente sind. Daher ist es grundsätzlich möglich, diese Materien auch unter der ausschließlichen oder konkurrierenden Bundesgesetzgebungskompetenz zuzuordnen. Dafür spricht ebenfalls, dass die Länder zum derzeitigen Zeitpunkt keine ausschließliche Gesetzgebungskompetenz im Bereich des Wasserhaushalts und des Naturschutzes und der Landschaftspflege haben. Sie können nur im vom Bund vorgegebenen Rahmen tätig werden. Daher wäre eine Verlagerung und somit ein Entzug dieser Materien kein Eingriff in einen unentziehbaren Bereich. Auch der Verzicht auf eine eigenständige Gesetzgebung der Länder durch immer zahlreichere Musterentwürfe und Fachministerkonferenzen im Bereich des Umweltrechts spricht gegen eine Zuordnung dieser Sachmaterien zum unentziehbaren Bereich. Besonders deutlich ist dies bei der Umsetzung der WRRL geworden, bei der die Hauptarbeit von der Länderarbeitsgemeinschaft Wasser (LAWA) gemacht wurde.[591] Kein Eingriff in den unentziehbaren Bereich der Länder liegt auch dann vor, wenn von einer umfassenden Reform der Gesetzgebungskompetenzen und damit einer völligen Neuordnung der Materien ausgegangen werden sollte. Bei einer umfassenden Reform würden den Ländern andere Materien der Gesetzgebung zufallen, so dass sie weiterhin ein ausreichendes Maß an eigenständiger Gesetzgebung erhielten. Aber auch bei einer „kleinen“ Reform, also lediglich der Zuordnung der Umweltmaterien zum Bund, verblieben den Ländern andere Materien, die ein gewisses Maß an eigenständiger Gesetzgebung garantieren, zumal die Anforderungen an Rahmengesetze des Bundes durch die Rechtsprechung des Bundesverfassungsgerichts erheblich erhöht wurden und daher in Zukunft den Ländern mehr Spielraum bei dieser Gesetzgebungskompetenz verbleibt. Art. 79 Abs. 3 GG steht einer Verlagerung der Umweltschutzmaterien der Rahmengesetzgebungskompetenz in eine ausschließliche oder konkurrierende Bundesgesetzgebungskompetenz nicht entgegen.[592]

591 Berendes, ZfW 2002, 216.

592 Ebenso Reinhardt, in: Marburger/Reinhardt/Schröder (Hrsg.), Jahrbuch des Umwelt- und Technikrechts 1998, S. 135; Kloepfer, NuR 2006, 5; kritisch in Bezug auf eine Bundesgesetzgebungskompetenz zur Umsetzung von Richtlinien im Umweltrecht, Spreen, Bundeskompetenzen bei fehlender Umsetzung des Europarechts durch die Bundesländer – das Beispiel der FFH-Richtlinie, S. 205. Den Bundesstaat insgesamt in Frage stellend, Seidel, RuP 2004, 86ff.

II. Richtliniengesetzgebungskompetenz

1. Struktur

Obwohl überwiegend die Abschaffung der Rahmengesetzgebungskompetenz in den Beratungen zur Bundesstaatenkommission gefordert wurde[593], wird von einigen Autoren ihre Beibehaltung gefordert. Die Rahmengesetzgebungskompetenz soll modifiziert und in Richtung einer Richtliniengesetzgebungskompetenz weiterentwickelt werden.[594] Diese Richtliniengesetzgebungskompetenz soll sicherstellen, dass der Bund sich lediglich auf die unbedingt notwendigen Standards an Einheitlichkeit beschränkt und den Ländern somit ein klarer und substantieller Regelungsspielraum für die eigene Rechtsgestaltung vorbehalten bleibt.[595] Die Rahmenvorschriften sollen Zielbestimmungen, Leitbegriffe, allgemeine Rechtsgrundsätze und Richtlinien für die Gesetzgebung der Länder enthalten und ausschließlich die Landesgesetzgeber ermächtigen und verpflichten.[596] Detailregelungen von Seiten des Bundes sind dabei nicht mehr vorgesehen. Lediglich hilfsweise wird vorgeschlagen, dass Rahmenvorschriften in Ausnahmefällen unmittelbar geltende und vollziehbare Regelungen zulassen. Die Landesgesetzgeber sollen derartige Regelungen ergänzen dürfen bzw. von ihnen abweichen und von ihren Rechtsfolgen Ausnahmen zulassen können.[597] Historischer Ausgangspunkt dieser Überlegungen ist das Ergebnis der Beratungen der Enquête – Kommission von 1972.[598] Hier wurde vorgeschlagen, die Rahmengesetzgebungskompetenz als eigenständigen Kompetenztyp abzuschaffen und die entsprechenden Sachmaterien in den Katalog des Art. 74 GG einzuordnen. Zugleich sollte die konkurrierende Gesetzgebungskompetenz in ihrer Reichweite beschränkt werden.[599] Dem Bund stand das Recht zur Gesetzgebung nur zu, wenn und soweit die für die Herstellung gleichwertiger Lebensverhältnisse im Bundesgebiet erforderliche Rechtseinheit, die Wirtschaftseinheit oder die geordnete Entwicklung des Bundesgebietes nur durch eine bundesgesetzliche Regelungen zu erreichen sei. Es wurde festgelegt, dass die Bundesgesetze auf die jeweils zur Zielereichung not-

---

593 S. nur Fischdick, Die Reform des föderalen Systems der Bundesrepublik Deutschland, S. 127; Ebenso 65. Deutscher Juristentag Bonn 2004, Beschlüsse, D. Abteilung Öffentliches Recht, Nr. 12; zuletzt Kloepfer, NuR 2006, 6.

594 Scholz, Kommissionsdrucksache 0005, S. 4; Grawert, in: Krebs (Hrsg.), Liber Amicorum Hans-Uwe Erichsen, 2004, S. 42ff.; Scholz, Deutschland – in guter Verfassung?, S. 157.

595 Scholz, Kommissionsdrucksache 0005, S. 4.

596 Grawert, in: Krebs (Hrsg.), Liber Amicorum Hans-Uwe Erichsen, S. 44.

597 Grawert, a.a.O., S. 44.

598 BT-Drs. 7/5924, S. 122ff.

599 BT-Drs. 7/5924, S. 123.

wendigen Regelungen zu beschränken und das Weitere dem Landesgesetzgeber zu überlassen sei. Als Mittel zur Rechtsetzung wurde dem Bund in Art. 72 Abs. 4 (neu) GG der Erlass von Richtlinien vorgeschlagen, deren Adressaten die Landesgesetzgeber waren. Dieser und die weiteren Vorschläge sollten dazu dienen, „die Möglichkeiten der Bundesregierung flexibler als bisher einzusetzen und „horizontal“ zu erweitern, sie aber „vertikal“ auf die unbedingt erforderlichen Regelungen zu beschränken, um der Landesgesetzgebung unterhalb der Bedürfnisschwelle des Bundes einen möglichst weiten gesetzgeberischen Ausfüllungsspielraum zu lassen.“[600] Formales Vorbild für die Einführung der Richtliniengesetzgebung waren die Richtlinien der Europäischen Gemeinschaften.[601] Diesem Leitbild folgen auch die aktuellen Vorschläge zur Modifizierung der Rahmengesetzgebungskompetenz.[602] Die neue Rahmengesetzgebungskompetenz soll also bei der Reichweite an die Richtlinien der Europäischen Gemeinschaften angepasst werden. Dadurch ergeben sich inhaltlich andere Anforderungen an die Rahmengesetze als bisher: Richtlinien der Gemeinschaften sind nur hinsichtlich des zu erreichenden Ziels verbindlich.[603] Erforderlich ist zusätzlich grundsätzlich eine „Durchführung“ bzw. „Ausführung“ in Form von allgemeinen Regelungen in den Mitgliedstaaten.[604] Rahmengesetze sind dann nur noch in ihren Zielen verbindlich und bedürfen der Durchführung durch den Landesgesetzgeber.[605]

2. Kritik

Die Rahmengesetzgebungskompetenz könnte schon nach der geltenden Rechtslage lediglich die Reichweite einer Richtliniengesetzgebungskompetenz haben. Durch die Verfassungsreform 1994 wurden die Anforderungen an den Bundesgesetzgeber zum Erlass von Rahmengesetzen verschärft. Teilweise wurde deshalb angenommen, dass sich die Rahmengesetzgebungskompetenz zu einer reinen Richtlinienkompetenz entwickelt hätte.[606] Die Begrifflichkeit des Art. 75 Abs. 2 GG setzt das etablierte Begriffsverständnis der Rahmenregelung als ausfüllungs-

---

600 BT-Drs. 7/5924, S. 130.

601 BT-Drs. 7/5924, S. 132.

602 Vgl. Scholz, Kommissionsdrucksache 0005, S. 4: „analog dem europäischen Gemeinschaftsrecht“.

603 S. nur Kaltenborn, AöR 128, 412ff., 415.

604 Rengeling, in: Rengeling (Hrsg.), Handbuch zum europäischen und deutschen Umweltrecht, § 28 Rn. 3.

605 So auch die Neufassung des Art. 75 GG von Grawert, in: Krebs (Hrsg.), Liber Amicorum Hans-Uwe Erichsen, S. 44.

606 S. nur Sannwald, in: Schmidt-Bleibtreu/Klein (Hrsg.), GG, Art. 75 Rn. 11; Freytag/Iven, NuR 1997, 122.

bedürftige und ausfüllungsfähige Regelung als bekannt voraus und bestätigt die prinzipielle Möglichkeit, Detailregelungen in Rahmengesetze einzufügen.[607] Daher ist eine Interpretation der bestehenden Rahmengesetzgebungskompetenz als bloße „Richtlinienkompetenz", die keine Detailregelungen erlaubt, nicht möglich.[608]

Die jüngste Rechtsprechung des Bundesverfassungsgerichts könnte die Rahmengesetzgebungskompetenz zu einer Richtlinienkompetenz abgestuft haben. Nach dieser Rechtsprechung ist der Bund beim Erlass rahmenrechtlicher Vorschriften dreifach begrenzt: durch den Rahmencharakter der Vorschriften, durch den grundsätzlichen Ausschluss von Detailregelungen und unmittelbar geltenden Vorschriften in Art. 75 Abs. 2 GG und durch die Erforderlichkeit der bundesgesetzlichen Regelung nach Art. 72 Abs. 2 GG.[609] Detailregelungen und unmittelbar geltende Vorschriften sind danach nur in Ausnahmefällen möglich. Ein Ausnahmefall ist nach der Auffassung des BVerfG nur gegeben, wenn die Rahmenvorschriften ohne die ins Detail gehenden Regelungen verständigerweise nicht erlassen werden können, also schlechthin unerlässlich sind und der kooperative Charakter des Rahmengesetzes gewahrt bleibt.[610] Daher können Rahmengesetze auch weiterhin detaillierte Vorgaben treffen, die bei einer reinen Zielvorgabe im Sinne einer bloßen Richtliniengesetzgebung nicht möglich wären. Eine reine Richtliniengesetzgebungskompetenz besteht nach der gegenwärtigen Rechtslage damit nicht.

Die Abstufung der bisherigen Rahmengesetzgebungskompetenz zu einer reinen Richtlinienkompetenz würde grundsätzlich die Länder stärken. Sie erhielten im Bereich der betroffenen Sachmaterien mehr Verantwortung und hätten mehr Möglichkeiten, eigene Regelungsansätze umzusetzen. Allerdings bewirkt diese vorgeschlagene Lösung keine Entflechtung zwischen Bund und Ländern. Eine wirkliche Entflechtung würde nicht stattfinden können, da für ein und dieselbe Materie immer noch zwei unterschiedliche Organe zuständig wären und somit wie auch im Fall der Rahmengesetzgebungskompetenz eine Zuordnung zu einem bestimmten Organ dem Bürger schwer fallen dürfte.

---

607 Rozek, in: v. Mangoldt/Klein/Stark, GG II, Art. 75 Rn. 19; Kunig, in: v. Münch/Kunig, GG III, Art. 75 Rn. 11.

608 Rozek, a.a.O., Art. 75 Rn. 4; Degenhart, in: Sachs (Hrsg.), GG, Art. 75 Rn. 2; Kunig, in: v. Münch/Kunig, GG III, Art. 75 Rn. 3, 9; S. auch Kapitel 1 III 1.

609 BVerfG, NJW 2004, 2803.

610 S. dazu Kapitel 1 III 3.

3. Umweltziele und Richtliniengesetzgebungskompetenz

Probleme ergeben sich auch bei der Vereinbarkeit der Richtliniengesetzgebungskompetenz mit den Umweltzielen. Durch die bloße Abstufung der derzeitigen Rahmengesetzgebungskompetenz zu einer reinen Richtlinienkompetenz unter Beibehaltung der verschiedenen Sachmaterien besteht weiterhin das Problem, dass für den Umweltschutz unterschiedlich intensive Gesetzgebungskompetenzen bestehen. Für den Bereich des integrierten Umweltschutzes bedeutet das, der Bund besitzt im Bereich des Abfalls und Lärms die konkurrierende Gesetzgebungskompetenz, für den Bereich Wasser jedoch lediglich eine Richtlinienkompetenz. Ein gesamthafter Ansatz ist daher wie im Falle der bestehenden Rahmengesetzgebungskompetenz nicht möglich, da der Bund für einen bestimmten Bereich des Umweltschutzes lediglich Zielvorstellungen entwickeln darf. Die vorgeschlagene Richtlinienkompetenz bringt somit keine Verbesserung zur bestehenden Situation, sondern eher eine Verschlechterung.

Die Europatauglichkeit der Richtlinienkompetenz ist ebenfalls unterschiedlich zu bewerten. Durch die Ähnlichkeit mit der gemeinschaftsrechtlichen Richtlinie, dass lediglich Ziele vorgegeben werden, besteht die Möglichkeit einer einfachen form- und fristgerechten Umsetzung. Indem die Richtlinie im Bereich der Rahmengesetzgebungskompetenz wortgenau übernommen wird, kann eine vollständige Umsetzung fristgemäß erreicht werden. Grundsätzlich ist eine wortgetreue Übernahme zur Umsetzung möglich, wird als zweckmäßige Lösung aber negativ beurteilt.[611] Diese Form der Umsetzung soll Schwierigkeiten bereiten, da die gemeinschaftsrechtlichen Richtlinien häufig unklar, mehrdeutig und fremdartig sind und sich deshalb wenig zur Übernahme in die deutsche Gesetzessprache eignen.[612] Außerdem droht darüber hinaus der Unterschied zwischen Verordnung und Richtlinie vollständig verloren zu gehen.[613] Eine wortgetreue Umsetzung wäre aber trotz alledem möglich, so dass die Richtlinienkompetenz zumindest der rechtzeitigen Umsetzung von Gemeinschaftsrecht förderlich wäre. Hier besteht die Möglichkeit, dass auch noch im Rahmen der Umsetzung der Bundesrichtlinie durch die Länder das Gemeinschaftsrecht in ihren Landesgesetzen inhaltlich falsch umgesetzt wird. Dann ist wiederum die Richtlinie insgesamt nicht vollständig umgesetzt, so dass es im Endeffekt wieder zu einem Vertragsverletzungsverfahren samt Zwangsgeldzahlung kommen kann. Die Haftungsfrage zwischen Bund und Ländern wäre in diesem Fall wie bei der Rahmengesetzgebungskompe-

611 Rengeling, in: Rengeling (Hrsg.), Handbuch zum europäischen und deutschen Umweltrecht, Band I, § 28 Rn. 35.
612 Everling, NVwZ 1993, 213.
613 Steinberg, AöR 120, 549ff., 573.

tenz nicht geklärt. Eine Rahmengesetzgebungskompetenz im Sinne einer bloßen Richtlinienkompetenz ist also nicht die geeignetste Kompetenz zur Umsetzung von Gemeinschaftsrecht.

Auch aus wirtschaftlicher Sicht sind keine Vorteile einer modifizierten Rahmengesetzgebungskompetenz in Form einer bloßen Richtlinienkompetenz ersichtlich. Vielmehr wird dadurch die Rechtszersplitterung noch mehr gefördert und die Wettbewerbsverzerrungen zwischen den einzelnen Ländern weiter verschärft, da vom Bund lediglich Ziele vorgegeben werden dürfen. Die Richtlinienkompetenz wird nicht zu einer Vereinheitlichung der Wasserentnahmeentgelte oder der Ausgleichszahlungen bei naturschutzrechtlichen Eingriffen führen. Bundeseinheitlich könnte höchstens festgesetzt werden, ob ein solches Entgelt oder eine solche Abgabe grundsätzlich erhoben werden muss, wobei hier schon klärungsbedürftig sein dürfte, ob es sich dabei noch um eine bloße Zielbestimmung handelt. Die Höhe und die nähere Ausgestaltung eines Entgelts oder einer Abgabe obliegen wieder dem Landesgesetzgeber. Daraus folgen unterschiedliche Wettbewerbsbedingungen und die Gefahr eines „race-to-the-bottom" – Wettbewerbs zu Lasten der Umwelt.

Die Schwierigkeiten, die bei der Rahmengesetzgebungskompetenz im grenzüberschreitenden Umweltschutz entstehen, gelten auch für die Richtlinienkompetenz. Da der Bund lediglich Ziele durch Richtlinien setzen darf, ist es ihm auch in diesem Fall verwehrt, detaillierte bundeseinheitliche Regelungen zu erlassen. Daher ist die modifizierte Rahmengesetzgebungskompetenz in Form einer Richtlinienkompetenz keine taugliche Kompetenznorm, um die Umweltschutzziele, die für einen effektiven Umweltschutz dringend erforderlich sind, rechtlich umzusetzen.

4. Schlussfolgerung

Die Modifizierung der geltenden Rahmengesetzgebungskompetenz hin zu einer bloßen Richtlinienkompetenz ist nicht zu empfehlen. Eine Entflechtung der unterschiedlichen Verantwortlichkeiten ist damit nicht zu erreichen. Geringfügige Verbesserungen würden sich bei der Umsetzung von Gemeinschaftsrecht ergeben, wobei auch in diesem Fall die Gefahr einer sachlichen Verletzung durch die Länder nicht ausgeschlossen werden kann. Integrativer Umweltschutz lässt sich mit der modifizierten Rahmengesetzgebungskompetenz ebenfalls in keinem befriedigenden Umfang erreichen. Daneben erreicht die bloße Richtlinienkompetenz nicht den notwendigen Ausgleich zwischen Wirtschaft und Umwelt und verhindert einen effektiven grenzüberschreitenden Umweltschutz.

III. Grundsatzgesetzgebung

1. Struktur

Ein weiterer Vorschlag betrifft die Einführung eines „neuen“ Kompetenztyps, der sogenannten Grundsatzgesetzgebungskompetenz. Diese soll entweder neben die zu erhaltende Rahmengesetzgebungskompetenz[614] oder an deren Stelle[615] treten. Das Grundgesetz kennt bereits die Grundsatzgesetzgebung, allerdings nicht als eigenständig vertypte Gesetzgebungsart.[616] Dem Bund wird in vier Fällen das Recht eingeräumt, Grundsätze im Bereich bestimmter Sachmaterien aufzustellen. Dazu gehören Art. 91a Abs. 2 S. 2, Art. 106 Abs. 4 S. 3, Art. 109 Abs. 3 und Art. 140 GG i.V.m. Art. 138 Abs. 1 S. 2 WRV. Kein Fall der Grundsatzgebung ist Art. 75 Abs. 1 S. 1 Nr. 1a GG. Hierbei handelt es sich um einen Fall der Rahmengesetzgebung, der inhaltlich auf die Festlegung von Grundsätzen beschränkt ist.[617] Von einem einheitlichen Rechtsinstitut der Grundsatzgesetzgebung ist aufgrund unterschiedlicher Sachzusammenhänge der Normen und deren jeweiliger „Verfassungsgeschichte“ nicht auszugehen.[618] Der zulässige Umfang und die Bindungswirkung sind deshalb aus den einzelnen Vorschriften zu bestimmen. Einheitlich gilt jedoch für alle Vorschriften, dass der Bund bei der Gesetzgebung inhaltlich beschränkt ist.[619] Dem Bund steht grundsätzlich das Recht zu, Grundsätze für die jeweilige Sachmaterie aufzustellen. Keinesfalls darf er diese erschöpfend regeln.[620] Dabei sind ins Detail gehende Regelungen nicht von vornherein ausgeschlossen. Sie sind möglich und verfassungsgemäß, soweit sie lediglich grundsätzlichen Charakter haben.[621] Einigkeit besteht auch über die

---

614 Scholz, Kommissionsdrucksache 0005, S. 4; Schmidt-Jortzig, Kommissionsdrucksache 0006, S. 3.

615 Arndt/Benda/von Dohnany/Schneider/Süssmuth/Weidenfeld, ZRP 2000, 201ff., 202; Junge Gruppe der CDU/CSU Bundestagsfraktion, Kommissionsdrucksache 0019, S. 6; Benz, Kommissionsdrucksache 0010, S. 5; Benz, Kommissionsdrucksache 0017, S. 7.

616 Hillgruber, in: v. Mangoldt/Klein/Stark, GG III, Art. 109 Rn. 111.

617 Hillgruber, a.a.O., Art. 109 Rn. 111 Fn. 11; Rengeling, in: Isensee/Kirchhof (Hrsg.), HStR IV, § 100 Rn. 282; Rodi, in: Bonner Kommentar (BK), Bd. 12, Art. 109 Rn. 325 (Loseblatt, Stand: Dezember 2004); a.A. Siekmann, in: Sachs (Hrsg.), GG, Art. 109 Rn. 35.

618 Siekmann, a.a.O., Art. 109 Rn. 35; Hillgruber, in: v. Mangoldt/Klein/Stark, GG III, Art. 109 Rn. 111; Rodi, a.a.O., Art. 109 Rn. 326.

619 Stern, Staatsrecht I, S. 683; Rengeling, in: Isensee/Kirchhof, (Hrsg.), HStR IV, § 100 Rn. 283.

620 Hillgruber, in: v. Mangoldt/Klein/Stark, GG III, Art. 109 Rn. 113.

621 Hillgruber, a.a.O., Art. 109 Rn. 113; Siekmann, in: Sachs (Hrsg.), GG, Art. 109 Rn. 36.

Reichweite der Grundsatzgesetzgebung. Adressaten der Grundsatzgesetzgebung sind Bund und Länder. Dem Bürger gegenüber entfalten die Grundsätze keine Außenwirkung.[622] Gerade die Adressaten der Grundsatzgesetzgebungskompetenz lassen erkennen, dass es sich bei Grundsatzgesetzgebungskompetenz und Rahmengesetzgebungskompetenz um zwei völlig eigenständige Gesetzgebungskompetenzen handelt. Einen weiteren Unterscheidungsgrund stellen die Voraussetzungen, unter denen der Gesetzgeber tätig werden darf, dar. Die Bestimmungen des Art. 75 Abs. 2 und Abs. 3 GG gelten nicht für die Grundsatzgesetzgebung, weder direkt noch entsprechend.[623] Die Unterschiede zwischen den beiden Gesetzgebungskompetenzen lassen sich auch bildlich darstellen. Die Rahmengesetzgebungskompetenz stellt einen Rahmen dar, der einer Ausfüllung bedarf. Der Rahmen ist verbindlich, so dass über diesen Rahmen hinausgehende Vorschriften nicht möglich sind. Demgegenüber gibt die Grundsatzgesetzgebung nur Grundsätze vor. Solange diese Grundsätze gewahrt bleiben, können die Vorschriften so weit reichen, wie es der jeweilige Gesetzgeber für zweckmäßig hält. Im Gegensatz zur Rahmengesetzgebungskompetenz besteht also nicht nur innerhalb eines vorgegeben Rahmens eine Rechtsetzungsmöglichkeit. Die Grundsatzgesetzgebungskompetenz lässt dem zuständigen Gesetzgeber damit mehr Spielraum.

2. Zielsetzung und Probleme

Nach Auffassung der Befürworter einer Grundsatzgesetzgebungskompetenz soll sich diese in wichtigen Punkten von der bisherigen Rahmengesetzgebungskompetenz unterscheiden.[624] Der Bund soll nur befugt sein, allgemeine, leitende Rechtssätze aufzustellen im Gegensatz zur Rahmengesetzgebungskompetenz, bei der er Umfang und Reichweite der jeweiligen Materie bestimmen kann. Diese Rechtssätze müssen von den Ländern ausgestaltet und an die unterschiedlichen Verhältnisse angepasst werden. Der Unterschied zur Rahmengesetzgebungskompetenz soll darin liegen, dass den Ländern im Prinzip die volle Gesetzgebungskompetenz zukommt, dem Bund aber die Möglichkeit obliegt, allgemeine Ziele und Maßstäbe festzulegen, soweit dies aus gesamtstaatlichen Gründen erforderlich ist. Die Grundsätze müssen keine unmittelbaren Umsetzungspflichten für die Länder auslösen, sondern der Beurteilung der Politik der Länder in regelmäßig

---

622 Rengeling, in: Isensee/Kirchhof, (Hrsg.), HStR IV, § 100 Rn. 283; Stern, Staatsrecht I, S. 683; Hillgruber, in: v. Mangoldt/Klein/Stark, GG III, Art. 109 Rn. 121; Siekmann, a.a.O., Art. 109 Rn. 44.

623 Rodi, in: BK, Art. 109 Rn. 331.

624 Arndt/Benda/von Dohnany/Schneider/Süssmuth/Weidenfeld, ZRP 2000, 202.

stattfindenden öffentlichen Diskussionen dienen.[625] Daneben wird vorgeschlagen, die Grundsatzgesetzgebungskompetenz in Art. 74 GG durch Änderung des Absatzes 2 und Hinzufügen zweier weiterer Absätze festzuschreiben.[626] Primäres Ziel der Bundesregelungen soll die Sicherstellung der grundsätzlichen Gleichwertigkeit der Lebensverhältnisse sein, wobei die Ausgestaltung der Grundsätze im freien Ermessen der Länder stehen soll.[627] Die Gleichwertigkeit der Lebensverhältnisse soll sich insbesondere auf die Herstellung der Voraussetzungen für einen wirksamen Wettbewerb zwischen Ländern beziehen.[628] Durch die Grundsatzgesetzgebung soll eine Entflechtung von Bund und Ländern gefördert werden.[629] Des Weiteren soll sie zu einer Begünstigung der Legislative der Länder durch eine Schwerpunktverlagerung in den entsprechenden Materien führen.[630] Diese Begünstigung würde dadurch entstehen, dass durch eine bloße Beschränkung des Bundes auf die Grundsätze den Ländern eine weitaus größere Entfaltungsmöglichkeit zur eigenen Rechtssetzung verbleiben würde.[631] Vorteilhaft seien insofern die hohe Autonomie der Landesgesetzgeber und gleichzeitig ein begrenztes Maß an Koordination zwischen den Ländern.[632] Durch die vom Grundsatzgesetz festgelegten Maßstäbe und einen öffentlichen Leistungsvergleich durch die Bürger würde über die Landespolitik in den betreffenden Bereichen Transparenz erzeugt werden.[633]

---

625 Benz, Kommissionsdrucksache 0010, S. 5.

626 Vgl. den Vorschlag von Benz, Kommissionsdrucksache 0017, S. 7f.: Art. 74 GG
(1) ...
(2) Der Bund kann durch ein Gesetz, das der Zustimmung des Bundesrats bedarf, Grundsätze regeln, wenn Landesgesetze Interessen anderer Länder oder der Verwirklichung gesamtstaatlicher Ziele entgegenstehen. Der Bund hat die Gründe für ein Bundesgesetz darzulegen.
(3) Das Bundesgesetz kann den Zeitraum bestimmen, in dem Länder ihre Gesetze dem Bundesrecht anpassen müssen, soweit sie nicht mit den Grundsätzen vereinbar sind.
(4) Der Bundestag kann Grundsätze beschließen, die Gesetze der Länder nach Abs. 1 erfüllen sollen. Die Bundesregierung legt innerhalb einer angemessenen Frist dem Bundestag und dem Bundesrat einen Bericht vor, in dem dargelegt wird, inwieweit Landesgesetze die Standards erfüllen.

627 Arndt/Benda/von Dohnany/Schneider/Süssmuth/Weidenfeld, ZRP 2000, 202.

628 Junge Gruppe der CDU/CSU-Bundestagsabgeordneten, Kommissionsdrucksache 0019, S. 6.

629 Koch/Mechel, NuR 2004, 283.

630 Koch/Mechel, a.a.O., 283.

631 Scholz, Kommissionsdrucksache 0005, S. 4.

632 Benz, Kommissionsdrucksache 0010, S. 5.

633 Benz, a.a.O., S. 5.

Trotz dieser vermeintlichen Vorteile einer Grundsatzgesetzgebungskompetenz begegnet diese zahlreichen Bedenken. Eine wie auch immer ausgestaltete Grundsatzgesetzgebung dürfte kaum eine wesentlich geringere Intensität als die bisherige Rahmengesetzgebung erreichen.[634] Damit wären aber die Vorteile einer Entflechtung zwischen Bund und Ländern obsolet. Eine wirkliche Entflechtung würde nicht stattfinden können, da für ein und dieselbe Materie immer noch zwei unterschiedliche Gesetzgeber zuständig wären und somit – wie auch im Fall der Rahmengesetzgebungskompetenz – eine Zuordnung zu einem bestimmten Organ dem Bürger schwer fallen dürfte.

Auch das Argument, dass durch die Grundsatzgesetzgebungskompetenz eine hohe Vergleichbarkeit in Bezug auf die Landespolitik gegeben sei, überzeugt nicht. Es ist nicht ersichtlich, weshalb bei der Grundsatzgesetzgebung eine höhere Vergleichbarkeit im Gegensatz zur Rahmengesetzgebung erreicht werden soll. Auch bei der Rahmengesetzgebung ist der Landesgesetzgeber verpflichtet, ein ausfüllendes Gesetz zu erlassen. Deshalb ist schon derzeit die Möglichkeit gegeben, die Landespolitik im Bereich der Rahmengesetzgebungskompetenz zu vergleichen. Eine höhere Vergleichbarkeit kann auch nicht durch eine Grundsatzgesetzgebungskompetenz erreicht werden.

Die Grundsatzgesetzgebung ist außerdem nicht geeignet, um Gemeinschaftsrecht effektiv umzusetzen.[635] Wie im Fall der Rahmengesetzgebungskompetenz ist zur Umsetzung des Gemeinschaftsrechts ein zweistufiges Verfahren erforderlich. Dieses Verfahren führt zu einer massiven Zeitverzögerung, so dass eine fristgerechte Umsetzung kaum möglich erscheint. Auch im Fall der Grundsatzgesetzgebung müssen die Landesgesetzgeber zunächst abwarten, was vom Bundesgesetzgeber als „Grundsatz“ umgesetzt wird und was anschließend von ihnen umzusetzen ist. Aufgrund des hohen Einflusses des Gemeinschaftsrechts ist eine neue Gesetzgebungskompetenz, die zu Verzögerungen bei der Anwendung des Gemeinschaftsrechts führt, wenig zweckmäßig.

Entscheidend ist aber, dass eine Abgrenzung zwischen Grundsätzen und Detailregelungen sehr schwierig ist.[636] Die Festlegung der Maßnahmen, die vom Bund normiert werden dürfen, ist schwierig. Der Begriff der Grundsätze ist genauso unbestimmt und konturlos wie der Begriff der Rahmenvorschrift. Gerade diese Abgrenzungsschwierigkeiten werden auch weiterhin zu zahlreichen Bund – Länder – Streitigkeiten führen, die diese Frage jeweils im Einzelfall klären wollen. Eine solche Rechtslage führt aber nicht zu den gewünschten Zielen der Ein-

---

634 Koch/Mechel, NuR 2004, 283.

635 Huber, Kommissionsdrucksache 0008, S. 11; Meyer, Kommissionsdrucksache 0013, S. 4.

636 Ebenso Huber, a.a.O., S. 11; Koch/Mechel, NuR 2004, 283; Meyer, a.a.O., S. 4.

fachheit und Transparenz, so dass die Einführung einer Grundsatzgesetzgebungskompetenz anstelle oder neben der Rahmengesetzgebungskompetenz schon aus diesen allgemeinen Gründen abzulehnen ist.[637]

3. Grundsatzgesetzgebung und Umweltziele

Obwohl die Einführung einer Grundsatzgesetzgebungskompetenz schon aus Gründen allgemeiner Natur abzulehnen ist, ist die Frage zu beantworten, ob sich mit ihr die unter Kapitel 2 dargestellten Umweltziele verwirklichen lassen oder ob sie auch aus umweltrechtlichen Gesichtspunkten abzulehnen ist. Sollte mit der Grundsatzgesetzgebungskompetenz ein effektiver Umweltschutz möglich sein, so müssen mit ihrer Hilfe integrierte Umweltschutzregelungen erlassen werden können. Dies ist aber aus denselben Gründen wie bei der Rahmengesetzgebungskompetenz nicht möglich, da beide Kompetenztypen trotz ihrer Unterschiede viele Gemeinsamkeiten haben, die integrierte Regelungen erschweren, wenn nicht gar unmöglich machen. Dazu gehört insbesondere der begrenzte Spielraum des Bundesgesetzgebers, der es ihm nicht möglich macht, ein einheitliches Anlagenzulassungsrecht zu erlassen. Da weiterhin Umweltschutzkompetenzen lediglich der Grundsatzgesetzgebungskompetenz unterliegen sollen, können detaillierte notwendige Regelungen nicht erlassen werden. Eine solche Kompetenz führt deshalb im Bereich des integrierten Umweltschutzes zu keinem Vorteil gegenüber der Rahmengesetzgebungskompetenz.

Die Grundsatzgesetzgebungskompetenz ist zur Umsetzung von Gemeinschaftsrecht ebenfalls nur bedingt tauglich. Aufgrund ihrer Struktur, die nur begrenzt Regelungsmöglichkeiten des Bundes erlaubt, entstehen dieselben rechtlichen Probleme wie bei der Rahmengesetzgebungskompetenz.[638] Sie erfordert gleichfalls ein zweistufiges Gesetzgebungsverfahren von Bund und Ländern und ist somit in der Regel sehr zeitaufwändig. Ebenso wie bei der Rahmengesetzgebungskompetenz bleibt die Frage der Haftung im Falle einer Verurteilung zur Zwangsgeldzahlung ungeklärt.

Auch aus wirtschaftlicher Sicht spricht nichts für eine Grundsatzgesetzgebungskompetenz. Vielmehr wird dadurch die Rechtszersplitterung weiter gefördert und die Wettbewerbsverzerrungen zwischen den einzelnen Ländern weiter verschärft. Die Grundsatzgesetzgebungskompetenz wird nicht zu einer Verein-

---

637 So auch Koch/Mechel, NuR 2004, 283; Jochum, ZRP 2002, 255ff., 259; Schwanengel, DÖV 2004, 553ff., 557f.; Meyer, Kommissionsdrucksache 00013, S. 4; Huber, Kommissionsdrucksache 0008, S. 11; Huber, Gutachten D für den 65. Deutschen Juristentag, 2004, S. D 61.

638 Huber, Kommissionsdrucksache 0008, S. 11; Meyer, a.a.O., S. 4.

heitlichung von Wasserentnahmeentgelt oder einer Ausgleichszahlung bei naturschutzrechtlichen Eingriffen führen. Bundeseinheitlich kann lediglich festgesetzt werden, ob ein solches Entgelt oder eine solche Abgabe grundsätzlich erhoben werden muss. Die Höhe und die nähere Ausgestaltung eines Entgelts oder einer Abgabe obliegen wieder dem Landesgesetzgeber mit der Folge, dass unterschiedliche Wettbewerbsbedingungen herrschen. Die Gefahr eines „race-to-the-bottom"-Wettbewerbs zu Lasten der Umwelt besteht wie im Falle der Rahmengesetzgebungskompetenz ebenfalls.

Dieselben Schwierigkeiten entstehen auch beim grenzüberschreitenden Umweltschutz. Da der Bund lediglich Grundsätze aufstellen darf, ist es ihm auch in diesem Fall verwehrt, detaillierte bundeseinheitliche Regelungen zu erlassen. Daher ist die Grundsatzgesetzgebungskompetenz keine taugliche Kompetenznorm, um die Umweltschutzziele, die für einen effektiven Umweltschutz dringend erforderlich sind, rechtlich umzusetzen.

4. Schlussfolgerung

Eine Grundsatzgesetzgebungskompetenz ist im Bereich des Umweltrechts nicht zu befürworten. Dafür sprechen schon allgemeine Gesichtspunkte, wie die schwierige Abgrenzung zwischen Grundsätzen und Detailregelungen, die auch schon bei der Rahmengesetzgebung zu erheblichen Problemen geführt hat. Des Weiteren lassen sich integrierte Umweltschutzregelungen, grenzübergreifender Umweltschutz und Wirtschaftsrahmenbedingungen lediglich im selben Maße wie bei der Rahmengesetzgebungskompetenz verwirklichen und bedeuten daher keinen Fortschritt im Bereich des Umweltrechts. Die Grundsatzgesetzgebungskompetenz erfordert außerdem ein zweistufiges Gesetzgebungsverfahren bei der Umsetzung von Gemeinschaftsrecht. Ungeklärt bleibt auch die Haftungsfrage zwischen Bund und Ländern, so dass auch im Bereich der Europarechtstauglichkeit kein Fortschritt mit Hilfe der Grundsatzgesetzgebungskompetenz erzielt werden kann. Eine Grundsatzgesetzgebungskompetenz löst somit nicht die vorhandenen Probleme und ist daher aus Sicht der Umweltrechtswissenschaft abzulehnen.

IV. Auffanggesetzgebungskompetenz mit Zugriffsrecht

1. Struktur

Ein weiterer Vorschlag, der im Rahmen der Beratungen der Bundesstaatskommission gemacht wurde, betrifft die Einführung einer Auffanggesetzgebungskompetenz mit Zugriffsrecht.[639] Ausgangspunkt der Überlegungen von *Kloepfer*[640] ist, dem Bund eine umfassende subsidiäre Umsetzungskompetenz bezüglich des Gemeinschaftsrechts zuzuweisen.[641] Von dem so erlassenen Bundesrecht können die Länder dann im Rahmen ihrer Zuständigkeiten abweichen. Vorteil dieser Regelung sei die fristgerechte Umsetzung von Gemeinschaftsrecht ohne dass zugleich eine dauerhafte Zentralisierung durch diese erfolgen müsse. Das erlassene Bundesrecht erhalte so den Charakter einer (vorläufigen) Vorabumsetzung. Dagegen entspricht der Vorschlag von *Huber*[642] inhaltlich genau den von anderen vorgeschlagenen Zugriffsrechten im Bereich der konkurrierenden Gesetzgebungskompetenz. Lediglich die Benennung dieses Kompetenztyps wird von ihm anders gewählt. Inhaltlich ergeben sich zu den Vorschlägen der konkurrierenden Gesetzgebungskompetenz mit Zugriffsrechten keine Unterschiede, so dass eine Betrachtung in diesem Abschnitt entfällt.[643]

2. Kritik

Dabei ergeben sich im Wesentlichen zwei Kritikpunkte. Mit Hilfe der Auffanggesetzgebungskompetenz erfolgt nur eine Vorabumsetzung des Gemeinschaftsrechts. Eine vollständige und gemeinschaftsrechtkonforme Umsetzung von Richtlinien liegt im Bundesstaat allerdings erst dann vor, wenn der letzte Gliedstaat die umzusetzenden Akte erfüllt hat.[644] Solange ein Gliedstaat seiner Umsetzungsverpflichtung nicht nachgekommen ist, droht ein Verfahren vor dem EuGH.[645] Im Bereich des Zugriffsrechts stellt sich die Frage, ab wann eine vollständige Umsetzung vorliegt. Zunächst hat der Bund auf Grund seiner Auffanggesetzgebungskompetenz das Gemeinschaftsrecht umzusetzen. Wenn allerdings nach diesem Akt die Aussicht besteht, dass ein oder mehrere Länder von dem Bundesgesetz abweichen wollen bzw. diese Abweichungen aufgrund der Struktur der Auffanggesetzgebungskompetenz von vornherein geplant sind, stellt sich die Frage,

---

639 Huber, Kommissionsdrucksache 0008, S. 8ff.; ders., Gutachten D für den 65. Deutschen Juristentag, S. D 58f.; Kloepfer, DÖV 2004, 566ff., 569.

640 Kloepfer, a.a.O., 569.

641 S. auch 65. Deutscher Juristentag Bonn 2004, Beschlüsse, D. Abteilung Öffentliches Recht, Nr. 11a.

642 Huber, Kommissionsdrucksache 0008, S. 8ff.; Huber, Gutachten D für den 65. Deutschen Juristentag, S. D 58f.

643 Siehe dazu Kapitel 4 VI 1.

644 Vgl. auch Westbomke, EurUP 2004, 122ff., 123.

645 So erfolgte zuletzt die Verurteilung wegen der mangelhaften Umsetzung der UVP-Richtlinie auf Grund der Regelungen in Rheinland-Pfalz und Nordrhein-Westfalen, vgl. EuGH, Rs. C-531/03 (Kommission/Deutschland) = NVwZ 2005, 673ff.

ob von einer vollständigen Umsetzung gesprochen werden kann, da noch nicht abzusehen ist, wie die Länder die Materie regeln werden. Es ist nicht auszuschließen, dass die Kommission den Standpunkt vertritt, dass eine vollständige Umsetzung erst dann vorliegt, wenn entweder alle Länder auf einen Zugriff verzichtet haben oder alle angekündigten Zugriffe erfolgt sind. Die Folge wäre eine Verfahrensverlängerung, die wieder zu einem Zwangsgeldverfahren führen kann. Verantwortlich für die Verurteilung zur Zahlung des Zwangsgeldes wären ein oder mehrere Länder. Dadurch würde sich wieder die Frage nach dem Bund-Länder-Regress stellen, da der Bund im Außenverhältnis haftet. Unabhängig davon besteht die Möglichkeit, dass ein Gliedstaat im Rahmen seines Zugriffsrechts ein Gesetz erlässt, welches dem Gemeinschaftsrecht widerspricht. Dann besteht noch nach der Vorabumsetzung durch den Bund die Gefahr, dass das Gemeinschaftsrecht nicht vollständig umgesetzt ist. Auch in solchen Fällen kann als letzte Konsequenz eine Zwangsgeldklage erhoben werden.

Problematisch ist ein Zugriffsrecht ebenfalls im Hinblick auf das Verhältnis zu Art. 31 GG.[646] Art. 31 GG regelt die Lösung von Kollisionen zwischen Bundesrecht und Landesrecht.[647] Sie wird als „fundamentale Grundgesetzbestimmung", als „Grundsatznorm" für die Bundesstaatliche Struktur bezeichnet.[648] Der Charakter als bloße Kollisionsnorm und nicht als Kompetenznorm wurde vom Bundesverfassungsgericht mehrfach betont.[649] Die Funktion der Norm liegt darin, die einer bundesstaatlichen Ordnung immanenten Kollisionen zwischen Bundes- und Landesrecht im Interesse der Rechtssicherheit klar aufzulösen.[650] Art. 31 GG kommt dieser Funktion nach, indem er bestimmt, dass Bundesrecht Landesrecht vorgeht. Da die Norm keine Kompetenznorm ist, kommt sie lediglich dann zur Anwendung, wenn Landesrecht bundesrechtlichen Rahmenvorschriften widerspricht[651] oder wenn Landesrecht gegen Bundesrecht verstößt, das nicht auf demselben Kompetenztitel beruht.[652] Diese Kollisionsregelung wird jedoch durch die Einführung eines Zugriffsrechts außer Kraft gesetzt. Der neue Kompetenztyp der Auffanggesetzgebung mit Zugriffsrecht begründet seiner Art nach im Bereich des Gemeinschaftsrechts eine umgekehrte konkurrierende Gesetzgebungskompetenz. Durch die Möglichkeit eines Zugriffs durch die Länder

646 Renzsch, ZSE 2004, 94ff., 99; Kirchhof, DVBl. 2004, 981; Haug, DÖV 2004, 190ff., 194; Kirchhof, Kommissionsdrucksache 0011, S. 6; Scholz, Kommissionsdrucksache 0005, S. 6.
647 Pieroth, in: Jarass/Pieroth, GG, Art. 31 Rn. 31.
648 BVerfGE 36, 342, 362, 365.
649 BVerfGE 26, 116, 135; 36, 342, 363.
650 S. nur Huber, in: Sachs (Hrsg.), GG, Art. 31 Rn. 2.
651 BVerfGE 51, 77, 90ff.
652 Stern, Staatsrecht I, S. 719.

erhält das Landesgesetz den Vorrang vor dem Bundesgesetz. Dadurch würde jedoch die Grundregel des Art. 31 GG, wonach Bundesrecht Landesrecht bricht, nicht mehr gelten und sogar in ihrer Bedeutung umgedreht. Die Folge einer solchen Auffanggesetzgebungskompetenz mit Zugriffsrecht wären länderindifferente Normenlagen und partielles Bundesrecht,[653] was letztendlich zu einer Rechtsunsicherheit beim Rechtsanwender im Falle eines Normkollisionsfalls führt.[654] Im Gegensatz zur heutigen Rechtslage müsste der Rechtsanwender für jeden Sachbereich prüfen, ob in diesem bestimmten Fall Bundesrecht oder Landesrecht vorgeht. Dies würde davon abhängen, ob es sich um eine gemeinschaftsrechtliche Vorgabe handelt, für die die Länder ein Zugriffsrecht besitzen. Es wird für den Rechtsanwender also schwieriger herauszufinden, nach welchem Gesetz er sich zu richten hat. Des Weiteren kann der Rechtsanwender auf eine einfachgesetzliche Regelung des Bundes nicht mehr vertrauen, da er damit rechnen muss, dass einzelne Länder von ihrem Zugriffsrecht Gebrauch machen werden. Langfristige Planungen, die gerade im Bereich der Wirtschaft unverzichtbar sind, würden sich als problematisch erweisen, da für die Verantwortlichen nicht absehbar ist, welcher Rechtszustand wie lange andauert.[655] Fraglich ist auch, wie der Bundesstaat mit einem Flickenteppich von Bundesrecht, das in manchen Ländern voll, in anderen teilweise und in dritten gar nicht gelten würde, und daneben Teil- oder Vollnormierungen einzelner Länder im Rahmen der Globalisierung und im Rahmen der europäischen Integration funktionieren würde.[656] Ferner würde die Auffanggesetzgebung mit Zugriffsrecht durch die faktische Umkehrung der Grundsätze der konkurrierenden Gesetzgebungskompetenz erhebliche Risiken für die künftige Effizienz wie Transparenz der bundesstaatlichen Gesetzgebungsordnung auslösen.[657] Für den Rechtsanwender dürfte es schwer nachzuvollziehen sein, wer für welche Sachmaterie verantwortlich ist. Der Vorschlag zur Einführung einer Auffanggesetzgebungskompetenz mit Zugriffsrecht stellt daher einen Systembruch dar[658] und ist deshalb abzulehnen.

3. Auffanggesetzgebungskompetenz und Umweltziele

Die vorgeschlagene Auffanggesetzgebungskompetenz stellt nur eine Ergänzung im Bezug auf die Anforderungen des Gemeinschaftsrechts dar. An der gegebenen

653 Kirchhof, DVBl. 2004, 981.
654 Haug, DÖV 2004, 194.
655 Kirchhof, DVBl. 2004, 981.
656 Haug, DÖV 2004, 194.
657 Scholz, Kommissionsdrucksache 0005, S. 6.
658 Renzsch, ZSE 2004, 99.

Verteilung der Sachmaterien innerhalb der verschiedenen Gesetzgebungskompetenzen ändert der Vorschlag nichts, so dass die Umweltkompetenzen weiterhin über alle vorhandenen Kompetenztypen verstreut bleiben. Insbesondere bleiben bei diesem Vorschlag die Sachbereiche des Wasserhaushalts und des Naturschutzes und der Landschaftspflege weiterhin bei der Rahmengesetzgebungskompetenz. Die in Kapitel 2 erörterten Probleme bestehen folglich im Grundsatz unverändert fort.

Im Bereich der integrativen Umweltgesetzgebung lassen sich durch die Auffanggesetzgebungskompetenz zunächst Verbesserungen feststellen. Der Bund hat danach die Möglichkeit, umfassend integrative Regelungen zu erlassen, soweit diese der Umsetzung von Gemeinschaftsrecht dienen. Durch das Zugriffsrecht besteht dann die Möglichkeit, dass die Länder im Rahmen der ihnen nach dem Grundgesetz zugewiesenen Sachbereiche, also hinsichtlich der Regelungen, die etwa den Wasserhaushalt betreffen, mit Hilfe des Zugriffsrechts gesetzgeberisch tätig werden, und dadurch die bundeseinheitlichen Regelungen durch eigene ersetzen. Ein gesamthafter Ansatz wäre dann – wie bei der Rahmengesetzgebungskompetenz – nicht im gewünschten Maße zu erreichen.

Die vorgeschlagene Auffanggesetzgebungskompetenz ist grundsätzlich europatauglich. Durch sie wird regelmäßig eine fristgerechte Umsetzung ermöglicht. Allerdings gelten die staatsrechtlichen Bedenken, die bereits erörtert wurden, auch im Bereich der Umweltgesetzgebung. Sollte es außerdem durch einen Zugriff zu einer Verletzung des Gemeinschaftsrechts kommen, ist die Frage der Haftung für eine mögliche Zwangsgeldzahlung nicht geklärt.

Für einen Ausgleich zwischen Umweltgesetzgebung und Wirtschaft und für den grenzüberschreitenden Umweltschutz bringt die Auffanggesetzgebungskompetenz keinen Vorteil. Wasserhaushalt und Naturschutz und Landschaftspflege unterstehen weiterhin der Rahmengesetzgebungskompetenz, so dass dieselben Probleme mit diesen Materien bestehen, die in Kapitel 2 erörtert wurden.

4. Schlussfolgerung

Gegen die Einführung einer Auffanggesetzgebungskompetenz mit Zugriffsrecht bestehen erhebliche staatsrechtliche Bedenken, da dadurch die grundsätzliche Systematik des Vorranges von Bundesrecht gegenüber Landesrecht außer Kraft gesetzt wird. Des Weiteren werden Probleme bei der Umsetzung von Gemeinschaftsrecht nur bedingt vermieden. Aus umweltrechtlicher Sicht ist die Einführung einer Auffanggesetzgebungskompetenz mit Zugriffsrechten ebenfalls nicht zu empfehlen. Sie verhilft zu keinen Vorteilen gegenüber der derzeitigen Kompetenzverteilung.

V. Ausschließliche Gesetzgebungskompetenz

1. Struktur und Zielsetzung

Ein weiterer Vorschlag zur Neuordnung der Gesetzgebungskompetenzen sieht vor, die konkurrierende Gesetzgebungskompetenz und die Rahmengesetzgebungskompetenz abzuschaffen oder jedenfalls stark einzuschränken, um ein Trennsystem ausschließlicher Gesetzgebungskompetenzen zu fördern.[659] Es besteht keine Einigkeit darüber, ob der Bund oder die Länder die Sachbereiche des Umweltschutzes in ihre ausschließliche Gesetzgebungskompetenz erhalten. Auf der einen Seite soll der Bund die ausschließliche Gesetzgebungskompetenz für den gesamten Umweltschutzes[660] bzw. für die Sachbereiche Abfall, Luft, Lärm und Wasserhaushalt[661] erhalten. Auf der anderen Seite wird gefordert, das gesamte Umweltrecht[662] oder zumindest zahlreiche Sachbereiche[663] in die ausschließliche Gesetzgebungskompetenz der Länder zu überführen.

Die Einführung eines reinen Trennsystems hat den Vorteil, dass Abgrenzungsschwierigkeiten vermieden werden.[664] Durch die eindeutige Zuordnung der einzelnen Sachbereiche entweder an den Bund oder an die Länder ist immer bestimmt, wer ein Gesetz zu erlassen hat. Streitigkeiten über die Reichweite der Kompetenz, die bei konkurrierender Gesetzgebungskompetenz und Rahmengesetzgebungskompetenz auftreten können, sind nicht mehr möglich. Derjenige, der das Gesetz zu erlassen hat, ist allein in vollem Umfang verantwortlich. Dies führt neben der Entflechtung der Gesetzgebungszuständigkeiten zu mehr Transparenz für den Bürger, da das Grundgesetz eindeutig bestimmt, wer für die jeweilige

---

659 Spreen, ZRP 2004, 47ff., 49; Sanden, ZfU 2004, 473ff., 485; Huber, Kommissionsdrucksache 0071 neu d, S. 1f., Abgeordnetenhaus Berlin, Kommissionsdrucksache 0059, S. 2; Junge Gruppe der CDU/CSU-Bundestagsfraktion, Kommissionsdrucksache 0019, S. 6; Fraktionsvorsitzende von CDU und CSU der deutschen Länderparlamente, Kommissionsdrucksache 0048, S. 2; FDP-Fraktionsvorsitzende in den Landtagen, Kommissionsdrucksache 0058, S. 7; Scholz, Kommissionsdrucksache 0005, S. 8; a.A. Kirchhof, DVBl. 2004, 980; Koch/Mechel, NuR 2004, 286; Kirchhof, Kommissionsdrucksache 0011, S. 4.

660 Sanden, a.a.O., S. 485; Abgeordnetenhaus Berlin, a.a.O., S. 2.

661 Huber, Kommissionsdrucksache 0071 neu d, S. 1f.

662 FDP-Fraktionsvorsitzende in den Landtagen, Kommissionsdrucksache 0058, S. 7.

663 Fraktionsvorsitzende von CDU und CSU der deutschen Länderparlamente, Kommissionsdrucksache 0048, S. 2; Scholz, Kommissionsdrucksache 0005, S. 8.

664 Spreen, ZRP 2004, 49; Fraktionsvorsitzende von CDU und CSU der deutschen Länderparlamente, Kommissionsdrucksache 0048, S. 2; FDP-Fraktionsvorsitzende in den Landtagen, Kommissionsdrucksache 0058, S. 7.

Sachmaterie allein verantwortlich ist. Mehrfachzuständigkeiten oder gestufte Gesetzgebungsvorhaben sind nicht mehr erforderlich.

Mit dem reinen Trennsystem soll auch der seit Erlass des Grundgesetzes kontinuierlichen Unitarisierung der bundesstaatlichen Ordnung entgegenwirkt werden.[665] Für jeden Schritt in Richtung einer Zentralisierung bedürfe es einer Verfassungsänderung. Des Weiteren wird behauptet, dass durch ein reines Trennsystem die Eigenstaatlichkeit der Länder gefördert wird, da Kompetenzverlagerungen und Zugriffe ausgeschlossen wären.[666]

2. Kritik

Gerade die strikte Trennung ist zugleich ein erheblicher Schwachpunkt des Trennsystems. Die strikte Trennung ist zu rigide, da Sachmaterien ihre gesamtstaatliche Bedeutung im Laufe der Zeit sowohl gewinnen als auch verlieren können. Auf einen solchen Bedeutungsverlust oder Bedeutungsgewinn muss ein Kompetenzsystem reagieren können, ohne dafür Verfassungsänderungen vornehmen zu müssen.[667] Das vorgeschlagene Trennsystem erfüllt diese Voraussetzungen nicht, da es auf Änderungen nicht flexibel genug reagieren kann. Flexibilität ist ein wesentlicher Bestandteil der Handlungsfähigkeit von Bund und Ländern, die in den Einsetzungsbeschlüssen zur Kommission gerade gefordert wurde.[668] Durch ein reines Trennsystem wird dieses Erfordernis nicht erreicht und ist daher schon aus diesem Grund nicht zu empfehlen.

Ob mit Hilfe eines reinen Trennsystems die kontinuierliche Unitarisierung gestoppt werden kann, ist zweifelhaft. Die Unitarisierung des Bundesstaats erfordert schon derzeit Verfassungsänderungen. Ohne die Mitwirkung der Länder hätten nicht zahlreiche Sachbereiche in die konkurrierende Gesetzgebungskompetenz überführt bzw. neu eingefügt werden können. Ob Sachbereiche in die ausschließliche oder konkurrierende Gesetzgebungszuständigkeit des Bundes überführt werden, spielt für die Betrachtung der Unitarisierung des Bundesstaats nur eine geringe Bedeutung. Es ist daneben nicht ersichtlich, dass bei einem rigiden Trennsystem die enge Zusammenarbeit der Länder, insbesondere im Rahmen der Fachministerkonferenzen, beendet würde. Die Fachministerkonferenzen fungieren als eine Selbstkoordinierung der Länder.[669] Die Beratungen im Rahmen der

665 Huber, Kommissionsdrucksache 0008, S. 7.
666 Kirchhof, DVBl. 2004, 980.
667 Kirchhof, DVBl. 2004, 980; Huber, Kommissionsdrucksache 0008, S. 7; Kirchhof, Kommissionsdrucksache 0011, S. 4.
668 BT-Drs. 15/1685, S. 1; BR-Drs. 750/03, S. 1.
669 Maunz, in: Maunz/Dürig, GG, Art. 50 Rn. 11 (Loseblatt, Stand: Oktober 1999).

Fachministerkonferenzen bezwecken zum einen koordinierende Absprachen der Länder untereinander über die Länderaufgaben und dienen zum anderen der Koordination mit Bundeskanzler und Bundesregierung über wichtige politische Fragen.[670] Diese Abstimmung zwischen den Ländern schlägt sich entweder in Verwaltungsabkommen und Staatsverträgen nieder oder führt zu weitestgehend inhaltsgleichen Landesgesetzen. Der damit erzielte Gewinn bundeseinheitlicher Regelung führt allerdings zu einem Autonomieverlust der Länder, insbesondere der Landesparlamente,[671] und verstärkt damit den Zug zum unitarischen Bundesstaat erheblich.[672] Das reine Trennsystem ist daher nicht per se ein Garant für ein Entgegenwirken der kontinuierlichen Unitarisierung.

Des Weiteren wird die Eigenstaatlichkeit nur dann gefördert, wenn die Länder diese Aufgaben als eigene wahrnehmen. Doch es ist zu erwarten, dass es auch unter dem Einfluss eines Trennsystems zu gleichlautender Gesetzgebung kommen würde. Schon jetzt wird die Eigenstaatlichkeit der Länder in ihren ureigensten Kompetenzbereichen häufig durch sie selbst begrenzt.[673] Im Bereich des Ordnungsrechts sind diverse Mustergesetze von den Ländern übernommen worden. So richten sich die Landesbauordnungen in ihren Grundzügen nach einer Musterbauordnung, die von einer Kommission bestehend aus den Fachministerien von Bund und Ländern ausgearbeitet wurde.[674] Die Ausarbeitung der Musterbauordnung geht auf die Bad-Dürkheimer Vereinbarung vom 21. Januar 1955 zurück, in der vereinbart wurde, dass der Bund von seinem Gesetzgebungsrecht im Bereich der baupolizeilichen Vorschriften keinen Gebrauch macht, wenn die Länder das Bauaufsichtsrecht einheitlich regeln.[675] Durch die Musterbauordnung stimmen die Landesbauordnungen vor allem in materiell-rechtlicher Hinsicht im wesentlichen überein, wobei Unterschiede etwa bei der Behandlung sozialer oder ökologischer Belange, bei den Abstandsvorschriften und bei den Regelungen über die Stellplatzpflicht bestehen.[676] Die Gesetzgebungsvielfalt und damit die Abweichungen im Bauordnungsrecht halten sich in Grenzen.[677] Auch im Bereich des Polizeirechts fand durch den Musterentwurf für ein einheitliches Polizeige-

---

670 Vgl. Hofmann, in: Schmidt-Bleibtreu/Klein (Hrsg.), GG, Art. 50 Rn. 33.

671 Krebs, in: v. Münch/Kunig, GG II, Art. 50 Rn. 9 m.w.N.

672 Sommermann, in: v. Mangoldt/Klein/Stark, GG II, Art. 20 Rn. 31; Hesse, Der unitarische Bundesstaat, S. 19ff.

673 Zypries, ZRP 2003, 266.

674 Vgl. Musterbauordnung (MBO) von 1959 und MBO von 1981 i.d.F. von 1996.

675 Zur Entstehungsgeschichte vgl. Ley, NVwZ 1983, 599ff.

676 Brohm, Öffentliches Baurecht, 3. Aufl. 2002, § 4 Rn. 1.

677 Vgl. auch die Ausführungen der Konferenz der für das Bau-, Wohnungs- und Siedlungswesen zuständigen Minister der Länder (ARGE-Bau) bei Ley, NVwZ 1983, 600.

setz (MEPolG) eine weitestgehende Vereinheitlichung statt.[678] Durch die erhebliche Zahl der Fachministerkonferenzen besteht weiterhin die Gefahr, dass die Eigenstaatlichkeit der Länder nur eine theoretische bleibt. Allerdings wäre dies im Gegensatz zur derzeitigen Situation eine selbst verschuldete Tendenz zur Unitarisierung und daher zumindest grundsätzlich ein Gewinn für die Länder. Entscheidend ist insoweit die Wahrung der Regelungsautonomie der Länder: Bei einer koordinierten Ländergesetzgebung bleibt sie im Grundsatz erhalten.[679] Zu beachten ist, dass der Bund auch in dieser Situation die Möglichkeit hat, auf Landesrecht Einfluss zu nehmen. Bei Sachmaterien, die durch Gemeinschaftsrecht überlagert werden, kann der Bund Einfluss auf die Ländergesetzgebung nehmen.[680] Durch seine Mitwirkung am gemeinschaftsrechtlichen Rechtssetzungsverfahren besteht die Möglichkeit, dass der Bund Regelungen erwirkt, die in seinem Interesse sind, im bundesstaatlichen Gefüge aber in den Bereich der Länder fallen. Die Bindungswirkung des Gemeinschaftsrechts erfordert dann, dass die Länder diese Regelungen anzuwenden haben.

3. Ausschließliche Gesetzgebungskompetenz des Bundes und Umweltziele

Obwohl schon aus allgemeinen Gründen ein rigides Trennsystem abzulehnen ist, soll untersucht werden, wie sich die Verlagerung der Umweltmaterien in die ausschließliche Gesetzgebung des Bundes oder der Länder auswirkt. Die Befürworter einer Verlagerung des Umweltschutzes in die ausschließliche Kompetenz des Bundes argumentieren, dass damit die Grundlage für die längst überfällige Erstellung eines Umweltgesetzbuches geschaffen wird.[681] Zur Schaffung eines Umweltgesetzbuches ist eine ausschließliche Kompetenz des Bundes aber nicht erforderlich. Ausreichend ist schon eine konkurrierende Gesetzgebungskompetenz. So scheiterte das geplante Umweltgesetzbuch nicht etwa daran, dass der Bund keine ausschließliche Gesetzgebungskompetenz besaß, sondern allein an der Tatsache der begrenzten Rahmengesetzgebungskompetenz im Bereich Wasserhaushalt und Naturschutz und Landschaftspflege. Eine ausschließliche Gesetzgebungskompetenz ist außerdem für den Bereich des Umweltschutzes zu eng. So ist nicht in jedem Fall eine bundesrechtliche Regelung erforderlich. Teilweise ist es sinnvoll, dass die Länder Teilbereiche einer Umweltmaterie eigenverantwortlich regeln. Es gibt sowohl zum Immissionsschutz- als auch zum Abfallrecht eigen-

678 Zur Entstehungsgeschichte vgl. Knemeyer, Polizei- und Ordnungsrecht, 8. Aufl. 2000, § 1 Rn. 12. Der Musterentwurf ist dort im Anhang Rn. 549 abgedruckt.
679 Depenheuer, ZG 2003, 187.
680 Haug, DÖV 2004, 195.
681 Abgeordnetenhaus Berlin, Kommissionsdrucksache 0059, S. 2.

ständige Landesgesetze, die die Bundesgesetze sinnvoll ergänzen. Diese wären bei einer ausschließlichen Kompetenz nicht ohne weiteres zulässig, da Landesgesetze aufgrund der Sperrwirkung des Bundesgesetzes grundsätzlich unzulässig sind.[682] Die Sperrwirkung tritt ausnahmsweise nicht ein, wenn die Länder in einem ausschließlichen Bundesgesetz ausdrücklich zur Gesetzgebung ermächtigt werden. Sinn der Delegationsbefugnis ist „die Notwendigkeit oder Zweckmäßigkeit einer regional differenzierten Sachregelung."[683] Eine solch differenzierte regionale Sachregelung liegt aber im Bereich des Naturschutzes und der Landschaftspflege häufig vor. Wären folglich häufiger Ermächtigungen zugunsten der Landesgesetzgeber erforderlich, würde dadurch wiederum der positive Effekt der klareren Verantwortlichkeit verloren gehen. Auch aus diesem Grund ist daher eine ausschließliche Gesetzgebungskompetenz im Bereich des Umweltschutzes nicht erforderlich.

Integrierter Umweltschutz lässt sich durch eine ausschließliche Gesetzgebungskompetenz auf dem Gebiet des Umweltschutzes ohne weiteres erreichen. Durch die umfassende Kompetenz ist es möglich, ein gesamthaftes, medienübergreifendes Anlagenzulassungsrecht bundesweit zu erlassen. Die Problematik des Verhältnisses der verschiedenen Gesetzgebungszuständigkeiten zueinander, die bei der Rahmengesetzgebungskompetenz aufgetreten ist, besteht durch eine umfassende Kompetenz nicht mehr.

Die ausschließliche Gesetzgebungskompetenz ist auch europatauglich. Die Umsetzung von Gemeinschaftsrecht wird durch die klare Zuweisung allein an den Bund erheblich vereinfacht. Sachliche Schwierigkeiten, die bisher bei der Rahmengesetzgebungskompetenz vor allem im Bereich des integrativen Umweltschutzes aufgetreten sind, werden durch die alleinige Zuweisung an den Bund vermieden. Die Gefahr, wegen einer nicht fristgerechten Umsetzung verurteilt zu werden, würde durch diese Zuweisung ebenfalls erheblich sinken. Im Gegensatz zur Rahmengesetzgebungskompetenz entfällt ein zweistufiges Rechtsetzungsverfahren. Umsetzungen von Gemeinschaftsrecht bedürfen daher kürzerer Zeit, da auf die Gesetzgebungsverfahren der Länder verzichtet werden kann. Sollte es dennoch zu einer nicht frist- oder sachgerechten Umsetzung kommen, ist die Verantwortlichkeit bei einer möglichen Zwangsgeldzahlung geklärt. Der Bund als allein Verantwortlicher würde sowohl im Außenverhältnis als auch im „Innenverhältnis" haften, Regressprobleme daher nicht entstehen.

Eine ausschließliche Gesetzgebungskompetenz des Bundes hätte auch zur Folge, dass die Probleme der Wirtschaft, die im Bereich der Rahmengesetzgebungskompetenz entstehen, nicht auftreten würden. Unterschiedliche Wettbe-

---

682 S. nur Pieroth, in: Jarass/Pieroth, GG, Art. 71 Rn. 2.
683 BVerfGE 18, 407, 418.

werbsbedingungen, wie zurzeit im Bereich des Wasserentnahmeentgelts, wären nicht mehr möglich. Wenn eine Abgabe erhoben werden würde, würde sie bundesweit erhoben, so dass an jedem Standort hinsichtlich umweltrechtlicher Vorschriften gleiche Wettbewerbsbedingungen herrschen würden. Ein möglicher „race-to-the-bottom"-Wettbewerb zu Lasten der Umwelt könnte nicht zwischen den Ländern stattfinden. Allerdings ist die ausschließliche Kompetenz in diesem Bereich zu rigide. Es darf nicht vergessen werden, dass gerade im Schnittstellenbereich zwischen Umwelt und Wirtschaft Landesrecht oft wichtige Impulse gesetzt hat. Gerade im Bereich des Abfallrechts hat sich gezeigt, dass die Länder etwa bei der Entwicklung neuer Instrumente zur Verbesserung der Vermeidung und Verwertung von Abfällen initiativ gewesen sind.[684] Solche Landesinitiativen sind bei einer ausschließlichen Gesetzgebungskompetenz des Bundes grundsätzlich nicht mehr möglich, allenfalls dann, wenn der Bundesgesetzgeber im Bundesgesetz die Länder ausdrücklich zur Gesetzgebung ermächtigt. In diesem Fall wäre die klare Verantwortungsteilung wieder aufgehoben. Eine ausschließliche Gesetzgebungskompetenz beseitigt zwar die Probleme der Rahmengesetzgebungskompetenz im Bereich der Wirtschaft, ist aber gleichzeitig zu starr und unflexibel und daher nicht zu empfehlen.

Grenzüberschreitender Umweltschutz ist mit Hilfe einer ausschließlichen Gesetzgebungszuständigkeit des Bundes ebenfalls ohne weiteres zu erreichen. Ein bundeseinheitliches Hochwasserschutzgesetz könnte ohne die zurzeit bestehenden Kompetenzschwierigkeiten erlassen werden.

Die Umweltzielvorstellungen können mit Hilfe einer ausschließlichen Gesetzgebungskompetenz des Bundes ohne Schwierigkeiten erreicht werden. Die bei der Anwendung der Rahmengesetzgebungskompetenz aufgeworfenen Probleme entstehen in diesem Fall nicht. Ein Spielraum für länderrechtliche Innovationen, wie sie bei Anwendung der konkurrierenden Gesetzgebungskompetenz möglich sind, besteht grundsätzlich nicht. Nur wenn Regelungen der Länder ausdrücklich zugelassen werden, besteht diese Innovationsmöglichkeit. Gleichzeitig wird damit aber der große Vorteil der klaren Verantwortlichkeit aufgegeben, so dass im Vergleich zur konkurrierenden Gesetzgebungskompetenz kein weiterer Vorteil verbleibt. Eine ausschließliche Gesetzgebungskompetenz des Bundes erweist sich somit auch im Bereich des Umweltrechts als zu rigide und unflexibel, so dass sie nicht zu empfehlen ist.

684 Schink, UPR 2004, 208.

4. Ausschließliche Gesetzgebungskompetenz der Länder und Umweltziele

Würde die gesamte Sachmaterie Umwelt der ausschließlichen Gesetzgebungskompetenz der Länder zugeordnet, wäre ein integratives Umweltrecht nur bedingt möglich. Auf der jeweiligen Länderebene wäre ein integrierter Umweltschutz durch die gesamte Zuweisung der Umweltmaterien möglich. Ein gesamthaftes, medienübergreifendes bundeseinheitliches Anlagenzulassungsrecht wäre nicht zu erreichen. Dies wäre lediglich durch entsprechende Musterentwürfe für die Landesgesetzgeber und Absprachen im Rahmen von Fachministerkonferenzen möglich. Sollte auf diesem Wege jedoch eine Rechtsangleichung der Länder erfolgen, wäre der Sinn und Zweck der Zuordnung der Sachmaterie Umwelt zur ausschließlichen Gesetzgebungskompetenz der Länder in Frage gestellt. In einem solchem Fall könnte die Materie auch dem Bund zugewiesen werden. Ein medienübergreifendes Anlagenzulassungsrecht, welches bundeseinheitlich gilt, ist daher mit einer ausschließlichen Gesetzgebungskompetenz der Länder nicht zu erreichen. Durch unterschiedliche Länderregelungen wird der Schutzzweck des integrativen Ansatzes nicht ausreichend verwirklicht, so dass eine ausschließliche Gesetzgebungskompetenz der Länder nicht geeignet ist.

Die Zuweisung der Sachmaterie Umwelt zur ausschließlichen Gesetzgebungszuständigkeit der Länder ist nur teilweise europatauglich. Es wird zwar ein zweistufiges Gesetzgebungsverfahren vermieden, allerdings sind immer noch 16 Rechtsakte zur Umsetzung eines Gemeinschaftsrechtsakts erforderlich. Bei der 16fachen Umsetzung können sowohl sachliche als auch zeitliche Probleme auftauchen, da eine vollständige Umsetzung nur dann vorliegt, wenn *alle* 16 Länder die Vorgaben des Gemeinschaftsrechts sachlich und zeitlich vollständig umgesetzt haben. Die Gefahr einer Verletzung des Gemeinschaftsrechts ist daher im Gegensatz zur einfachen Umsetzung bei *einer* Bundeszuständigkeit erhöht. Sollte ein Land das Gemeinschaftsrecht nicht rechtzeitig umgesetzt haben, könnte die Bundesrepublik zu einem Zwangsgeld verurteilt werden. In diesem Fall würde – wie im Fall der Rahmengesetzgebungskompetenz – das Problem der Haftung im Innenverhältnis bestehen. Ohne eine Lösung dieses Problems ist eine Zuweisung der Sachmaterie Umwelt zur ausschließlichen Gesetzgebungszuständigkeit der Länder nicht praxistauglich. Die Befürworter einer Verlagerung zu Gunsten der Länder haben dieses Problem nicht gesehen.[685]

---

685 Vgl. die Vorschläge der Fraktionsvorsitzenden von CDU und CSU der deutschen Länderparlamente, Kommissionsdrucksache 0048, S. 2; FDP-Fraktionsvorsitzende in den Landtagen, Kommissionsdrucksache 0058, S. 7; Scholz, Kommissionsdrucksache 0005, S. 8.

Bedenken bestehen auch gegenüber einem Ausgleich zwischen Umwelt- und Wirtschaftsinteressen. Die Probleme, die im Bereich der Rahmengesetzgebungskompetenz entstehen, werden durch eine ausschließliche Gesetzgebungskompetenz der Länder nicht beseitigt. Es würde weiterhin die Möglichkeit bestehen, dass die Länder unterschiedliche Umweltabgaben festsetzen und somit den Wettbewerb verzerren. Unternehmen stünden weiterhin einem Flickenteppich aus unterschiedlichen Umweltgesetzen gegenüber. Durch fehlendes Bundesrecht würde die Gefahr eines „race-to-the-bottom“-Wettbewerbs steigen.

Grenzüberschreitender Umweltschutz lässt sich auch nicht mit einer ausschließlichen Gesetzgebungskompetenz der Länder erreichen. Da bundeseinheitliche Regelungen nicht möglich wären, würden Umweltschutzregelungen an den jeweiligen Landesgrenzen enden. Ein bundesweites Hochwasserschutzkonzept wäre damit grundsätzlich nicht zu erreichen. Grenzüberschreitender Umweltschutz wäre lediglich möglich, wenn sich die Länder in diesem Bereich absprechen würden, sei es durch Staatsverträge oder im Rahmen von Fachministerkonferenzen. Dabei würde der erwünschte Vorteil der klaren Verantwortungszuweisung entfallen. Des Weiteren würde sich die Frage stellen, warum diese Sachmaterie den Ländern zugewiesen wird, wenn diese wiederum vereinbaren, gleichlautende Gesetze zu erlassen. Die Zuweisung an die Länder würde damit ad absurdum geführt.

5. Schlussfolgerung

Für die Zuordnung der Sachmaterie Umwelt in eine ausschließliche Kompetenz des Bundes oder der Länder spricht, dass Abgrenzungsschwierigkeiten vermieden werden und die Verantwortung klar verteilt wird. Diese Rigidität ist aber zugleich der größte Nachteil des reinen Trennsystems, da es nicht flexibel auf sich wandelnde Gegebenheiten reagieren kann. Schon aus diesem Grund ist eine Zuordnung der Sachmaterie Umwelt in eine ausschließliche Gesetzgebungskompetenz nicht zu empfehlen. Zwar lassen sich mit Hilfe einer ausschließlichen Bundeskompetenz die gewünschten Umweltziele verwirklichen, doch wäre dieser Kompetenztyp für den Bereich des Umweltschutzes zu eng. Gegen eine Verlagerung in die ausschließliche Gesetzgebungszuständigkeit der Länder sprechen die mangelnde Möglichkeit, integrative Regelungen zu erlassen, das ungelöste Problem der Haftungsfrage bei gemeinschaftsrechtlichen Zwangsgeldforderungen, die Wettbewerbsverzerrungen im Wirtschaftsbereich und die fehlende Möglichkeit, grenzüberschreitenden Umweltschutz zu gewährleisten. Daher ist eine Zuordnung der Sachmaterie Umwelt in eine ausschließliche Gesetzgebungskompetenz insgesamt abzulehnen.

VI. Konkurrierende Gesetzgebungskompetenz

1. Konkurrierende Gesetzgebungskompetenz mit Zugriffsrechten der Länder

a) Struktur eines Zugriffsrechts

Von mehreren Beteiligten der Bundesstaatskommission wurde vorgeschlagen, die konkurrierende Gesetzgebungskompetenz um ein Zugriffsrecht der Länder zu erweitern.[686] Die Einführung eines Zugriffsrechts bedeutet, dass den Ländern die Möglichkeit eingeräumt wird, abweichende Landesregelungen von geltendem Bundesrecht zu schaffen. Der Unterschied zu einer Überführung von einzelnen Sachmaterien in die ausschließliche Kompetenz eines Landes liegt darin, dass die Länder zwar zur Schaffung von Landesregelungen berechtigt werden, im Gegensatz zur ausschließlichen Kompetenz jedoch nicht zur Gesetzgebung verpflichtet sind. Es liegt also im freien Ermessen eines jeden Landes, ob es auf dem Gebiet der Zugriffsmaterie gesetzgeberisch tätig werden möchte oder ob es die vorliegenden Bundesregelungen unangetastet lässt. Die Vorschläge gehen auf das Sondervotum von *Heinsen*[687] zurück, der eine solche Zugriffsgesetzgebung im Rahmen der Enquête – Kommission im Jahre 1970 vorschlug. Sie greifen die grundsätzliche Idee des Länderzugriffs auf und erweitern diese. Die Idee des Zugriffsrechts wurde in den Koalitionsverhandlungen zwischen CDU/CSU und SPD mittlerweile für den Bereich des Umweltrechts beschlossen.[688]

Ein Länderzugriff soll nicht unbeschränkt möglich sein. Das beschränkte Zugriffsrecht dient dem Interesse einer Aufrechterhaltung der grundsätzlichen Einheitlichkeit des Rechts- und Wirtschaftsraumes Deutschland und einer ausgewogenen Balance zwischen den Gesetzgebungsbefugnissen von Bund und Ländern.[689] Zur Sicherung dieser Anforderungen wurden mehrere Vorschläge gemacht. Verfahrenstechnisch kann ein Zugriffsrecht der Länder durch ein Ein-

---

686 Scharpf, Arbeitsunterlage 0025, S. 6; Wieland, Arbeitsunterlage 0027, S. 3; Benz, Kommissionsdrucksache 0071 neu c, S. 4; Scharpf, Kommissionsdrucksache 0071 neu a, S. 2f.; Präsidenten der Landtage, Kommissionsdrucksache 0038, S. 2f.; Scharpf, Kommissionsdrucksache 0014, S. 6f.; Scharpf, Kommissionsdrucksache 0007, S. 9f.; Schmidt-Jortzig, Kommissionsdrucksache 0006, S. 5f.; Präsidenten der Landtage, Kommissionsdrucksache 0051, S. 3; Positionspapier der Ministerpräsidenten, Kommissionsdrucksache 0045, S. 7; Fraktionsvorsitzende von CDU/CSU der deutschen Länderparlamente, Kommissionsdrucksache 0048, S. 2.

687 BT-Drs. 7/5924, S. 137f.

688 Vgl. Kapitel 3 I 1.

689 Bund/Länder-Arbeitsgruppe, Arbeitsunterlage 0002, S. 20.

spruchsrecht des Bundesgesetzgebers beschränkt werden.[690] Dabei sind je nach Letztentscheidungsrecht mehrere Ausgestaltungen vorstellbar. So kann ein Einspruchsrecht entweder vom Bundestag[691] oder vom Bundesrat[692] wahrgenommen werden. Daneben wird noch vorgeschlagen, einen möglichen Einspruch des Bundestages durch den Bundesrat oder einen Vermittlungsausschuss zurückzuweisen.[693] Als weitere Option besteht die Möglichkeit der Beschränkung durch eine sogenannte reine Zugriffsoption.[694] Die Beschränkung erfolgt dadurch, dass die Länder inhaltlich auf bestimmte Gegenstände des Katalogs der konkurrierenden Gesetzgebungskompetenz, die sich für einen Zugriff der Länder grundsätzlich eignen, beschränkt werden. Der Zugriff der Länder kann dann in diesen Bereichen unbeschränkt und abschließend erfolgen. Von vornherein ausgenommen sind Sachmaterien, die sich aus gesamtstaatlichem Interesse nicht für einen Zugriff eignen. Genannt werden beispielsweise das Bürgerliche Recht, das Justizwesen und das Ausländer- und Vertriebenenrecht.[695] Die Benennung der einzelnen Sachmaterien kann entweder durch eine positive Auflistung (Positivkatalog) oder umgekehrt durch einen negativen Ausschluss bestimmter Bereiche (Negativkatalog) im Rahmen des Art. 72 GG unter Verweis auf die einzelnen Nummern des Art. 74 GG erfolgen. Ein weiterer Vorschlag ist, die dem Zugriff der Länder zugewiesenen Sachmaterien durch eine „Gemeinverträglichkeitsklausel" zu bestimmen.[696] Danach soll die „Gemeinverträglichkeitsklausel" die bisherige Erforderlichkeitsklausel des Art. 72 Abs. 2 GG ersetzen. Sie soll bestimmen, dass die Länder eine bundesgesetzliche Regelung durch ein Landesgesetz ersetzen oder ergänzen dürfen, wenn dadurch weder die berechtigten Interessen anderer Länder noch das gesamtstaatliche Interesse verletzt wird. Unzulässig soll die Ersetzung auch sein, wenn der Zweck eines Bundesgesetzes vereitelt wird. Problematisch an dieser Variante sind die höchst interpretationsbedürftigen unbestimm-

690 Wieland, Arbeitsunterlage 0027, S. 3; Bund/Länder-Arbeitsgruppe, Arbeitsunterlage 0002, S. 20.

691 Vgl. den Formulierungsvorschlag von Heinsen, BT-Drs. 7/5924, S. 137: „Abweichend von Artikel 72 Abs. 1 können die Länder im Bereiche der konkurrierenden Gesetzgebung eine bundesgesetzliche Regelung durch Landesgesetz ergänzen, wenn nicht der Bundestag innerhalb von drei Monaten nach Zuleitung Einspruch erhebt."

692 Ein Einspruchsrecht des Bundesrates erscheint zunächst widersprüchlich, ist aber denkbar, wenn ein Zugriff nur unter Vorbehalt der Erlaubnis des Bundestags möglich ist und dieser seine Erlaubnis bei Erlass eines Gesetzes verweigert. In diesem Fall ist ein Vetorecht des Bundesrates gegen diese Verweigerung denkbar.

693 Vgl. die Nachweise bei Bund/Länder-Arbeitsgruppe, Arbeitsunterlage 0002, S. 21.

694 Präsidenten der Landtage, Kommissionsdrucksache 0038, S. 2f.; Bund/Länder-Arbeitsgruppe, Arbeitsunterlage 0002, S. 21f.

695 Bund/Länder-Arbeitsgruppe, Arbeitsunterlage 0002, S. 21.

696 Scharpf, Kommissionsdrucksache 0014, S. 6.

ten Rechtsbegriffe, die einen Streit von Bund und Ländern vor dem BVerfG geradezu heraufbeschwören. Daher ist diese Möglichkeit keine wirkliche Alternative zum bisherigen System, da Abgrenzungsschwierigkeiten schon jetzt teilweise nicht vermieden werden können.

b) Die Vorteile eines Zugriffsrechts

Das Zugriffsrecht dient unter anderem der Stärkung der Eigenverantwortlichkeit der Länder. Durch das Zugriffsrecht haben die Länder mehr Möglichkeiten, eigene Wege zu gehen und sich im Vergleich zu anderen Ländern zu positionieren. Die Eigenverantwortlichkeit stärkt dabei die Aussicht eines Wettbewerbs zwischen den einzelnen Ländern. Sie entscheiden selber, ob sie eigene Regelungen erlassen möchten, die ihrer Meinung nach besser geeignet sind, um einen bestimmten Sachbereich zu regeln.

Das Zugriffsrecht dient daneben der Erprobung eigener Regelungen, die vom geltenden Bundesrecht abweichen. Es kann somit innovativen Charakter haben.[697] Die übrigen Länder können entscheiden, ob sie die Landesregelungen übernehmen, ob sie eine eigene, bessere Regelung erlassen oder ob sie weiterhin auf ihrem Gebiet das Bundesrecht fortbestehen lassen. Auf Grund des innovativen Charakters kann es zu einem Wettbewerb zwischen den Ländern um die am besten geeignete Regelung kommen. Fehlentwicklungen, die zu einer Rechtszersplitterung führen können, sollen nach Ansicht der Befürworter eines Zugriffsrechts nicht zu befürchten sein.[698] Sollte sich eine landesrechtliche Regelung bewähren, so würden andere Länder dem Beispiel folgen. Würden sich abweichende Regelungen nicht durchsetzen, so entstünde zumeist ein erheblicher Druck aus Wirtschaft oder Bevölkerung, zu einem einheitlichen Rechtszustand zurückzukehren. Allerdings bestehen schon nach der heutigen Rechtslage durch die Rahmengesetzgebungskompetenz unterschiedliche Rechtslagen in den einzelnen Ländern, die einen nicht unerheblichen Einfluss auf die Wirtschaft haben. So hat sich etwa das wasserwirtschaftende Gewerbe mit den unterschiedlichen Bedingungen in Bezug auf ein Wasserentnahmeentgelt auseinander zu setzen. Eine Vereinheitlichung der Abgabetatbestände wäre wünschenswert, ist allerdings bisher noch nicht erfolgt. Es ist deshalb fraglich, ob es im Falle eines Zugriffsrechts anders sein würde, wenn schon nach der heutigen Rechtslage eine Vereinheitlichung trotz zahlreicher unterschiedlicher Regelungen nicht verwirklicht wird. Aus diesem Grund ist die gewünschte Selbstregulierung durch den Druck von Wirtschaft und Bevölkerung kritisch zu sehen.

---

697 Scharpf, Kommissionsdrucksache 0062, S. 2.
698 Wieland, Arbeitsunterlage 0027, S. 4.

Des Weiteren wird argumentiert, dass durch ein Zugriffsrecht die Ressourcen der Länder geschont werden.[699] Ressourcen können im Bereich der Rechtsetzung geschont werden, da die Länder vom geschaffenen Bundesrecht nicht abweichen müssen, sondern lediglich die Möglichkeit haben abzuweichen und nicht, wie im Rahmen der Rahmengesetzgebungskompetenz nach Art. 75 Abs. 3 GG, zur Rechtsetzung verpflichtet sind.

Ferner sollen durch das Zugriffsrecht Rechtsstreitigkeiten zwischen Bund und Ländern vermieden werden. Reduzieren soll sich vor allem das Risiko von Verfassungsstreitigkeiten nach Art. 93 Abs. 1 Nr. 2 a GG über die Voraussetzungen der Erforderlichkeitsklausel nach Art. 72 Abs. 2 GG.[700] Die Erforderlichkeit einer Bundesregelung dürfte nicht mehr so häufig in Frage gestellt werden, wenn die Länder die Möglichkeit haben, auf das Bundesgesetz zuzugreifen. Danach müssten Länder lediglich Landesregelungen erlassen, sollten sie an der Erforderlichkeit der Bundesregelung zweifeln. Relevant würde die Frage nach der Erforderlichkeit zwischen Bund und Ländern nur noch in den Sachbereichen der reinen Zugriffsoptionsregelung, in denen ein Zugriff der Länder kategorisch ausgeschlossen ist.

Daneben wird argumentiert, dass durch die Möglichkeit des Länderzugriffs die regionalen Gegebenheiten stärker berücksichtigt werden können.[701] Durch die Zugriffsrechte würde unter Wahrung der Gleichwertigkeit der Lebensverhältnisse den unterschiedlichen wirtschaftlichen, sozialen und kulturellen Interessen der Länder Rechnung getragen. Regionale Lebenssachverhalte sollten durch die Länder geregelt werden können. Da diese nur Teile einer Sachmaterie betreffen können, sei die Möglichkeit eines Zugriffsrechts weniger intensiv als die Zuordnung des jeweiligen Sachbereichs in die ausschließliche Gesetzgebungskompetenz der Länder. Vorteilhaft sei auch, dass der Bund bei seiner Gesetzgebung auf spezifische Länderaspekte keine Rücksicht nehmen muss, da er davon ausgehen könne, dass das jeweils betroffene Land die regionalen Besonderheiten durch eine Länderregelung klären wird.

Als Nebeneffekt der Einführung von Zugriffsrechten wird der mögliche Abbau der durch die Zustimmungsbedürftigkeit von Bundesgesetzen bewirkten Politikverflechtung gesehen.[702] Die Entflechtung von Verantwortlichkeiten ist ein wesentlicher Bestandteil der Aufgabe der Bundesstaatskommission. Die Zustimmungsbedürftigkeit einer Vielzahl von Bundesgesetzen dürfte entfallen, da die Mitwirkung über das Zustimmungsrecht nicht erforderlich scheint, soweit die

---

699 Bund/Länder-Arbeitsgruppe, Arbeitsunterlage 0002, S. 22.
700 Bund/Länder-Arbeitsgruppe, Arbeitsunterlage 0002, S. 22.
701 Präsidenten der Landtage, Kommissionsdrucksache 0051, S. 3.
702 Bund/Länder-Arbeitsgruppe, Arbeitsunterlage 0002, S. 22.

Länder auf das Bundesgesetz zugreifen können. Es kommt allerdings darauf an, welche Alternative der Beschränkung des Zugriffsrechts angewendet wird. Wird der Weg über ein Einspruchsrecht gewählt, so kann auf die Zustimmungsbedürftigkeit nicht verzichtet werden, da der Einsprechende erst nach Erlass des Landesgesetzes und damit zeitlich nach dem Bundesgesetz tätig wird. Durch einen Einspruch könnten damit die Länder theoretisch vollständig von der Bundesgesetzgebung ausgeschlossen werden.

c) Kritische Würdigung der Zugriffsrechte

Gegen die Einführung eines Zugriffsrechts bestehen erhebliche staatsrechtliche Bedenken, so dass dieser Kompetenztyp in der Literatur weitgehend abgelehnt wird.[703] Problematisch ist ein Zugriffsrecht im Hinblick auf das Verhältnis zu Art. 31 GG.[704] Art. 31 GG regelt die Lösung von Kollisionen zwischen Bundesrecht und Landesrecht.[705] Sie wird als „fundamentale Grundgesetzbestimmung", als „Grundsatznorm" für die bundesstaatliche Struktur bezeichnet.[706] Der Charakter als bloße Kollisionsnorm und nicht als Kompetenznorm wurde vom Bundesverfassungsgericht mehrfach betont.[707] Die Funktion der Norm liegt darin, die einer bundesstaatlichen Ordnung immanenten Kollisionen zwischen Bundes- und Landesrecht im Interesse der Rechtssicherheit klar aufzulösen.[708] Art. 31 GG kommt dieser Funktion nach, indem er bestimmt, dass Bundesrecht Landesrecht vorgeht. Da die Norm keine Kompetenznorm ist, kommt sie lediglich dann zur Anwendung, wenn Landesrecht bundesrechtlichen Rahmenvorschriften widerspricht[709] oder wenn Landesrecht gegen Bundesrecht verstößt, das nicht auf demselben Kompetenztitel beruht.[710] Diese Kollisionsregelung wird jedoch durch die Einführung eines Zugriffsrechts außer Kraft gesetzt. Der neue Kompetenztyp des Zugriffsrechts begründet seiner Art nach eine umgekehrte konkurrierende Ge-

---

703 S. Möstl, ZG 2003, 297ff., 302f.; Renzsch, ZSE 2004, 99; Jochum, ZRP 2002, 256; Kirchhof, DVBl. 2004, 981; Haug, DÖV 2004, 194; Koch/Mechel, NuR 2004, 283; Schmidt-Jortzig, Kommissionsdrucksache 0071 neu j, S. 4; Grimm, Kommissionsdrucksache 0018, S. 3; Meyer, Kommissionsdrucksache 0013, S. 13f.; Kirchhof, Kommissionsdrucksache 0011, S. 6f.; Scholz, Kommissionsdrucksache 0005, S. 5f.; a.A. Schink ZG 2004, 11 ohne nähere Begründung.

704 Renzsch, a.a.O., 99; Kirchhof, DVBl. 2004, 981; Haug, a.a.O., 194; Kirchhof, Kommissionsdrucksache 0011, S. 6; Scholz, Kommissionsdrucksache 0005, S. 6.

705 Pieroth, in: Jarass/Pieroth, GG, Art. 31 Rn. 31.

706 BVerfGE 36, 342, 362, 365.

707 BVerfGE 26, 116, 135; 36, 342, 363.

708 S. nur Huber, in: Sachs (Hrsg.), GG, Art. 31 Rn. 2.

709 BVerfGE 51, 77, 90ff.

710 Stern, Staatsrecht I, S. 719.

setzgebungskompetenz. Durch die Möglichkeit eines Zugriffs durch die Länder erhält das Landesgesetz den Vorrang vor dem Bundesgesetz. Dadurch würde jedoch die Grundregel des Art. 31 GG, wonach Bundesrecht Landesrecht bricht, nicht mehr gelten und sogar in ihrer Bedeutung umgedreht. Die Folge eines solchen Zugriffsrechts wären länderindifferente Normenlagen und partielles Bundesrecht,[711] was letztendlich zu einer Rechtsunsicherheit beim Rechtsanwender im Falle eines Normkollisionsfalls führt.[712] Im Gegensatz zur heutigen Rechtslage müsste der Rechtsanwender für jeden Sachbereich prüfen, ob in diesem bestimmten Fall Bundesrecht oder Landesrecht vorgeht. Dies würde davon abhängen, ob die Länder in dem bestimmten Sachbereich ein Zugriffsrecht besitzen. Es wird für den Rechtsanwender also schwieriger herauszufinden, nach welchem Gesetz er sich zu richten hat. Des Weiteren kann der Rechtsanwender auf eine einfachgesetzliche Regelung des Bundes nicht mehr vertrauen, da er damit rechnen muss, dass einzelne Länder von ihrem Zugriffsrecht Gebrauch machen werden. Langfristige Planungen, die gerade im Bereich der Wirtschaft unverzichtbar sind, würden sich als problematisch erweisen, da für die Verantwortlichen nicht absehbar ist, welcher Rechtszustand wie lange andauert.[713] Fraglich ist auch, wie der Bundesstaat mit einem Flickenteppich von Bundesrecht, das in manchen Ländern voll, in anderen teilweise und in dritten gar nicht gelten würde, und daneben Teil- oder Vollnormierungen einzelner Länder im Rahmen der Globalisierung und im Rahmen der europäischen Integration funktionieren würde.[714] Ferner würde das Zugriffsrecht durch die faktische Umkehrung der Grundsätze der konkurrierenden Gesetzgebungskompetenz erhebliche Risiken für die künftige Effizienz wie Transparenz der bundesstaatlichen Gesetzgebungsordnung auslösen.[715] Für den Rechtsanwender dürfte es schwer nachzuvollziehen sein, wer für welche Sachmaterie verantwortlich ist. Der Vorschlag zur Einführung eines Zugriffsrechts stellt daher einen Systembruch dar.[716] Diesen Systembruch versucht *de Maizière*[717] zu umgehen. Er schlägt vor, Art. 31 GG um den Halbsatz „soweit dieses Grundgesetz nichts anderes bestimmt oder zulässt" zu ergänzen. Dadurch würde ein Systembruch durch das Zugriffsrecht vermieden. Allerdings wird eine solche Formulierung der Funktion des Art. 31 GG nicht gerecht. Die Kollisionsnorm soll die einer bundesstaatlichen Ordnung immanenten Kollisionen zwischen

711 Kirchhof, DVBl. 2004, 981.
712 Haug, DÖV 2004, 194.
713 Kirchhof, DVBl. 2004, 981.
714 Haug, DÖV 2004, 194.
715 Scholz, Kommissionsdrucksache 0005, S. 6.
716 Renzsch, ZSE 2004, 99.
717 De Maizière, Arbeitsunterlage 0078, S. 4.

Bundes- und Landesrecht im Interesse der Rechtssicherheit klar auflösen.[718] Durch die Neufassung findet eine klare Auflösung dieser Konflikte jedoch nicht statt, da jeweils zusätzlich überprüft werden muss, ob das Grundgesetz in diesem speziellen Fall eine Ausnahme vom Grundsatz des Art. 31 GG zulässt. Damit verliert Art. 31 GG seine Funktion als einfache Kollisionsnorm. Deshalb ist ein Zugriffsrecht der Länder im Bereich der konkurrierenden Gesetzgebungskompetenz abzulehnen.

Staatsrechtliche Bedenken bestehen auch im Verhältnis des Zugriffsrechts zur Erforderlichkeitsklausel des Art. 72 Abs. 2 GG.[719] Nach der derzeitigen Regelung des Art. 72 Abs. 2 GG ist eine bundeseinheitliche Regelung im Bereich der konkurrierenden Gesetzgebungskompetenz nur dann zulässig, wenn und soweit sie zur Herstellung gleichwertiger Lebensverhältnisse im Bundesgebiet oder zur Wahrung der Rechts- und Wirtschaftseinheit im gesamtstaatlichen Interesse erforderlich ist.[720] Ein Widerspruch besteht insofern, dass die Länder im Geltungsbereich des Zugriffsrechts auf diese Bundesregelung zugreifen können, obwohl die Bundesregelung nur erlassen werden darf, wenn gerade eine bundeseinheitliche Regelung erforderlich ist. Wenn allerdings eine bundeseinheitliche Regelung erforderlich ist, dann ist schon rein definitorisch ein Länderzugriff nicht möglich, da gerade durch die Bundesregelung unterschiedliche Landesregelungen zu diesem Sachbereich vermieden werden sollen. Durch eine Zugriffsregelung würde die Erforderlichkeitsklausel ad absurdum geführt; die Berechtigung eines Zugriffs der Länder in Frage gestellt.[721] Ein Zugriffsrecht der Länder wäre regelmäßig abzulehnen, wenn das Erfordernis eines Bundesgesetzes besteht.[722] Würde man andererseits von einem Vorrang des Zugriffsrechts ausgehen, dann würde die Erforderlichkeitsklausel ihre Bedeutung verlieren, da vom Bundesgesetzgeber nicht mehr verlangt werden kann, dass er die Erforderlichkeit einer bundesgesetzlichen Regelung darlegt, wenn die Länder das Recht erhalten, jederzeit von dieser Regelung durch Landesgesetze abzuweichen.[723] Die Einführung eines Zugriffsrechts ist also mit der derzeitigen Regelung des Art. 72 Abs. 2 GG nicht vereinbar. Dies folgt aus der Funktion dieser beiden Regelungen. Sowohl die strengen Voraussetzungen des Art. 72 Abs. 2 GG für die konkurrierende Gesetzgebungskompetenz als auch die Einführung von Zugriffsrechten der Länder dienen einer funktional äquivalenten Sicherung eines angemessenen Gesetzge-

718 S. nur Huber, in: Sachs (Hrsg.), GG, Art. 31 Rn. 2.
719 Möstl, ZG 2003, 303; Renzsch, a.a.O., 99; Haug, DÖV 2004, 194; Koch/Mechel, NuR 2004, 283.
720 S. auch Kapitel 1 III 2.
721 Haug, DÖV 2004, 194.
722 Renzsch, ZSE 2004, 99.
723 Möstl, ZG 2003, 303.

bungsspielraums der Länder.[724] Diese Regelungen können nicht gleichzeitig parallel eingesetzt werden. Ein Zugriffsrecht kann also nur dann eingeführt werden, wenn sogleich die Voraussetzungen nach Art. 72 Abs. 2 GG neugefasst werden.[725] Neben der derzeitigen Regelung bleibt kein Platz für ein Zugriffsrecht der Länder.

Zumindest die Einspruchsoption eines geplanten Zugriffsrechts ist dem Ziel der Entflechtung der Gesetzgebungszuständigkeiten gegenläufig.[726] Durch die Möglichkeit des Einspruchs kann ein Gesetzgebungsverfahren enorm verlängert und kompliziert werden, da der Einspruch das jetzt schon komplizierte Gesetzgebungsverfahren um weitere Schritte erweitern würde. Würde nach Erlass eines Bundesgesetzes ein Land ein Landesgesetz verabschieden, so wäre damit nicht automatisch der Gesetzgebungsprozess beendet. Der Bund könnte anschließend Einspruch erheben, wenn er Einwände gegen das Landesgesetz hat. Dieses Vorgehen macht das Gesetzgebungsverfahren für den Rechtsanwender unübersichtlich und führt zu gesetzgeberischer Ineffektivität und Rechtsunsicherheit.[727] Eine klarere Zuordnung der Verantwortungen wird dadurch nur bedingt erreicht.

Das vorgeschlagene Modell eines Zugriffsrechts würde nicht zu weniger Rechtsstreitigkeiten vor dem Bundesverfassungsgericht führen. Die Zahl der Normenkontrollklagen, die der Überprüfung der Zuständigkeit von Bund und Ländern dienen, ist seit 1994 konstant, und von der Möglichkeit, eigenständig zu überprüfen, ob ein Gesetz den Voraussetzungen des Art. 72 Abs. 2 GG entspricht, wurde noch gar kein Gebrauch gemacht.[728] Zwar werden regelmäßig Normenkontrollklagen eingereicht, wobei die Verfassungsreform von 1994 mitursächlich für diese Entwicklung ist, da für die politischen Akteure nicht ersichtlich war, ob das Bundesverfassungsgericht seine Rechtsprechung ändern wird. Daher ist nachvollziehbar, dass die Neuordnung der Gesetzgebungskompetenzen auf den Prüfstand gestellt wurde. Nachdem die entscheidenden Urteile ergangen sind, ist nicht davon auszugehen, dass zahlreiche weitere Klagen auf das Bundesverfassungsgericht zukommen werden. Ansonsten ist den Befürwortern der Einführung von Zugriffsrechten insoweit zuzustimmen, dass die Länder weniger häu-

---

724 Koch/Mechel, NuR 2004, 283.

725 Eine solche umfassende Neuformulierung befürworten de Maizière, Arbeitsunterlage 0078, S. 4; Vorschlag der Länder Bayern, Bremen, Niedersachsen, Nordrhein-Westfalen und Sachsen-Anhalt, PAU – 1/0013, S. 1ff.

726 Bund/Länder-Arbeitsgruppe, Arbeitsunterlage 0002, S. 24; Jochum, ZRP 2002, 256; Zypries, ZRP 2003, 267.

727 Scholz, Arbeitsunterlage 0045, S. 9.

728 Vgl. die statistischen Angaben des Bundesverfassungsgerichts „Eingänge nach Verfahrensarten"; abrufbar unter www.bundesverfassungsgericht.de/cgi-bin/link.pl?auf gaben.

fig vor dem Bundesverfassungsgericht klagen werden, wenn sie die Möglichkeit haben, eine Bundesregelung durch eine eigene Landesregelung zu ersetzen. Das Problem würde im Fall der Einspruchsoption nur verschoben. Wäre der Bund nicht mit einer Landesregelung einverstanden, so könnte er von seinem Einspruchsrecht Gebrauch machen, um diese Regelung zu verhindern. Da die Länder eine solche Entscheidung nicht hinnehmen würden, würde auch dieses Modell Bund und Länder in ihrer Auseinandersetzung über die Frage der Verteilung legislativer Zuständigkeiten vor das Bundesverfassungsgericht führen.[729] Dieselben Probleme entstehen bei einer reinen Zugriffsoption der Länder, da der Bund, falls er der Meinung ist, eine bundeseinheitliche Regelung sei erforderlich, ebenfalls gemäß Art. 93 Abs. 1 Nr. 2 a GG klagen kann, um insoweit Zugriffe der Länder zu verhindern. Da Abgrenzungsschwierigkeiten auch weiterhin bestehen werden, ist die Hoffnung auf weniger Gerichtsverfahren unrealistisch.

Ein weiteres Problem ergibt sich aus der Klarheit der Zuordnung der Kompetenzen. Nach der geltenden Kompetenzordnung ist eindeutig definiert, wer ein Gesetz zu erlassen hat. Der Bund ist für bundeseinheitliche Regelungen zuständig, die Länder erlassen Normen für ihr Hoheitsgebiet. Durch die Einführung eines Zugriffsrechts gewinnt der Bund die Möglichkeit, gezielt für ein einziges oder einzelne Länder Recht zu setzen, wenn die meisten Länder von ihrem Zugriffsrecht Gebrauch gemacht haben.[730] Diese Möglichkeit besteht nicht nur theoretisch, da die einzelnen Länder wirtschaftlich unterschiedlich stark sind und in bestimmten Fällen die wirtschaftlich schwachen Länder gar nicht die Ressourcen haben, um vielfältige eigene Regelungen zu erlassen. Durch die Möglichkeit, dass der Bund gezielt Landesrecht setzt, wird jedoch die Kompetenzordnung des Grundgesetzes durcheinander gebracht. Das Grundgesetz sieht nicht vor, dass der Bund Gesetze erlässt, die nur in einzelnen Ländern gelten. In einem solchen Fall wäre die demokratische Legitimationskette zwischen Bürgern und Abgeordneten unterbrochen, da Bundestagsabgeordnete Landesrecht setzen könnten, die nicht von den jeweils betroffenen Bürgern ge- bzw. abgewählt werden können, da sie aus einem anderen Bundesland stammen. Eine hinreichende Legitimation der Staatsgewalt durch das Volk wird jedoch vom Demokratieprinzip nach Art. 20 Abs. 1 GG ausdrücklich verlangt.[731] Diese Legitimation äußert sich organisatorisch und praktisch in der Berufung, Abberufung und Kontrolle derjenigen Personen, denen die Ausübung der Staatsgewalt in den verschiedenen Erscheinungsformen zukommt.[732] Da diese Legitimation bei Bundestagsabgeordneten, die für

729 Jochum, ZRP 2002, 258; Koch/Mechel, NuR 2004, 284; Scholz, Arbeitsunterlage 0045, S. 9.
730 Kirchhof, DVBl. 2004, 981; Kirchhof, Kommissionsdrucksache 0011, S. 7.
731 BVerfGE 93, 37, 66f.; BVerfG, DVBl. 2003, 924ff.
732 Badura, Staatsrecht, 3. Auflage 2003, S. 272.

ein Bundesland Recht setzen, aus dem sie nicht stammen, fehlt und die Bürger des Landes also keinen Einfluss auf die Wahl oder Abwahl dieser Abgeordneten haben, liegt ein Verstoß gegen das Demokratieprinzip in diesen Fällen vor.

Ein weiteres Problem ist die Behandlung des Zugriffsrechts bei späteren Novellen des Bundesgesetzgebers. So besteht die Möglichkeit, dass das Zugriffsrecht absolute Geltung entfalten soll, die auch gegenüber späteren Novellen des Bundesgesetzgebers Vorrang besitzt.[733] Im Ergebnis könnten dadurch durch einseitige Akte des Landesgesetzgebers Inseln einer ausschließlichen Landeskompetenz geschaffen werden.[734] Dadurch würde die Zugriffsgesetzgebung faktisch zu einer ausschließlichen Gesetzgebungskompetenz erweitert werden. Es wäre also durch ein einfaches Landesgesetz möglich, Sachmaterien in die ausschließliche Gesetzgebungskompetenz der Länder zu überführen. Dies ist jedoch aus staatsrechtlicher Sicht nicht hinzunehmen, da das Grundgesetz die Änderung der Kompetenzordnung ausdrücklich von dem in Art. 79 GG bestimmten Verfahren abhängig macht. Das Verfahren, nach dem Änderungen des Grundgesetzes nur durch Gesetze, die eindeutig den Wortlaut des Grundgesetzes ändern, möglich sind und das dadurch der Rechtsklarheit und Rechtssicherheit dienen soll,[735] würde demzufolge unterlaufen werden. Eine solche absolute Geltung gegenüber späteren Bundesnovellen wäre also nicht verfassungsgemäß. Danach hätten somit spätere Bundesnovellen Geltungsvorrang vor den Landesgesetzen. Dies führt allerdings zu einer weiteren unbefriedigenden Lösung, da der Bund somit die Möglichkeit hat, Bundesnovellen zu erlassen, um ihm nicht genehme Landesgesetze zu verhindern. Die Länder müssten dann immer wieder auf das neue Bundesgesetz zugreifen. Dadurch würde ein enormer Aufwand entstehen, der mit den Zielen einer Vereinfachung des Gesetzgebungsverfahrens und einer klareren Zuordnung nicht zu vereinbaren ist. Durch eine fortdauernde Änderung der Rechtslage würde außerdem die Rechtssicherheit der Rechtsanwender enorm gefährdet werden.[736] Eine längerfristige Planung wäre nicht möglich.

Weitere Probleme ergeben sich im Bereich der Europatauglichkeit der Zugriffsrechte. Eine vollständige und gemeinschaftsrechtkonforme Umsetzung von Richtlinien liegt erst vor, wenn der letzte Gliedstaat die umzusetzenden Akte erfüllt hat.[737] Solange ein Gliedstaat seiner Umsetzungsverpflichtung nicht nach-

733 So de Maizière, Arbeitsunterlage 0078, S. 3.
734 Scharpf, Kommissionsdrucksache 0007, S. 10.
735 S. nur Pieroth, in: Jarass/Pieroth, GG, Art. 79 Rn. 3.
736 Ebenso Grimm/Schneider, Arbeitsunterlage 0086, S. 3.
737 Vgl. auch Westbomke, EurUP 2004, 123.

gekommen ist, droht ein Vertragsverletzungsverfahren vor dem EuGH.[738] Im Bereich des Zugriffsrechts stellt sich die Frage, ab wann eine vollständige Umsetzung vorliegt. Zunächst hat der Bund auf Grund seiner konkurrierenden Gesetzgebungskompetenz das Gemeinschaftsrecht umzusetzen, soweit bundeseinheitliche Regelungen erforderlich sind. Wenn allerdings nach diesem Akt die Aussicht besteht, dass ein oder mehrere Länder von dem Bundesgesetz abweichen wollen, stellt sich die Frage, ob von einer vollständigen Umsetzung gesprochen werden kann, da noch nicht abzusehen ist, wie die Länder die Materie regeln werden. Eine vollständige Umsetzung liegt erst dann vor, wenn entweder alle Länder auf einen Zugriff verzichtet haben oder alle angekündigten Zugriffe erfolgt sind. Die Folge wäre eine Verfahrensverlängerung, die schlussendlich wieder zu einem Vertragsverletzungsverfahren führen kann. Verantwortlich für die Verurteilung zur Zahlung des Zwangsgeldes wären ein oder mehrere Länder. Dadurch würde sich wiederum die Frage nach einem Bund – Länder – Regress stellen, da der Bund im Außenverhältnis haftet. Das Problem stellt sich nach der gegenwärtigen Konzeption der konkurrierenden Gesetzgebungskompetenz nicht. In diesem Fall ist eindeutig, wer für die Umsetzung verantwortlich ist. Beginnt der Bund mit der Umsetzung, so sind die Länder an einer eigenen Regelung auf Grund der Sperrwirkung des Art. 72 GG gehindert. Wird der Bund nicht tätig und signalisiert damit, dass er die Länder für zuständig hält, sind diese zur Umsetzung verpflichtet. Damit ergibt sich eine klare Kompetenzverteilung, die für alle Beteiligten ersichtlich macht, wer die jeweilige Richtlinie umzusetzen hat. Daneben wird die Umsetzung des Gemeinschaftsrechts insbesondere dann erschwert, wenn den Landeszugriffen ein Vorrang gegenüber späteren Bundesgesetzen gebühren soll. In diesem Fall wäre der Bund an einer innerstaatlichen Umsetzung gehindert. Die Verantwortlichkeit für ein bei dieser Sachlage mit Sicherheit zu erwartendes Vertragsverletzungsverfahren läge wiederum bei den Ländern; ein Bund – Länder – Regress wäre unvermeidlich, da der Bund im Außenverhältnis weiter haften würde.

d) Zugriffsrechte im Bereich des Umweltrechts

Eine Zugriffsregelung, die schon aus systematischen Gründen nicht in Betracht kommt, kann selbstverständlich auch für die Materien des Umweltschutzes nicht in Betracht kommen.[739] Vorderhand ist davon auszugehen, dass sämtliche Um-

---

738 So erfolgte zuletzt die Verurteilung wegen der mangelhaften Umsetzung der UVP-Richtlinie auf Grund der Regelungen in Rheinland-Pfalz und Nordrhein-Westfalen, vgl. EuGH, Rs. C-531/03 (Kommission/Deutschland) = NVwZ 2005, 673ff.

739 Koch/Mechel, NuR 2004, 285.

weltschutzmaterien in die konkurrierende Gesetzgebungskompetenz überführt werden.[740] Allgemein gilt für Zugriffsrechte im Umweltrecht, dass die Länder Verfügungsbefugnisse über Güter und Werte eingeräumt bekommen, an denen jenseits länderspezifischer Belange ein grundsätzliches Interesse an bundesstaatlichen Regelungen besteht.[741] Deutlich wird dies etwa am Naturschutz und der Landschaftspflege. Dabei geht es um die Bewahrung und Pflege des deutschen Naturerbes und die Erhaltung der natürlichen Lebensgrundlagen.[742] Diese Werte haben weit über die länderspezifischen Belange hinaus Bedeutung. Durch Zugriffsrechte und dem daraus folgenden Geltungsvorrang der Landesgesetzgebung vor späteren Bundesnovellen wären dem Bund jedweder Einfluss und jedwede Kontrolle über diesen Bereich genommen. Daher ist schon aufgrund der Bedeutung der Umweltschutzmaterien auf eine Regelung mit Zugriffsrechten zu verzichten.

Integrierte Umweltschutzregelungen lassen sich zunächst mit Hilfe der konkurrierenden Gesetzgebungskompetenz ohne Schwierigkeiten verwirklichen. Ein gesamthaftes, medienübergreifendes Zulassungsverfahren lässt sich erschaffen. Schwierigkeiten bestehen aber dann, wenn die Umweltschutzmaterien dem Zugriff der Länder unterliegen. Durch einen gezielten Zugriff kann der gesamthafte Ansatz vereitelt werden, wenn einem Land eine Regelung zu weit geht. Dadurch würde aber der Sinn und Zweck des gesamthaften Ansatzes wiederum in Frage gestellt. Es würde folglich dauernd die Gefahr bestehen, dass das Bundesgesetz in wichtigen Bereichen seine Wirkung verliert. Bei vorhandenen unterschiedlichen Länderregelungen zum integrierten Umweltschutz kann von einem gesamthaften Umweltschutz aber nicht mehr gesprochen werden. Somit ist ein Zugriffsrecht der Länder im Bereich der konkurrierenden Gesetzgebungskompetenz kontraproduktiv und nicht zu empfehlen.

Auf die Probleme bei der Umsetzung von Gemeinschaftsrecht wurde bereits hingewiesen. Durch die unklare Verantwortungsteilung bei der Umsetzung besteht die Gefahr, dass Gemeinschaftsrecht nicht rechtzeitig umgesetzt wird und eine Verurteilung zur Zahlung eines Zwangsgeldes droht. Das daraus resultierende Folgeproblem des Haftungsverhältnisses zwischen Bund und Ländern bleibt weiterhin ungeklärt. Die Zugriffsrechte der Länder erfüllen somit nicht die Voraussetzungen, die an ein modernes Umweltrecht aus der Sicht des Gemeinschaftsrechts gestellt werden.

740 Vgl. den Formulierungsvorschlag von Benneter, Arbeitsunterlage 0113, S. 1f.

741 Bundesministerium für Umwelt, Naturschutz und Reaktorsicherheit (BMU), PAU – 4/0008, S. 4.

742 Vgl. Sannwald, in: Schmidt-Bleibtreu/Klein (Hrsg.), GG, Art. 75 Rn. 82; Rengeling, in: Isensee/Kirchhof (Hrsg.), HStR IV, § 100 Rn. 274; Hoppe/Beckmann/Kauch, Umweltrecht, § 14 Rn. 4ff.

Durch Zuweisung der Umweltschutzmaterien in die konkurrierende Gesetzgebungskompetenz lassen sich zunächst gleiche wirtschaftliche Rahmenbedingungen schaffen. Die Wirtschaft würde nicht vor verschiedenen Abgaberegelungen stehen, sondern Rechtssicherheit besitzen, wie viel sie wofür auszugeben hat. Diese Rahmenbedingungen werden aufgehoben, wenn ein Land auf die Bundesregelung zugreift und diese durch eine eigene Regelung ersetzt. Dadurch würde dieselbe Rechtslage wie im Fall der Rahmengesetzgebungskompetenz entstehen. Die Wettbewerbsbedingungen wären sehr unterschiedlich, und es könnte wiederum ein Wettbewerb zum Nachteil des Umweltschutzes geführt werden. Daneben besteht die Gefahr, dass nicht absehbar ist, ob und wann ein Land von der Bundesregelung abweicht. Dadurch wird jedoch die Planungssicherheit, die für ein Unternehmen unerlässlich ist, in Frage gestellt. Investitionen werden erschwert, da nicht vorhersehbar ist, ob sich diese wirklich lohnen oder ob die Rahmenbedingungen kurz nach der Investition geändert werden. Daher ist ein Zugriffsrecht auch nicht geeignet, den notwendigen Ausgleich zwischen Umweltrecht und Wirtschaft zu schaffen.

Grenzüberschreitender Umweltschutz lässt sich zunächst mit Hilfe der konkurrierenden Gesetzgebungskompetenz verwirklichen. Allerdings besteht auch hier die Gefahr, dass ein Land auf die Bundesregelung zugreift und damit das Konzept eines grenzüberschreitenden Bundesgesetzes vereitelt. Durch die dann vorhandenen länderspezifischen Umweltvorschriften mit ihren jeweiligen unterschiedlichen Schutz- und Vorsorgestandards sind Konflikte vorprogrammiert. Das Zugriffsrecht ist somit nur bedingt tauglich, um einen grenzüberschreitenden Umweltschutz zu gewährleisten.

e) Schlussfolgerung

Die Einführung von Zugriffsrechten ist sowohl aus staatsrechtlichen Gründen als auch aus umweltrechtlichen Gesichtspunkten abzulehnen. Zugriffsrechte begegnen im Hinblick auf die Erforderlichkeitsklausel des Art. 72 Abs. 2 GG erheblichen systematischen Bedenken, da eine Regelung nicht zur selben Zeit bundeseinheitlich erforderlich sein kann und ein Zugriff der Länder auf diese Regelung ermöglicht sein soll. Systematische Bedenken ergeben sich auch insbesondere im Bereich von Art. 31 GG, der partiell seine Bedeutung verlieren würde. Speziell im Bereich des Umweltrechts ergeben sich Probleme bei der Verwirklichung des integrierten Umweltschutzes und bei der Schaffung von wirtschaftlichen Rahmenbedingungen. Zugriffsrechte der Länder sind nicht in der Lage, die bei der Rahmengesetzgebungskompetenz auftretenden Probleme überzeugend zu lösen.

2. *Öffnungs-/Experimentierklauseln*

Zur Stärkung der Gesetzgebungskompetenz der Länder wird vorgeschlagen, die konkurrierende Gesetzgebungskompetenz um sogenannte Öffnungs- bzw. Experimentierklauseln zu erweitern.[743] Die Vorschläge reichen dabei von der Möglichkeit, einzelnen Ländern befristete Pilotprojekte zu genehmigen[744], über die Aufnahme einer Pflicht ins Grundgesetz, dass „zugunsten landesrechtlicher Sonderregelungen in das Bundesgesetz nach Bedarf und Möglichkeit Öffnungsklauseln zugunsten landesrechtlicher Abweichungen aufzunehmen sind“[745], bis zur Neuformulierung von Art. 72 Abs. 3 GG, der den Ländern das Recht geben soll, mit Zustimmung des Bundesrates von Bundesregelungen abzuweichen, soweit die Voraussetzungen des Art. 72 Abs. 2 GG nicht mehr vorliegen.[746]

a) *Öffnungsklauseln nach dem Grundgesetz*

Nach der derzeitigen Rechtslage bestehen zwei Varianten im Bereich der konkurrierenden Gesetzgebungskompetenz, eine Öffnung zugunsten des Landesgesetzgebers herbeizuführen. Zunächst besteht die Möglichkeit, dass die Sperrwirkung des Art. 72 GG durch eine Ermächtigung des Bundesgesetzgebers durchbrochen wird. Die Zulassung solcher Regelungen, die die Sperrwirkung des Bundesgesetzes dadurch durchbrechen, dass in einzelnen Bundesgesetzen die Landesgesetzgeber zum Erlass von ergänzenden oder sogar abweichenden Regelungen ermächtigt werden, ist seit jeher heftig umstritten.[747] Das BVerfG geht in ständiger Rechtsprechung davon aus, dass es dem Bundesgesetzgeber unbenommen bleibe, über die Schaffung spezifischer Regelungsvorbehalte zugunsten des Landesgesetzgebers Öffnungsklauseln zu normieren.[748] Mache ein Land von dieser Befugnis Gebrauch, mache es von seiner ursprünglichen Gesetzgebungskompetenz Gebrauch, so dass die erlassene Regelung als Landesrecht und nicht als Bundes-

---

743 Scholz, Kommissionsdrucksache 0005, S. 5; Wieland, Kommissionsdrucksache 0009, S. 4; Schneider, Kommissionsdrucksache 0071 neu h, S. 3; Schink, UPR 2004, 211; Möstl, ZG 2003, 309.

744 So Wieland, Kommissionsdrucksache 0009, S. 4.

745 Scholz, Kommissionsdrucksache 0005, S. 5; im Ergebnis auch Steenblock, PAU – 1/0018, S. 1.

746 Schneider, Kommissionsdrucksache 0071 neu h, S. 3.

747 S. nur Maunz, in: Maunz/Dürig, GG, Art. 72 Rn. 11f.; Rengeling, in: Isensee/Kirchhof (Hrsg.), HStR IV, § 100 Rn. 117; Kunig, in: v. Münch/Kunig, GG III, Art. 72 Rn. 13; Degenhart, in: Sachs (Hrsg.), GG, Art. 72 Rn. 20.

748 BVerfGE 11, 192, 200; 20, 238, 251; 24, 367, 386; 29, 125, 137; 33, 224, 229; 35, 65, 73f.; 47, 285, 314; 75, 40, 73; 78, 132, 144f.; 83, 24, 30; 85, 134, 142f.

recht zu qualifizieren sei.[749] Dem wird entgegengehalten, dass eine Öffnung der konkurrierenden Gesetzgebungskompetenz für Vorbehalte bzw. Ermächtigungen zugunsten des Landesgesetzgebers nicht mit der Systematik des Art. 72 Abs. 1 GG vereinbar sei.[750] So sei eine Befugnis der Länder zur Gesetzgebung trotz Gebrauchmachens des Bundes nicht denkbar. Die Zuständigkeit der Länder sei in diesem Fall gesperrt, soweit die Reichweite des Bundesgesetzes reiche.[751] Würden die weithin gängigen Vorbehalte zugunsten des Landesgesetzgebers vom BVerfG als Ermächtigungen interpretiert, so falle es einer falschen und letztlich unzulässigen Analogie zu Art. 71 GG zum Opfer, der einzig ein derartiges Instrument kenne.[752]

Allerdings können Regelungsvorbehalte zugunsten des Landesgesetzgebers auch als bloße Hinweise des Bundesgesetzgebers zu verstehen sein, er habe insoweit keine abschließende Regelung getroffen und somit in dem Umfang von seinem Gesetzgebungsrecht keinen Gebrauch gemacht, wie er die weitere Ausgestaltung dem Landesgesetzgeber vorbehalten habe.[753] Offensichtlich wird dies, wenn der Bundesgesetzgeber einen bestimmten Teilbereich bedingungslos für den Landesgesetzgeber frei lässt. Ein solcher Vorbehalt hat lediglich klarstellende Funktion, dass insoweit keine erschöpfende Regelung vorliegt, die den Landesgesetzgeber sperrt.[754] Eine solche „Öffnungsklausel" würde lediglich der Systematik der konkurrierenden Gesetzgebungskompetenz entsprechen. Sie ist in dieser Form ohne ausdrückliche Nennung schon im bestehenden Kompetenzsystem enthalten. Besondere Bedenken ergeben sich jedoch in dem Fall, in dem ein Bundesgesetz an die Länder gerichtete Ermächtigungen vorsieht, von den Regelungen des Bundesrechts in Landesgesetzen abzuweichen. Systematische Bedenken ergeben sich dabei aus der Tatsache, dass eine bundesgesetzliche Regelung nur zulässig ist, wenn sie erforderlich ist. Ist eine bundesgesetzliche Regelung erforderlich, so verbietet es sich, dass einzelne Länder von dieser abweichen dürfen. Die Einführung einer Öffnungsklausel stellt die Erforderlichkeit dieser Regelung somit in Frage. Daneben stellt sich die Frage, wie der Landesgesetzgeber tätig werden kann, wenn der Bund zunächst die Materie erschöpfend und damit mit sperrender Wirkung geregelt hat. Das Bundesverfassungsgericht hat im Fall der in § 68 Abs. 1 S. 2 VwGO enthaltenen Ermächtigung zu vom bundesgesetzlichen

---

749 BVerfGE 18, 407, 416, auch Maunz, in: Maunz/Dürig, GG, Art. 72 Rn. 11.

750 S. etwa Rudolf, AöR 88, 159ff., 162ff.; Grziwotz, AöR 116, 588ff., 600; v. Mangoldt/Klein/Pestalozza, GG, 3. Aufl. 1996, Art. 72 Rn. 273ff.

751 v. Mangoldt/Klein/Pestalozza, GG, 3. Aufl. 1996, Art. 72 Rn. 273.

752 v. Mangoldt/Klein/Pestalozza, GG, 3. Aufl. 1996, Art. 72 Rn. 275.

753 Oeter, in: v. Mangoldt/Klein/Starck, GG II, Art. 72 Rn. 57; Jarass, NVwZ 1996, 1041ff., 1044; Ossenbühl, DVBl. 1996, 19ff., 22.

754 Oeter, a.a.O., Art. 72 Rn. 57.

Erfordernis des Vorverfahrens abweichenden Regelungen argumentiert, dass eine Aussparung der Bundeskompetenz im Bereich der konkurrierenden Gesetzgebungskompetenz zulässig sei und gerade in diesem Bereich der Regelungsvorbehalt zugunsten des Landesgesetzgebers ein übliches Mittel der Gesetzgebungstechnik sei.[755] Das Grundgesetz versteht unter „Öffnungsklauseln" hauptsächlich, dass bestimmte Teilbereiche einer Sachmaterie im Bereich der konkurrierenden Gesetzgebungskompetenz nicht geregelt und somit die Sperrwirkung des Art. 72 Abs. 1 GG nicht eröffnet wird. Eine solche „Öffnungsklausel" hat allerdings eine andere Intention als die vorgelegten Änderungsvorschläge, da sie lediglich dann anwendbar ist, wenn der Bundesgesetzgeber auf eine vollständige Regelung verzichtet und somit im Zweifelsfall ein Sachverhalt in einem Land überhaupt nicht geklärt ist. Demgegenüber haben die vorgeschlagenen Öffnungsklauseln den Vorteil, dass zumindest eine Bundesregelung besteht, wenn ein Land von seiner Gesetzgebungsbefugnis keinen Gebrauch macht. In der folgenden Betrachtung ist die Möglichkeit zur Öffnung nach Art. 72 Abs. 1 GG also zu vernachlässigen, da sie von der Intention her etwas anderes regelt als die vorgeschlagenen Öffnungs- bzw. Experimentierklauseln.

Eine weitere nach dem derzeitigen Stand des Grundgesetzes bestehende Möglichkeit zur Öffnung eines Bundesgesetzes zugunsten der Landesgesetzgebung enthalten Art. 72 Abs. 3 GG und Art. 125a Abs. 2 GG. Die Vorschriften wurden im Rahmen der Verfassungsänderung von 1994 eingeführt und bestimmen, dass beim Wegfall der Erforderlichkeit einer bundeseinheitlichen Regelung der Bund den Ländern ein Rückholrecht einräumen kann. Art. 72 Abs. 3 GG betrifft den Fall des nachträglichen Wegfalls einer zunächst für ein Bundesgesetz gegebenen Erforderlichkeit. Art. 125a Abs. 2 GG gilt als Übergangsvorschrift für die Fälle, bei denen die Erforderlichkeit unter der neugefassten Vorschrift des Art. 72 Abs. 2 GG nicht mehr als gegeben gesehen wird. Ungeklärt ist die Regelung in Fällen alten Bundesrechts, bei denen im Zeitpunkt des Inkrafttretens der neuen Bestimmungen die Erforderlichkeit noch gegeben war, diese im Nachhinein entfällt. So wird teilweise vertreten, dass nach dem Wortlaut des Art. 72 Abs. 3 GG diese Altfälle darunter subsumiert werden können.[756] Auf der anderen Seite soll für diese Fälle ebenfalls Art. 125a Abs. 2 GG Anwendung finden.[757] Der Streit hierüber ist allerdings rein akademischer Natur, da die Rechtsfolge der beiden Vorschriften die jeweils gleiche ist: Der Bundesgesetzgeber muss die Länder zur

755 BVerfGE 35, 65, 73f.; s. auch die ebenfalls zu vergleichbaren Ermächtigungen der VwGO ergangenen Entscheidungen BVerfGE 20, 238, 248ff.; 21, 106, 114ff.; 29, 125, 137ff.; 83, 24, 30f.

756 S. etwa Degenhart, in: Sachs (Hrsg.), GG, Art. 72 Rn. 33f.; Kunig, in: v. Münch/Kunig, GG III, Art. 72 Rn. 30.

757 So wohl v. Mangoldt/Klein/Pestalozza, GG, 3.Aufl. 1996, Art. 72 Rn. 317, 378.

Rechtsetzung ermächtigen, wenn die Materie für den Landesgesetzgeber geöffnet werden soll.[758] Beide Fälle setzen voraus, dass keiner der Erforderlichkeitsgründe des Art. 72 Abs. 2 GG mehr vorliegt. Dabei ist es gleichgültig, auf welchen dieser drei Gründe das Bundesgesetz ursprünglich gestützt wurde.[759] Verfahrentechnisch muss die Ermächtigung der Länder „durch Bundesgesetz" erfolgen. Der Bundesgesetzgeber muss also selbst tätig werden und kann die Ermächtigung nicht delegieren.[760] Die Entscheidung darüber, ob den Ländern eine Ersetzungsbefugnis eingeräumt werden soll, steht im Ermessen des Bundesgesetzgebers. Er ist zur Rückübertragung der Gesetzgebungsbefugnis nicht verpflichtet, auch wenn er zu der Einschätzung gelangt, die Erforderlichkeit des Bundesgesetzes sei entfallen.[761] Die Anwendung der Öffnungsklausel liegt im Einflussbereich des Bundes. Seit Einführung dieser Vorschriften wurden zwei Versuche unternommen, Bundesgesetze für die Ländergesetzgebung zu öffnen, die jeweils von Seiten des Bundesrates initiiert wurden. Der erste Versuch entstand aus einer Initiative der Länder Baden-Württemberg, Bayern und Hessen.[762] Danach sollten insgesamt 21 Materien aus der konkurrierenden Gesetzgebungskompetenz vom Bund auf die Länder überführt werden. Der Entwurf wurde schon in den Ausschüssen des Bundesrats erheblich geändert und ist am Ende dem Diskontinuitätsprinzip der 13. Wahlperiode zum Opfer gefallen. Zuletzt wurde in der 14. Wahlperiode ein „Entwurf eines Gesetzes zur Umsetzung des Artikels 125a Abs. 2 des Grundgesetzes" eingebracht.[763] Danach waren für das BSHG, das VersG, das Reichssiedlungsgesetz, das Gesetz zur Ergänzung des Reichssiedlungsgesetzes, das Gesetz zur Förderung der landwirtschaftlichen Siedlung, die Hinterlegungsordnung, das FGG, das SGG, das HGB, das KStG, das GewStG, das Rennwett- und Lotteriewesen, das Grundstücksverkehrsgesetz, das Landpachtverkehrsgesetz, das Vieh- und Fleischgesetz, das SGB IV, das SGB XI und das Haftpflichtgesetz Öffnungsklauseln vorgesehen. Der Entwurf wurde nicht weiter beraten und ist nicht Gesetz geworden. Die bisherigen Regelungen des Grundgesetzes, die eine Öffnungsklausel beinhalten, sind somit bislang „law in the books" geblieben.[764] Zwar besteht die Möglichkeit für die Länder, nach

758 S. nur Oeter, in: v. Mangoldt/Klein/Stark, GG II, Art. 72 Rn. 117.

759 Degenhart, in: Sachs (Hrsg.), GG, Art. 72 Rn. 35; Kunig, in: v. Münch/Kunig, GG I-II, Art. 72 Rn. 3; Oeter, in: v. Mangoldt/Klein/Stark, GG II, Art. 72 Rn. 118.

760 S. nur Degenhart, a.a.O., Art. 72 Rn. 37; Oeter, a.a.O., Art. 72 Rn. 120.

761 Allgemeine Auffassung, s. nur Degenhart, in: Sachs (Hrsg.), GG, Art. 72 Rn. 38; Kunig, in: v. Münch/Kunig, GG III, Art. 72 Rn. 33; Oeter, in: v. Mangoldt/Klein/Stark, GG II, Art. 72 Rn. 120.

762 BR-Drs. 77/98.

763 BT-Drs. 14/2442.

764 Huber, in: Blanke/Schwanengel (Hrsg.), Zustand und Perspektiven des deutschen Bundesstaates, 2005, S. 29.

Art. 93 Abs. 1 Nr. 2a GG eine Entscheidung des BVerfG über die Frage herbeizuführen, ob Bundesregelungen den Anforderungen des Art. 72 Abs. 2 GG noch genügen, doch auf Grund der Ausgestaltung des Art. 72 Abs. 3 GG als Ermessenvorschrift ist es zweifelhaft, ob im Einzelfall ein Anspruch der Länder auf Öffnung des Bundesgesetzes zugunsten der Länder zuerkannt werden könnte.[765]

Das Grundgesetz sieht schon jetzt Möglichkeiten vor, im Bereich der konkurrierenden Gesetzgebungskompetenz Öffnungen zugunsten der Landesgesetzgebung zuzulassen, wobei diese teilweise nicht explizit als Öffnungsklausel gekennzeichnet sind. Allerdings besteht eine gewisse Zurückhaltung in der Anwendung dieses Instrumentariums.

b) Bewertung der generellen Einführung von Öffnungsklauseln

Die Befürworter der Einführung von Öffnungsklauseln erhoffen sich von diesen mehr Deregulierung und Vielfalt.[766] Ob eine Deregulierung mit Hilfe von Öffnungsklausel erreicht werden kann, scheint fraglich. Durch die Öffnung zugunsten des Landesgesetzgebers besteht die Möglichkeit, dass alle Länder eigene Regelungen für den bestimmten Bereich treffen. Damit würden dann im Extremfall 16 unterschiedliche Regelungen im Vergleich zu einer einheitlichen Bundesregelung existieren. Dieses Verfahren führt in seinem weitesten Fall somit gerade zum Gegenteil der Deregulierung. Auf den ersten Blick scheint das Verfahren der Öffnungsklauseln die Vielfalt an Rechtsregelungen zu fördern. Dagegen wird eingewendet, dass dies gerade nicht der Fall ist bzw. zumindest keine notwendige Konsequenz sein muss.[767] Schon heute hätte der Bund die Möglichkeit, im Rahmen von Art. 71 und 72 GG durch Öffnungsklauseln die Gesetzgebungsbefugnis der Länder zu stärken und diese gerade nicht ausgenutzt, sondern sich auf die Erforderlichkeit einer bundeseinheitlichen Regelung berufen. Dem ist nur insoweit zuzustimmen, als das Initiativrecht zur Öffnung beim Bund bleibt. Der Vorschlag von *Scholz*[768] dürfte keine Verbesserung zum gegenwärtigen Zustand bringen. Dadurch würden lediglich Rechtsstreitigkeiten vor dem Bundesverfassungsgericht gefördert, das darüber zu entscheiden hätte, ob der Bedarf und die Möglichkeit für Öffnungsklauseln vorhanden sind. Klarere Verantwortungen würden nicht geschaffen werden. Diese Bedenken hinsichtlich der Förderung der Vielfalt bestehen beim Vorschlag von *Schneider*[769] nicht, da dieser das Initiativrecht zum Erlass von Öffnungsklauseln zunächst den Ländern überlassen möchte. In diesem

765 S. auch Jochum, ZRP 2002, 258.
766 Scholz, Kommissionsdrucksache 0005, S. 5.
767 Kirchhof, Kommissionsdrucksache 0011, S. 7.
768 Scholz, Kommissionsdrucksache 0005, S. 5.
769 Schneider, Kommissionsdrucksache 0071 neu h, S. 4.

Fall könnten Öffnungsklauseln zu mehr Vielfalt im Bereich der Gesetzgebung führen. Allerdings ist auch hier zu beachten, dass eine Tendenz bei den Ländern besteht, ähnliches Landesrecht durch Absprachen im Rahmen von Fachministerkonferenzen oder Musterentwürfen zu erlassen, so dass eine Öffnungsklausel kein Garant für eine legislative Vielfalt ist. Prinzipielle Einwände gegen eine mögliche Vielfalt der Regelungen bestehen dahingehend, dass dadurch keine klare Verantwortungsteilung geschaffen wird, da für den einzelnen schwer nachzuvollziehen ist, wer letztendlich für die konkrete Regelung verantwortlich ist.[770]

Des Weiteren wird argumentiert, dass Öffnungsklauseln einen Innovationswettbewerb der Länder um die bestmöglichen Lösungen fördern können. Gerade im Abfallbereich sei ein solcher Wettbewerb um die besten abfallwirtschaftlichen Lösungen wünschenswert.[771] Öffnungsklauseln würden die Chancen flexibler und innovativer Landesgesetzgebung im Wettbewerb verbinden und hätten gegenüber einer Zugriffslösung den Vorteil, dass der Bundesgesetzgeber das Maß der zugestandenen Öffnung sowie die Option einer Rückholung in der Hand behalten würde.[772] Dagegen bestehen generell dieselben Bedenken, die im vorherigen Abschnitt formuliert wurden. Grundsätzlich besteht allerdings die Möglichkeit eines Innovationswettbewerbs.

Die Einführung von Öffnungsklauseln zugunsten der Landesgesetzgeber wird dem Anliegen, die Gesetzgebungsautonomie der Länder zu stärken, gerecht.[773] Die Länder hätten mehr Möglichkeiten, um in bestimmten Sachbereichen legislativ tätig zu werden. Allerdings bestünde diese Möglichkeit nur dort, wo die Länder auch das Initiativrecht besitzen würden. Ansonsten wäre die Ländergesetzgebung wie schon zum derzeitigen Zeitpunkt vom Willen des Bundesgesetzgebers abhängig, da nur dieser die Öffnung einseitig gewähren könnte.[774] Von mehr Autonomie der Länder kann dann nicht mehr gesprochen werden.

Gegen die Einführung von Öffnungsklauseln wird eingewendet, dass diese im Widerspruch zur Erforderlichkeitsklausel des Art. 72 Abs. 2 GG stehen würden.[775] Es ist fragwürdig, wie eine bundesgesetzliche Regelung zu begründen wäre, wenn gleichzeitig der Bundesgesetzgeber durch Einfügung einer Öffnungsklausel deutlich macht, dass die Länder die Möglichkeit haben sollen, eine bessere Regelung zu treffen. Es ist nicht möglich, dass eine Regelung einerseits bundeseinheitlich erforderlich ist und andererseits die Länder ermächtigt werden, ei-

770 Ebenso Huber, Gutachten D für den 65. Deutschen Juristentag, S. D 57.
771 Vgl. Schink, UPR 2004, 211 mit diversen Beispielen.
772 Möstl, ZG 2003, 306.
773 Huber, Gutachten D für den 65. Deutschen Juristentag, S. D 57.
774 Vgl. dazu Kirchhof, DVBl. 2004, 981; Koch/Mechel, NuR 2004, 284.
775 Kirchhof, Kommissionsdrucksache 0011, S. 7; Koch/Mechel, NuR 2004, 285; Fischdick, Die Reform des föderalen Systems der Bundesrepublik Deutschland, S. 133f.

gene Regelungen zu treffen. Sobald eine Öffnungsklausel vorhanden wäre, wäre eine bundeseinheitliche Regelung nach den Maßstäben der Rechtsprechung des BVerfG nicht mehr erforderlich und daher unzulässig.[776] Ohne eine zusätzliche Änderung der Erforderlichkeitsklausel des Art. 72 Abs. 2 GG ist daher eine Einführung von Öffnungsklauseln nicht möglich. Entweder man reguliert die Gesetzgebungsbefugnisse des Bundes im Bereich der konkurrierenden Gesetzgebungskompetenz durch eine Erforderlichkeitsklausel oder man schafft Öffnungsklauseln. Beides zusammen ist systematisch nicht möglich.

Ein weiterer Einwand gegen die Einführung von Öffnungsklauseln betrifft die Tatsache, dass die konkurrierende Gesetzgebungskompetenz dadurch ein Stück weit der Rahmengesetzgebungskompetenz angenähert wird.[777] Durch teilweise direkt und vollständig geltende Regelungen und daneben möglichen Landesregelungen, die untereinander stark divergieren können, ist eine Ähnlichkeit zur Struktur der Rahmengesetzgebungskompetenz nicht zu leugnen. Damit treten aber dieselben Nachteile wie bei der Rahmengesetzgebungskompetenz zutage, namentlich ein Nebeneinander und Verflochtensein verschiedener Regelungsebenen. Diese Probleme sollten jedoch gerade durch die Reformdebatte gelöst werden. Außerdem besteht die Gefahr, dass durch die Öffnungsklauseln partikulares Bundesrecht geschaffen wird.[778] Diese Problematik, die die Öffnungsklauseln mit sich bringen, wird schon an derzeitigen Regelungen kritisiert.[779] An der Schaffung von partikularen Bundesrecht kann niemandem gelegen sein, da dies zu Rechtsunsicherheit beim Bürger führen kann. Somit ist die Einführung von Öffnungsklauseln nicht die geeignetste Methode, um klare und einfachere Verantwortungen zu schaffen.

c) Öffnungsklauseln im Umweltrecht

Das Vorhaben des integrierten Umweltschutzes lässt sich mit der konkurrierenden Gesetzgebungskompetenz zunächst verwirklichen. Ein einheitlicher gesamthafter Ansatz kann dadurch erreicht werden. Die Einführung von Öffnungsklauseln ist in diesem Bereich unschädlich, wenn es allein dem Bund zusteht, darüber zu befinden, ob er ein Bundesgesetz für den Landesgesetzgeber öffnen will. In diesem Fall kann er einfach im Bereich der integrativen Regelungen keine Öffnungen zulassen. Dadurch würde der gesamthafte Ansatz nicht aufgehoben werden. Problematischer ist die Situation, wenn die Länder das Initiativrecht für Öff-

776 So auch Fischdick, a.a.O., S. 133.
777 Möstl, ZG 2003, 309.
778 Huber, in: Blanke/Schwanengel (Hrsg.), Zustand und Perspektiven des deutschen Bundesstaates, S. 29.
779 S. Degenhart, in: Sachs (Hrsg.), GG, Art. 125 a Rn. 9.

nungsklauseln besitzen. Dann besteht die Möglichkeit, dass der gesamthafte Ansatz des Bundesgesetzes durch unterschiedliche Länderregelungen durchbrochen wird. Eine Verlagerung der Sachmaterie Umwelt in die konkurrierende Gesetzgebungskompetenz würde dann keinen Vorteil gegenüber der bisherigen Regelung bringen.

Die Umsetzung von Gemeinschaftsrecht ist ebenfalls teilweise unproblematisch, wenn die Kompetenz zur Festlegung von Öffnungsklauseln beim Bund liegt. Dadurch wäre zunächst klar, dass der Bund für die Umsetzung von Gemeinschaftsrecht zuständig ist. Da nur er entscheidet, ob Öffnungsklauseln eingebaut werden, besteht auch kein Problem im Falle einer nicht gemeinschaftsrechtkonformen Auslegung, da der Bund sowohl im Außen- wie auch im Innenverhältnis haften würde. Nach der Umsetzung durch das Bundesgesetz ist auch klar, ob noch weitere Umsetzungsschritte erforderlich sind. Ist keine Öffnungsklausel im Bundesgesetz vorhanden, so dient lediglich dieses Gesetz der Umsetzung und diese ist damit abgeschlossen. Sind Öffnungsklauseln vorhanden, besteht die Möglichkeit, dass die Länder später davon Gebrauch machen und eventuell eine Lösung wählen, die nicht gemeinschaftsrechtskonform ist. Dann besteht die Gefahr, dass die gesamte Richtlinie als nicht umgesetzt angesehen wird und es droht ein Vertragsverletzungsverfahren. Durch einen Rückgriff des Bundes, also dem Widerruf der Ermächtigung, durch Erlass einer Bundesregelung für diesen Fall kann zwar ein Vertragsverletzungsverfahren verhindert werden. Allerdings wäre damit der gesamte positive Effekt der Öffnungsklausel verloren, da diese Bundesregelung für alle Länder gelten und damit auch gemeinschaftsrechtkonforme Länderregelungen negieren würde. Unproblematisch ist damit allein die Konstellation, wenn der Bund das Recht zur Freigabe besitzt und von diesem im Bereich der Umsetzung von Gemeinschaftsrecht keinen Gebrauch macht. Allerdings ist dann die Einführung von Öffnungsklauseln unnötig, wenn sie keine Anwendung finden.

Die Probleme, die im Zusammenhang zwischen Wirtschaft und Rahmengesetzgebungskompetenz auftauchen, können durch die konkurrierende Gesetzgebungskompetenz gelöst werden. Solange die Befugnis zur Erteilung von Öffnungsklauseln beim Bund liegt, besteht keine Gefahr einer Wettbewerbsverzerrung, wenn der Bund in diesen Fällen keinen Gebrauch davon machen würde. Allerdings ist bei dieser Ausgangsposition wiederum die Notwendigkeit von Öffnungsklauseln in Frage gestellt, wenn sie nicht angewendet werden. Sollte das Initiativrecht bei den Ländern liegen, bestehen dieselben Probleme wie bei der Rahmengesetzgebungskompetenz. Es drohen Wettbewerbsverzerrungen durch ungleiche umweltrechtliche Vorschriften. Die Einführung von Öffnungsklauseln würde also im Vergleich zur geltenden Rechtslage keinen Vorteil bringen. Problematisch ist auch, dass Öffnungsklauseln im Umweltrecht zum „Ökodumping“

führen können und somit ihrem Zweck, der Suche nach der bestmöglichen Lösung, ad absurdum geführt würden. Je nach Ausgestaltung der neuen Kompetenznorm besteht entweder keine Möglichkeit des Bundes dagegen vorzugehen, da er eine Ermächtigung nicht mehr rückgängig machen kann, oder der Bund erlässt eine Bundesregelung und verhindert so das „Ökodumping". Allerdings wäre im letzten Fall insgesamt der Innovationscharakter der Öffnungsklauseln außer Kraft gesetzt, da sich alle Länder an die neue Bundesregelung zu halten haben, und zwar auch diejenigen, die die Öffnungsklausel genutzt haben, um eine bestmögliche Lösung zu finden. Das würde bedeuten, dass durch das Fehlverhalten eines Landes ein ganzes System in Frage gestellt werden könnte. Des Weiteren ist die mangelnde Planbarkeit für Unternehmen ein Kriterium gegen die Einführung von Öffnungsklauseln. Für ein Unternehmen ist im Falle von Öffnungsklauseln nicht ersichtlich, ob das Land, in dem es sich niederlassen möchte, von der Öffnungsklausel Gebrauch macht. Es ist also nicht vorsehbar, nach welchen umweltrechtlichen Vorschriften sich das Unternehmen zu richten hat. Diese Unsicherheit führt zu einem Investitionshindernis und macht den Standort Deutschland für Unternehmen nicht interessant. Um einen praktikablen Ausgleich zwischen Umweltrecht und Wirtschaft zu schaffen, ist die Einführung von Öffnungsklauseln daher nicht geeignet.

Dieselben Probleme ergeben sich im Grunde auch im Bereich des grenzüberschreitenden Umweltschutzes. Solange die Kompetenz zur Öffnung allein beim Bund liegt, stehen Öffnungsklauseln einem grenzüberscheitenden Umweltschutz nicht entgegen, da der Bund dann einfach keine Öffnungsklauseln vorsehen muss. Sollte die Initiative allerdings beim Land liegen, könnte durch eine landesgesetzliche Regelung der Sinn und Zweck des grenzüberschreitenden Umweltschutzes in Frage gestellt werden. Daher sind Öffnungsklauseln aus Sicht des grenzüberschreitenden Umweltschutzes abzulehnen.

d) Schlussfolgerung

Die Einführung von Öffnungsklauseln ist aus staats- und umweltrechtlichen Überlegungen abzulehnen. Aus staatsrechtlicher Sicht besteht insbesondere der Einwand, dass eine Regelung nicht einerseits bundeseinheitlich erforderlich sein kann und gleichzeitig die Länder ermächtigt werden, von dieser erforderlichen Regelung abzuweichen. Aus umweltrechtlichen Gesichtspunkten bestehen insbesondere Probleme bei der Umsetzung von Gemeinschaftsrecht und der Schaffung von wirtschaftlichen Rahmenbedingungen. Öffnungsklauseln sind nicht geeignet, die Probleme der Rahmengesetzgebungskompetenz zu beseitigen.

3. Konkurrierende Gesetzgebungskompetenz mit Frühwarnmechanismus

a) Struktur des Frühwarnmechanismus

Ein weiterer Vorschlag zur Stärkung der Länder im Bereich der Gesetzgebung, der im Rahmen der Beratungen der Bundesstaatenkommission gemacht wurde, betrifft eine rein verfahrensrechtliche Komponente. Um die Länder gegen einen überbordenden Zugriff des Bundes auf die in Art. 74 Abs. 1 GG aufgeführten Materien prozedural abzusichern, wird ein Frühwarnmechanismus vorgeschlagen.[780] Der Frühwarnmechanismus lehnt sich dabei an das „Protokoll über die Anwendung der Grundsätze der Subsidiarität und der Verhältnismäßigkeit“[781] zum EU-Verfassungsentwurf an. Nach den Ziffern 5 und 6 des Protokolls soll jedes nationale Parlament die Möglichkeit haben, frühzeitig eine Stellungnahme abzugeben, wenn es der Ansicht ist, dass das zu erlassende Gemeinschaftsrecht dem Grundsatz der Subsidiarität widerspricht. Die zuständigen Organe der Gemeinschaft müssen anschließend über die Stellungnahme beraten und begründen, warum sie sie entweder abgelehnt oder ihr zugestimmt haben. Die Kommission ist zwar nicht gezwungen, ihren Vorschlag abzuändern; erforderlich ist allerdings ein Beschluss, in dem ihre Entscheidung ausführlich begründet wird. *Huber*[782] schlägt im Hinblick auf diese Regelung vor, dass etwa 1/3 der Landtage ermächtigt werden, vor Erlass eines Gesetzes zu rügen, dass die Voraussetzungen des Art. 72 Abs. 2 GG nicht gegeben sind. Vorteile dieser Regelung wären entsprechende Überprüfungsobliegenheiten und Rechtfertigungslasten des Bundesgesetzgebers bzw. desjenigen, der das Gesetz nach Art. 76 Abs. 1 GG eingebracht hat. Des Weiteren würde ein mögliches Normenkontrollverfahren nach Art. 93 Abs. 1 Nr. 2a GG durch diese Maßnahme vorbereitet und strukturiert. Eine vergleichbare Regelung befindet sich im belgischen Verfassungsrecht in Art. 141, 143 BelgVerf und soll sich dort bewährt haben.[783]

b) Beteiligung der Landtage nach geltendem Recht

Die Einführung eines solchen Frühwarnmechanismus ist nicht erforderlich, wenn schon nach heutigem Recht eine frühzeitige Beteiligung der Landtage gesichert ist. Eine frühzeitige Beteiligung der Länder erfolgt nach heutigem Recht lediglich

---

780 S. Huber, Kommissionsdrucksache 0008, S. 8; ohne die konkrete Bezeichnung „Frühwarnmechanismus“ auch Benz, Kommissionsdrucksache 0071 neu c, S. 5.

781 CONV 850/03, S. 229 ff.

782 Huber, in: Blanke/Schwanengel (Hrsg.), Zustand und Perspektiven des deutschen Bundesstaates, S. 29.

783 Pernice, JZ 2000, 866ff., 876; Huber, Kommissionsdrucksache 0008, S. 8.

bei Initiativen der Bundesregierung. Gesetzentwürfe der Bundesregierung müssen nach Art. 76 Abs. 2 GG zunächst an den Bundesrat geschickt und diesem muss die Möglichkeit zur Stellungnahme gegeben werden, bevor sie im Bundestag eingebracht werden können. Diese frühzeitige Beteiligung des Bundesrates ist im Falle einer Initiative aus der Mitte des Bundestages hinfällig. Das bedeutet, dass für ca. 45% aller Gesetzgebungsverfahren, mit steigender Tendenz, keine frühzeitige Beteiligung der Länder über den Bundesrat erforderlich ist.[784] Weiterhin besteht die Möglichkeit, Gesetzesvorlagen mit Hilfe der Regierungsfraktionen ohne Beteiligung des Bundesrats einzubringen, indem ein Gesetzentwurf der Bundesregierung als Fraktionsentwurf eingebracht wird. Durch dieses Prozedere kann verhindert werden, dass der Bundesrat frühzeitig auf das Gesetzgebungsvorhaben Einfluss nimmt. Somit würde ein vorgeschlagener Frühwarnmechanismus zumindest in Fällen, in denen die Gesetzesinitiative von Seiten des Bundestages erfolgt, eine frühere Beteiligung der Länder ermöglichen.

Fraglich ist, ob der vorgeschlagene Frühwarnmechanismus auch im Falle eines Initiativrechts der Bundesregierung einen Vorteil bringen würde, oder ob die derzeitige Rechtslage schon den geforderten Anforderungen entspricht. Die vorgeschlagene Ergänzung sieht vor, dass „etwa 1/3 der Landtage“[785] einschreiten können. Demgegenüber sieht das Grundgesetz in Art. 76 Abs. 2 vor, dass der Bundesrat zu beteiligen ist. Der Bundesrat setzt sich nach Art. 51 Abs. 1 GG aus Mitgliedern der Landesregierungen zusammen. Eine Verbesserung der derzeitigen Rechtslage würde folglich dann vorliegen, wenn die Landtage nach geltendem Recht keine oder sehr begrenzte Möglichkeiten der Einflussnahme auf das Verhalten ihrer Regierungen im Bundesrat haben. Die Frage, ob die Landesregierung durch Beschlüsse des Landesparlaments in ihrem Stimmverhalten im Bundesrat gebunden werden kann, ist umstritten. Die Verfassungsrechtsprechung[786] und die herrschende Lehre[787] halten eine solche Bindung für grundgesetzwidrig. Den Landesparlamenten verbleibe allein die Möglichkeit, auf die Willensbildung der Landesregierung durch Empfehlungen in Form des einfachen Parlamentsbe-

784 Vgl. die statistischen Angaben bei Bryde, in: v. Münch/Kunig, GG III, Art. 76 Anhang. Danach steigt das Verhältnis von Gesetzesinitiativen zugunsten des Bundestages. Gingen in der 7. Wahlperiode noch 77,6% aller Gesetzentwürfe von Seiten der Bundesregierung aus, so waren es in der 13. Wahlperiode lediglich noch 57,4%.

785 Huber, in: Blanke/Schwanengel (Hrsg.), Zustand und Perspektiven des deutschen Bundesstaates, S. 29.

786 BVerfGE 8, 104, 120f.; StGH BW DÖV 1986, 794, 795.

787 S. nur Krebs, in: v. Münch/Kunig, GG II, Art. 51 Rn. 14; Maunz, in: Maunz/Dürig, GG, Art. 51 Rn. 17 (Loseblatt, Stand: Oktober 1996).

schlusses für das Abstimmungsverhalten im Bundesrat einzuwirken.[788] Die Gegenauffassung möchte Weisungsrechte des Parlaments gegenüber der Landesregierung oder unmittelbar gegenüber den jeweiligen Mitgliedern des Bundesrates zulassen, sofern es jeweilige Landesregelungen – einfachgesetzlich oder verfassungsrechtlich – vorsehen.[789] Diese Auffassung wird überwiegend abgelehnt, da dadurch die Landesparlamente Einfluss auf die Bundeslegislative erhielten und somit die bundesstaatliche Kompetenzordnung durchbrochen würde.[790] Die Verfassungspraxis in den Ländern sieht vor, dass die Landesregierungen das Parlament über die Angelegenheiten des Bundesrats unterrichten. Die Landesregierung ist außerdem gegenüber den Landesparlamenten für ihr Stimmverhalten aufgrund des in allen Bundesländern geltenden parlamentarischen Regierungssystems verantwortlich.[791] Der Einfluss der Landesparlamente ist damit im gegenwärtigen System gering. Ein einzuführender Frühwarnmechanismus würde folglich die Landesparlamente auch dann stärken, wenn der Gesetzentwurf von Seiten der Bundesregierung initiiert wurde.

c) Erforderlichkeit der Einführung eines prozeduralen Instruments

Die Einführung eines Frühwarnmechanismus ist grundsätzlich geeignet, die Länderparlamente zu stärken. Die Einführung dieses prozeduralen Instruments widerspricht aber teilweise den Zielsetzungen der Bundesstaatskommission. Der Frühwarnmechanismus führt nämlich zu einer weiteren Politikverflechtung.[792] Durch das Hinzufügen weiterer Verfahrensschritte innerhalb des Gesetzgebungsverfahrens werden legislative Entscheidungsprozesse weiter verlängert und unnötig verkompliziert. Eine klarere Verantwortungsteilung wird dadurch nicht erreicht.

Fraglich ist außerdem, ob eine so frühzeitige Beteiligung, die lediglich dazu dient, den Bund daraufhin zuweisen, dass nach Ansicht der Länder die Voraussetzungen nach Art. 72 Abs. 2 GG nicht erfüllt sind, nach der Rechtsprechung des BVerfG überhaupt noch notwendig ist. Das BVerfG hat in seiner jüngeren Rechtsprechungspraxis den Spielraum des Bundesgesetzgebers stark verringert. Eine Bundesregelung ist danach nur erforderlich, wenn ohne sie die vom Gesetzgeber für sein Tätigwerden im konkret zu regelnden Bereich in Anspruch ge-

788 Korioth, in: v. Mangoldt/Klein/Stark, GG II, Art. 51 Rn. 25 m.w.N.; a.A. BVerfGE 8, 104, 120f., da somit das Landesparlament unzulässigerweise in Angelegenheiten des Bundes eingreife.

789 S. nur v. Mangoldt/Klein, GG, 2. Auflage 1964, Art. 51 Anm. IV 3 b.

790 Korioth, in: v. Mangoldt/Klein/Stark, GG II, Art. 51 Rn. 25 m.w.N.

791 BVerfGE 8, 104, 121; Korioth, a.a.O., Art. 51 Rn. 26 m.w.N.

792 Schwanengel, DÖV 2004, 556.

nommene Zielvorgabe des Art. 72 Abs. 2 GG nicht oder nicht hinlänglich erreicht werden kann.[793] Die Kontrolle dieser Erforderlichkeit unterliegt dem BVerfG. Der Gesetzgeber besitzt für die Feststellung künftiger Entwicklungen, von denen die Erforderlichkeit im Sinne des Art. 72 Abs. 2 GG abhängt, einen Prognosespielraum. Das BVerfG prüft in diesem Fall nur, ob vom Gesetzgeber relevante Tatsachen übersehen wurden oder ob er seine Entscheidung auf eine umfassende, möglichst vollständige Tatsachenermittlung stützen kann.[794] Der Bundesgesetzgeber unterliegt folglich einem erhöhten Begründungsaufwand, wenn er im Bereich der konkurrierenden Gesetzgebungskompetenz tätig werden möchte. Ein solcher soll auch durch die Einführung des Frühwarnmechanismus geschaffen werden. Da allerdings schon nach der Rechtsprechung des BVerfG ein erhöhter Begründungsaufwand Voraussetzung jedweden bundesgesetzgeberischen Handelns ist, ist die Einführung eines Frühwarnmechanismus entbehrlich. Durch die korrekte Anwendung der Erforderlichkeitsklausel des Art. 72 Abs. 2 GG wird garantiert, dass die Inanspruchnahme dieser Kompetenz genauestens begründet wird. Anderenfalls riskiert der Bund eine Nichtigerklärung der Vorschriften durch das BVerfG. Die Vorteile, die ein Frühwarnmechanismus bringen soll, sind also schon bei konsequenter Anwendung der Erforderlichkeitsklausel vorhanden. Daher kann auf die Einführung eines Frühwarnmechanismus verzichtet werden, da ein solcher lediglich zu mehr Politikverflechtung führen und keinen weiteren Vorteil bringen würde.

Im Umweltrecht hätte ein Frühwarnmechanismus keine weiteren Auswirkungen. Die Umweltziele ließen sich durch die konkurrierende Gesetzgebungskompetenz verwirklichen. Die frühe Beteiligung der Landesparlamente würde keine Rolle spielen, da der Bundesgesetzgeber schon jetzt erheblichen Begründungspflichten unterliegt. Da unnötige Vorschriften und Verfahrensweisen allerdings im Rahmen der Deregulierung vermieden werden sollten, ist die Einführung eines Frühwarnmechanismus auch aus umweltrechtlicher Sicht abzulehnen.

d) Schlussfolgerung

Die Einführung eines Frühwarnmechanismus soll die Stärkung der Landesparlamente durch einen erhöhten Rechtfertigungsbedarf seitens des Bundesgesetzgebers garantieren. Allerdings unterliegt der Bundesgesetzgeber schon jetzt bei konsequenter Anwendung der Erforderlichkeitsklausel des Art. 72 Abs. 2 GG einem erhöhten Begründungsaufwand, um den Anforderungen des Bundesverfas-

---

793 BVerfG, NJW 2003, 41, 53.
794 BVerfG, NJW 2003, 41, 54.

sungsgerichts gerecht zu werden. Daher ist im Sinne der Deregulierung eine Einführung dieses prozeduralen Instruments abzulehnen.

4. Teilweise Verlagerung in die konkurrierende Gesetzgebungskompetenz

a) Struktur

Ein weiterer Vorschlag sieht vor, die Umweltrechtsmaterien nur teilweise in die konkurrierende Gesetzgebungskompetenz zu integrieren und ansonsten der ausschließlichen Gesetzgebungskompetenz der Länder zuzuordnen. Danach sollen die bisherigen umweltspezifischen Kompetenztitel durch einen Kompetenztitel „Zulassung von Anlagen und Produkten" ersetzt werden.[795] Die Zuweisung der „Zulassung von Anlagen und Produkten" an den Bund soll der wirtschaftlichen Bedeutung dieser Verfahren gerecht werden.

b) Kritik

Gegen eine solche Teilung der Gesetzgebungskompetenzen im Umweltrecht bestehen erhebliche Bedenken. Zunächst führt die Einführung des vorgeschlagenen Kompetenztitels zu erheblichen Abgrenzungsschwierigkeiten. Der Begriff der „Anlage" ist im deutschen Umweltrecht nicht einheitlich geregelt.[796] In den verschiedenen Fachgesetzen erfasst der Begriff unterschiedliche Sachverhalte. Daneben ist zu beachten, dass etwa im Atomrecht der Anlagenbegriff zwar in § 7 Abs. 1 AtG vorausgesetzt ist, allerdings weder im AtG noch in den Verfahrensordnungen definiert ist. Ein einheitlicher Anlagenbegriff hat sich in Rechtsprechung und Literatur nicht durchsetzen können, so dass mehrere Anlagenbegriffe unterschieden werden.[797] Durch die bisherige unterschiedliche Verwendung des Begriffs sind daher in der praktischen Anwendung zahlreiche Schwierigkeiten zu erwarten. Zusätzlich wird die Abgrenzung zwischen „zur Anlage gehörend" und „nicht zur Anlage gehörend" zu zahlreichen Streitigkeiten führen. So ist schon in der Arbeitsunterlage zu erkennen, dass die Zugehörigkeit von bestimmten Teilbereichen, wie beispielsweise der des Störfallbeauftragten, zum neuen Kompetenztitel angezweifelt wird.[798] Daher wird dieser Kompetenztitel zu zahlreichen Ab-

---

795 Müller, Arbeitsunterlage 0040, S. 1ff.

796 Hoppe/Beckmann/Kauch, Umweltrecht, § 21 Rn. 36.

797 S. dazu nur Hoppe/Beckmann/Kauch, a.a.O., § 24 Rn. 20; Kloepfer, Umweltrecht, § 15 Rn. 57ff.

798 Müller, Arbeitsunterlage 0040, S. 3.

grenzungsstreitigkeiten führen und damit dem Ziel der Entflechtung und Vereinfachung der Gesetzgebungsvorhaben nicht gerecht.

Des Weiteren bestehen erhebliche Bedenken im Hinblick auf zukünftige Umsetzungsverfahren von Gemeinschaftsrecht. Die querschnittsartigen Richtlinien der Gemeinschaft dürften in Zukunft nur vom Bund umgesetzt werden, soweit die Zulassung von Anlagen und Produkten betroffen ist. Dadurch würde sich zwangsläufig ein geteiltes Umsetzungsverfahren ergeben, da in der Regel mehr als lediglich die Zulassung von Anlagen und Produkten betroffen sein wird. Für diese weiterreichenden Regelungen sind allerdings ausschließlich die Länder zuständig, die mit ihrem jeweiligen Umsetzungsverfahren warten müssen, bis der Bund umgesetzt hat, da erst zu diesem Zeitpunkt ersichtlich ist, welche Teile der Richtlinie einer weiteren Umsetzung bedürfen. Für die Umsetzung einer Umweltrichtlinie dürften daher regelmäßig 17 Rechtsakte erforderlich werden. Diese zahlreichen Verfahren führen zu einer Anfälligkeit von Verfahrensfehlern, die wiederum in ein Vertragsverletzungsverfahren führen können, an dessen Ende die Verurteilung zur Zahlung eines Zwangsgeldes steht.

c) Umweltziele

Auch aus umweltrechtlicher Sicht ist der vorgeschlagene Kompetenztitel nicht zu empfehlen. Integrative Umweltschutzbestimmungen sind durch den Bund nur in Bezug auf die Zulassung von Anlagen und Produkte zu erreichen. Ansonsten wären die Länder zuständig, die durch ihre eigenen Regelungen den integrativen Charakter aufweichen könnten. Da die integrativen Ansätze zumeist von der Gemeinschaft vorgegeben werden, bestehen hinsichtlich der Umsetzung die oben erörterten Probleme.

Die Rahmenbedingungen für die Wirtschaft würden sich lediglich teilweise verbessern. Beim Bau von neuen Anlagen würden bundeseinheitliche Regelungen gelten. Umfasst von einer solchen Regelung wäre auch die naturschutzrechtliche Eingriffsregelung, so dass in diesem Bereich kein Platz für länderrechtliche Besonderheiten verbliebe. Ungelöst wären dagegen weiterhin Regelungen bezüglich eines Wasserentnahmeentgelts, da die Entnahme von Wasser zu wirtschaftlichen Zwecken nicht zwangsläufig mit der Zulassung einer Anlage oder eines Produktes zusammenhängen muss. Daher würden in diesem Bereich dieselben Probleme, die im Bereich der Rahmengesetzgebungskompetenz bestehen, existieren.

Die Möglichkeiten, grenzüberschreitenden Umweltschutz zu gewährleisten, wären durch die neue Kompetenznorm ebenfalls eingeschränkt. Da kein Zusammenhang mit der Zulassung von Anlagen und Produkten besteht, würden die Kernkompetenzen für den Naturschutz und die Landschaftspflege bei den Ländern verblieben. Damit würde jedoch der grenzüberschreitende Naturschutz erheblich erschwert werden, da der Bund keine Einflussmöglichkeiten auf den Erlass solcher Regelungen hätte. Dasselbe gilt für den Erlass eines bundeseinheitlichen Hochwasserschutzgesetzes, da Hochwasserschutz in keinem Zusammenhang mit der Zulassung von Anlagen und Produkten besteht.

d) Schlussfolgerung

Die Trennung der umweltrechtlichen Kompetenztitel auf die konkurrierende Gesetzgebungskompetenz des Bundes und die ausschließliche Gesetzgebungskompetenz der Länder durch die Einführung eines neuen Kompetenztitels „Zulassung von Anlagen und Produkten" ist abzulehnen. Gegen die Einführung sprechen Abgrenzungsprobleme und die mangelnde Fähigkeit, Gemeinschaftsrecht effektiv umzusetzen. Des Weiteren bleiben die umweltrechtlichen Schwierigkeiten der Rahmengesetzgebungskompetenz im Kern bestehen.

5. Reine konkurrierende Gesetzgebungskompetenz

Im Rahmen der Beratungen der Bundesstaatenkommission wurde ebenfalls vorgeschlagen, die konkurrierende Gesetzgebungskompetenz ohne Zugriffsrecht oder Öffnungsklauseln beizubehalten, aber gegebenenfalls Änderungen an der Erforderlichkeitsklausel vorzunehmen.[799] Dabei wurde sowohl von Seiten der Kommissionssachverständigen[800] als auch von Seiten der Umweltrechtswissenschaft[801] gefordert, die Sachmaterien des Umweltschutzes in die konkurrierende Gesetzgebungskompetenz zu überführen. Die Umweltrechtswissenschaft erhob diese Forderung in den letzen Jahren vermehrt und eindringlich.[802] Bestrebungen, die Umweltmaterien der Rahmengesetzgebungskompetenz in die konkurrierende Gesetzgebungskompetenz zu überführen, wurden allerdings schon während der ersten Legislaturperioden unternommen. Im Bereich des Wasserrechts wurde schon am 1. Februar 1957 von allen Fraktionen ein Antrag auf Änderung des

---

799 Kirchhof, Kommissionsdrucksache 0011, S. 4; Grimm, Kommissionsdrucksache 0018, S. 2; Meyer, Kommissionsdrucksache 0071 neu f, S. 1.

800 Meyer, Kommissionsdrucksache 0013, S. 16.

801 S. nur Kloepfer, NuR 2004, 759ff., 763; Koch/Mechel, NuR 2004, 286.

802 Vgl. nur Reichert, NVwZ 1998, 21; Schendel, ZfW 1999, 311ff., 316; Brandt, in: v. Köller (Hrsg.), Umweltpolitik mit Augenmaß, 2000, S. 179; Schmalholz, ZfW 2001, 69ff., 98; Berendes, ZfW 2002, 220. S. auch Der Rat von Sachverständigen für Umweltfragen (SRU), Umweltpolitische Handlungsfähigkeit sichern, 2004, S. 8. A.A. Rehbinder/Wahl, NVwZ 2002, 27.

Grundgesetzes eingebracht, wonach das Wasserrecht einschließlich der Wasserwirtschaft in den Katalog der konkurrierenden Gesetzgebungsbefugnis des Bundes überführt werden sollte.[803] Der Antrag wurde von der Tagesordnung abgesetzt, nachdem das WHG angenommen war. Anschließend unternahm die Bundesregierung wiederholt Versuche, die Sachmaterie Wasserhaushalt in die konkurrierende Gesetzgebungskompetenz zu überführen[804], die allerdings allesamt scheiterten. Auch im Bereich des Naturschutzes und der Landschaftspflege gab es in der sechsten und siebten Legislaturperiode Bestrebungen, diese Sachmaterie in die konkurrierende Gesetzgebungskompetenz zu integrieren.[805] Die hierfür notwendige Änderung scheiterte in der siebten Legislaturperiode am Widerstand des Bundesrates.[806]

a) Vorteile der reinen konkurrierenden Gesetzgebungskompetenz, insbesondere im Umweltrecht

Für die Zuordnung der Umweltmaterien des Art. 75 Abs. 1 S. 1 Nr. 3 und 4 GG zur konkurrierenden Gesetzgebungskompetenz sprechen gewichtige Gründe. Zunächst ist im Rahmen der Diskussion zu berücksichtigen, dass bei der ursprünglichen Verteilung der Gesetzgebungskompetenzen eine andere Situation vorlag, die der heutigen gesetzgeberischen Realität nicht mehr entspricht.[807] Die damalige Entscheidung zugunsten der Rahmengesetzgebungskompetenz ließ sich durchaus vertreten, da wasserrechtliche und naturschutzrechtliche Regelungen auf Länderebene schon seit Jahrzehnten getroffen waren. Allerdings haben sich die Anforderungen, die an ein modernes Umweltrecht gestellt werden, erheblich geändert. Die zahlreichen unterschiedlichen Umweltbelastungen und zugleich die Frage, wie darauf von staatlicher Seite aus reagiert werden kann und muss, sind zu einer Basisgröße für politisches Agieren auf den verschiedenen Ebenen geworden.[808] Diese Anforderungen an eine erfolgreiche Umweltpolitik sind bei einer Neuverteilung der Gesetzgebungskompetenzen zu beachten und haben nicht die Intention, den Föderalismus in seiner Gesamtheit abzuschaffen.[809] Die Erkenntnis des enormen Bedeutungszuwachses der Umweltgesetzgebung ist auch in den Ländern vorhanden. So befürwortet einer Umfrage zufolge die Mehrheit der

803 BT-Drs. II/3158.
804 BT-Drs. V/3515; BT-Drs. VI/1298; BT-Drs. 7/887.
805 BT-Drs. VI/1298; BT-Drs. 7/885.
806 S. dazu Gassner, in: Gassner/Bendomir-Kahlo/Schmidt-Räntsch (Hrsg.), BNatSchG, Einf Rn. 17.
807 Vgl. dazu Schendel, in: Kloepfer (Hrsg.), Umweltföderalismus, S. 377.
808 Brandt, in: v. Köller (Hrsg.), Umweltpolitik mit Augenmaß, S. 178.
809 Schendel, ZfW 1999, 315f.

Landesumweltministerien eine Änderung der Gesetzgebungskompetenzen im Bereich des Umweltschutzes, wobei vorgeschlagen wird, dass ein Kompetenztitel „Umweltschutz“ innerhalb des Kataloges der konkurrierenden Gesetzgebung geschaffen werden soll.[810] Diese Aussage widerspricht auf den ersten Blick der grundsätzlichen Tendenz der Länder, ihre Rechte im Bundesstaat zu stärken. Sie zeigt aber auch, dass auf fachlicher Ebene ein weiter Konsens bezüglich der Neuordnung der Gesetzgebungskompetenzen im Umweltschutz besteht. Der Grund für diese Aussage der Länder dürfte sein, dass einzelne Länder mit der umfassenden Gesetzgebungstätigkeit im Umweltschutz schlicht weg überfordert sind bzw. die dafür notwendigen Ressourcen nicht bereitstellen können.

Die Verlagerung von Sachmaterien in die konkurrierende Gesetzgebungskompetenz würde einer klareren Verantwortungsteilung dienen. Durch den Verzicht auf Zugriffsrechte oder Öffnungsklauseln besteht eine eindeutige Zuordnung der Verantwortung. Soweit der Bund im Bereich einer Sachmaterie tätig geworden ist, bleibt für den Landesgesetzgeber grundsätzlich kein Raum für eigene Regelungen. Die Zuordnung zur konkurrierenden Gesetzgebungskompetenz schafft also in den Fällen Klarheit, in denen bei der Rahmengesetzgebungskompetenz oder durch die Möglichkeit von Zugriffen seitens der Länder mehrere Verantwortliche führend wären. Eine solche, prinzipiell klare Kompetenzzuweisung dürfte für die Länder eher zu verschmerzen sein als ein stetig schleichender Verlust der eigenen Rechtssetzungsmöglichkeit zugunsten des Bundes.[811] Zumindest für den Rechtsanwender wäre im Umweltbereich ein nicht zu unterschätzender Vorteil erreicht. Für ihn wäre klar ersichtlich, dass grundsätzlich Regelungen des Bundes im gesamten Umweltrecht erlassen werden können, die allesamt inhaltlich derselben Intensität entsprechen. Des Weiteren ermöglicht die konkurrierende Gesetzgebungskompetenz Flexibilität. Die Bedeutung einer Materie kann sich aus Bundessicht so verändern, dass sie entweder einer bundeseinheitlichen Regelung nicht oder nicht mehr bedarf oder jedenfalls eine Vollregelung nicht notwendig ist.[812] Einem solchen Bedeutungsverlust kann mit Hilfe der konkurrierenden Gesetzgebungskompetenz einfach und schnell begegnet werden.

Die konkurrierende Gesetzgebungskompetenz schließt auch die Länder von der Gesetzgebung in diesem Bereich nicht vollständig aus, sondern bietet die Möglichkeit, diese am Rechtsetzungsprozess zu beteiligen, ohne den Nachteilen eines Zugriffsrechts zu unterliegen. Neben den erlassenen Bundesgesetzen bestehen in den meisten Fällen noch Gestaltungsspielräume der Länder.[813] Grundsätz-

---

810 Vgl. Kloepfer, Umweltrecht in Bund und Ländern, § 21 Rn. 25.
811 Brandt, in: v. Köller (Hrsg.), Umweltpolitik mit Augenmaß, S. 175.
812 Meyer, Kommissionsdrucksache 0071 neu f, S. 5f.
813 Brandt, a.a.O., S. 181; Koch/Mechel, NuR 2004, 285.

lich besteht zwar im Bereich der konkurrierenden Gesetzgebungskompetenz eine Sperrwirkung zugunsten des Bundes. Folglich kann, solange und soweit der Bund von einer ihm verliehenen konkurrierenden Gesetzgebungskompetenz wirksam Gebrauch gemacht hat, neues Landesrecht nicht mehr entstehen, und bereits erlassene Landesgesetze werden unzulässig und nichtig.[814] Allerdings besteht die Möglichkeit, dass die Sperrwirkung des Art. 72 GG durch eine Ermächtigung des Bundesgesetzgebers durchbrochen wird. Die Zulassung solcher Regelungen, die die Sperrwirkung des Bundesgesetzes dadurch durchbrechen, dass in einzelnen Bundesgesetzen die Landesgesetzgeber zum Erlass von ergänzenden oder sogar abweichenden Regelungen ermächtigt werden, ist jedoch seit jeher heftig umstritten.[815] Das Bundesverfassungsgericht geht in ständiger Rechtsprechung davon aus, dass es dem Bundesgesetzgeber unbenommen bleibe, über die Schaffung spezifischer Regelungsvorbehalte zugunsten des Landesgesetzgebers Öffnungsklauseln zu normieren.[816] Mache ein Land von dieser Befugnis Gebrauch, so mache es von seiner ursprünglichen Gesetzgebungskompetenz Gebrauch, so dass die erlassene Regelung als Landesrecht und nicht als Bundesrecht zu qualifizieren sei.[817] Dem wird entgegengehalten, dass eine Öffnung der konkurrierenden Gesetzgebungskompetenz für Vorbehalte bzw. Ermächtigungen zugunsten des Landesgesetzgebers nicht mit der Systematik des Art. 72 Abs. 1 GG vereinbar sei.[818] So sei eine Befugnis der Länder zur Gesetzgebung trotz Gebrauchmachens des Bundes nicht denkbar. Die Zuständigkeit der Länder sei in diesem Fall gesperrt, soweit die Reichweite des Bundesgesetzes reiche.[819] Würden die weithin gängigen Vorbehalte zugunsten des Landesgesetzgebers vom BVerfG als Ermächtigungen interpretiert, so falle es einer falschen und letztlich unzulässigen Analogie zu Art. 71 GG zum Opfer, der einzig ein derartiges Instrument kenne.[820] Regelungsvorbehalte zugunsten des Landesgesetzgebers können auch als bloße Hinweise des Bundesgesetzgebers zu verstehen sein, er habe insoweit keine abschließende Regelung getroffen und somit in dem Umfang von seinem Gesetzgebungsrecht keinen Gebrauch gemacht, wie er die weitere Ausgestaltung

814 S. nur Pieroth, in: Jarass/Pieroth, GG, Art. 72 Rn. 6.
815 S. nur Maunz, in: Maunz/Dürig, GG, Art. 72 Rn. 11f.; Rengeling, in: Isensee/Kirchhof (Hrsg.), HStR IV, § 100 Rn. 117; Kunig, in: v. Münch/Kunig, GG III, Art. 72 Rn. 13; Degenhart, in: Sachs (Hrsg.), GG, Art. 72 Rn. 20.
816 BVerfGE 11, 192, 200; 20, 238, 251; 24, 367, 386; 29, 125, 137; 33, 224, 229; 35, 65, 73f.; 47, 285, 314; 75, 40, 73; 78, 132, 144f.; 83, 24, 30; 85, 134, 142f.
817 BVerfGE 18, 407, 416, auch Maunz, in: Maunz/Dürig, GG, Art. 72 Rn. 11.
818 S. etwa Rudolf, AöR 88, 162ff.; Grziwotz, AöR 116, 600; v. Mangoldt/Klein/Pestalozza, GG, 3. Aufl. 1996, Art. 72 Rn. 273ff.
819 V. Mangoldt/Klein/Pestalozza, GG, 3. Aufl. 1996, Art. 72 Rn. 273.
820 V. Mangoldt/Klein/Pestalozza, GG, 3. Aufl. 1996, Art. 72 Rn. 275.

dem Landesgesetzgeber vorbehalten habe.[821] Offensichtlich wird dies, wenn der Bundesgesetzgeber einen bestimmten Teilbereich bedingungslos für den Landesgesetzgeber frei lässt. Ein solcher Vorbehalt hat lediglich klar stellende Funktion, dass insoweit keine erschöpfende Regelung vorliegt, die den Landesgesetzgeber sperrt.[822] Eine solche Öffnungsklausel würde lediglich der Systematik der konkurrierenden Gesetzgebungskompetenz entsprechen. Daher besteht die Möglichkeit, dass der Landesgesetzgeber im Bereich der konkurrierenden Gesetzgebungskompetenz trotz Erlass eines Bundesgesetzes tätig wird. Diese Möglichkeit wird gerade für den Bereich des Umweltschutzes gesehen. So sind sowohl im Vollzugsbereich[823] als auch im Bereich der planerisch-gestaltenden Aufgaben[824], insbesondere der Landschaftsplanung, der Wasserwirtschaftsplanung, der Luftreinhaltung, der Lärmminderung und der Abfallwirtschaftsplanung zahlreiche länderspezifische Gestaltungsmöglichkeiten denkbar, die ein eigenständiges Profil und einen föderalen Wettbewerb um die beste Umweltpolitik ermöglichen. Am Beispiel des Immissionsschutzrechtes haben *Koch/Mechel*[825] verdeutlicht, das substantielles planerisches Gestalten auch dann den Ländern verbleibt, wenn der betroffene Sachbereich der konkurrierenden Gesetzgebungskompetenz des Bundes zugeordnet ist. So liegen Gestaltungsmöglichkeiten sowohl im Bereich der Lärmminderungsplanung als auch im Bereich der Luftreinhalteplanung bei den Ländern.

Die Befürchtung, der Bund könne aufgrund seiner konkurrierenden Gesetzgebungskompetenz auch umfassend regionale Sachverhalte regeln, ist nicht zu teilen. Zunächst dürfte dem Bund das Interesse an einer bundesweiten Regelung für regionale Sachverhalte fehlen. Außerdem ist zu beachten, dass die Länder sich einer solchen „Regelungswut" erwehren können. Regionale Sachverhalte können vom Bund nur geregelt werden, wenn eine bundeseinheitliche Regelung erforderlich ist. Ist sie nicht erforderlich, so können die Länder gemäß Art. 93 Abs. 1 Nr. 2a GG gezielt gegen diese Regelung vorgehen. Danach können der Bundesrat, die Länderregierungen oder die Länderparlamente das BVerfG anrufen, um feststellen zu lassen, dass eine Bundesregelung gegen Art. 72 Abs. 2 GG

---

821 Oeter, in: v. Mangoldt/Klein/Starck, GG II, Art. 72 Rn. 57; Jarass, NVwZ 1996, 1044; Ossenbühl, DVBl. 1996, 22.

822 Oeter, a.a.O., Art. 72 Rn. 57.

823 Brandt, in: v. Köller (Hrsg.), Umweltpolitik mit Augenmaß, S. 181, der als gelungenes Beispiel das BBodSchG anführt. Diesem Beispiel ist jedoch mit der überwiegenden Meinung nicht zuzustimmen, da gerade das BBodSchG den Ländern kaum eigenen Gestaltungsspielraum überlässt, s. nur Knopp/Albrecht, Altlastenrecht in der Praxis, 2. Aufl. 1998, S. 21f.; Knopp, DÖV 2001, 441ff., 444f.

824 Koch, in: BMU (Hrsg.), Föderalismusreform: Neuordnung der Umweltkompetenzen, S. 12.

825 Koch/Mechel, NuR 2004, 285.

verstößt. Die Vorschrift dient der Kontrolle einer bundesgesetzlichen Vorschrift nur in Bezug auf die Erforderlichkeit nach Art. 72 Abs. 2 GG.[826] Somit haben die Länder im Bereich der konkurrierenden Gesetzgebungskompetenz eine Möglichkeit, gegen eine überbordende Gesetzgebungstätigkeit des Bundes vorzugehen. Daher ist auch bei einer reinen konkurrierenden Gesetzgebungskompetenz des Bundes im Bereich der Umwelt Raum für regionale Besonderheiten, die vom jeweiligen Landesgesetzgeber geregelt werden.

Des Weiteren ist zu beachten, dass den Vorteilen dieser Kompetenzerweiterung zugunsten des Bundes keine gleich gewichtigen Nachteile für die Länder gegenüber stehen. So verlören die Länder nicht bedeutsame Gestaltungsspielräume, da die Kompetenzen im Bereich des Wasserhaushalts, des Naturschutzes und der Landschaftspflege im Wesentlichen bereits auf die EG übergegangen sind.[827] Dies zeigt sich anschaulich am Beispiel des EG-Wasserrechts. Dieses hat mit der Wasserrahmenrichtlinie eine Dichte erlangt, die ein Bundesgesetz, gestützt auf die konkurrierende Gesetzgebungskompetenz, nicht annährend anstreben würde.[828] Die Länder würden im Kern prinzipiell lediglich die Kompetenz zur rechtlichen Umsetzung des Gemeinschaftsrechts abgeben, wobei diesbezüglich aus rechtlicher und fachlicher Sicht ohnehin einheitliche bundesrechtliche Vorgaben präferiert werden[829], und somit weiterhin wichtige Aufgaben im Bereich des Wasserhaushalts, des Naturschutzes und der Landschaftspflege behalten. In der staatlichen Wasserwirtschaft würde auch im Falle der konkurrierenden Gesetzgebungskompetenz die Bewirtschaftung der Gewässer nach pflichtgemäßem Ermessen der Wasserbehörden im Verantwortungsbereich der Länder liegen.[830] Eine Verlagerung auf den Bund würde daher auch dem Bedeutungsgewinn des Gemeinschaftsrechts gerecht werden.

b) Änderung der Erforderlichkeitsklausel

Im Rahmen der Bundesstaatskommission wurde diskutiert, ob gegebenenfalls die Erforderlichkeitsklausel geändert werden sollte, um eine Stärkung der Länder zu erreichen. Die Vorschläge variieren dabei und bleiben teilweise sehr nebulös. So spricht *Kirchhof*[831] von einer „Erhöhung der Ausnutzungsschwelle" des Art. 72

826 Meyer, in: v. Münch/Kunig, GG III, Art. 93 Rn. 41.
827 Für das Wasserrecht s. Berendes, ZfW 2002, 220.
828 Berendes, in: Kloepfer (Hrsg.), Umweltföderalismus, S. 400.
829 Berendes, ZfW 2002, 220.
830 Vgl. Berendes, in: Kloepfer (Hrsg.), Umweltföderalismus, S. 400, der darauf hinweist, dass dieses Ermessen zwar eingeschränkt sei, die Einschränkung aber eben auf Grund des verbindlichen Gemeinschaftsrechts erfolge.
831 Kirchhof, Kommissionsdrucksache 0011, S. 4.

Abs. 2 GG, ohne dies weiter zu konkretisieren. *Grimm*[832] meint, dass Verbesserungen in der Formulierung keineswegs aussichtslos erscheinen und Vorschläge dazu erfolgen sollen. Demgegenüber konkretisiert *Scholz*[833] seinen Vorschlag, mit dem er an den Eckwerte-Beschluss der Ministerpräsidenten der Länder vom 5. Juli 1990 anknüpft, und fordert, dass Bundesgesetze auf diejenigen Regeln zu beschränken seien, die erforderlich sind, um die Ziele des Art. 72 Abs. 2 GG zu erreichen. Diesen Vorschlägen ist nicht zuzustimmen. Das Bundesverfassungsgericht hat in seiner Altenpflege-Entscheidung die Aufforderung des Gesetzgebers ernst genommen und die Anforderungen, die den Bund zum Normerlass ermächtigen, erhöht.[834] Es hat klargestellt, dass die Erforderlichkeitsklausel in vollem Umfang überprüfbar ist.[835] Des Weiteren hat es durch die Konkretisierung der Begriffe „Herstellung gleichwertiger Lebensverhältnisse", „Wahrung der Rechtseinheit" und „Wahrung der Wirtschaftseinheit" einen klar umgrenzten Handlungsspielraum vorgegeben. Da auch diese Begriffe der Kontrolle des Bundesverfassungsgerichts unterliegen, ist der Bund im Bereich der konkurrierenden Gesetzgebungskompetenz genug beschränkt. Eine weitere Beschränkung im Rahmen des Art. 72 Abs. 2 GG ist nicht erforderlich, da durch diese Vorgaben des Bundesverfassungsgerichts der Bund schon auf das notwendigste beschränkt bleibt. Eine weitere Beschränkung könnte dazu führen, dass die konkurrierende Gesetzgebungskompetenz letztlich in ihrer Intensität der Rahmengesetzgebungskompetenz gleichkommt. Die Verfassungsänderung von 1994 hat sich folglich bewährt.[836]

Huber[837] schlägt hingegen vor, die vom Bundesverfassungsgericht in der Altenpflege-Entscheidung aufgestellten Kriterien zu kodifizieren. Dadurch würde einer Relativierung der Kriterien durch spätere Entscheidungen entgegengewirkt und dem Bundesgesetzgeber eine nicht unerhebliche Darlegungs- und Nachweislast auferlegt werden.[838] Dadurch wird aber nicht unbedingt einer Relativierung entgegengewirkt. Sollten die aufgestellten Kriterien kodifiziert werden, so enthalten diese weiterhin eine hohe Zahl auslegungsfähiger und -bedürftiger Begriffe. So könnte das Bundesverfassungsgericht beispielsweise immer neu bestimmen, wann „ein erheblicher Nachteil" vorliegt. Des Weiteren kann sich aufgrund än-

---

832 Grimm, Kommissionsdrucksache 0018, S. 2.
833 Scholz, Kommissionsdrucksache 0005, S. 5.
834 Vgl. Kapitel 2 III 2 d).
835 BVerfG, NJW 2003, 41, 50f.
836 Ebenso Schmidt-Jortzig, Kommissionsdrucksache 0071 neu j, S. 2; Benz, Kommissionsdrucksache 0071 neu c, S. 5.
837 Huber, Kommissionsdrucksache 0008, S. 8.
838 Huber, in: Blanke/Schwanengel (Hrsg.), Zustand und Perspektiven des deutschen Bundesstaates, S. 28.

dernder globaler Rahmenbedingungen die Auslegung des Begriffs „erheblicher Nachteil für die Gesamtwirtschaft" kurzfristig ändern, so dass in konkreten Fällen einmal eine Bundeskompetenz verneint wird, im anderen Fall eine solche zu bejahen ist. Von daher dürfte die Kodifizierung keinen nennenswerten Vorteil bringen. Die Darlegungs- und Beweislast für den Bundesgesetzgeber besteht schon nach der derzeitigen Rechtsprechung.[839] Der Bundesgesetzgeber tut gut daran, wenn er die vom Bundesverfassungsgericht aufgestellten Kriterien in seinem Gesetzgebungsverfahren berücksichtigt. Anderenfalls droht die Nichtigkeit durch Urteil des Bundesverfassungsgerichts. Ob es seine Rechtsprechung in diesem Bereich relativieren wird, ist ferner äußerst zweifelhaft und kann nicht mit Sicherheit prognostiziert werden. Die nachfolgenden Urteile, die sich mit der Klärung von Bundes- und Landeskompetenzen befasst haben, haben bisher alle die Altenpflege-Entscheidung bestätigt, und auch im Bereich der Rahmengesetzgebungskompetenz wurde die länderfreundliche Rechtsprechung fortgeführt.[840] Des Weiteren ist zu beachten, dass das Bundesverfassungsgericht seine Rechtsprechung zur Bedürfnisklausel, die keiner gerichtlichen Kontrolle unterliegt, auch bis zur Verfassungsänderung 1994 konsequent fortgeführt hat.[841] Mit der Änderung der Rechtsprechung und dem Anliegen der Verfassungsänderung von 1994 hat sich das Bundesverfassungsgericht außerdem intensiv auseinandergesetzt.[842] Es ist nicht ersichtlich, dass das Bundesverfassungsgericht diese Überlegungen demnächst ändern wird. Zu beachten ist weiter, dass sich die Auslegung der Begriffe „Herstellung gleichwertiger Lebensverhältnisse", „Wahrung der Rechtseinheit" und „Wahrung der Wirtschaftseinheit" über die Jahre hin ändern kann und die gesamtstaatliche Bedeutung der einzelnen anders zu berücksichtigen ist. Dabei wäre die Kodifizierung der jetzt gefundenen Auslegungen hinderlich. Eine Änderung wäre dann nur über den langwierigen Prozess der Verfassungsänderung möglich. Zuletzt spricht gegen eine solche Kodifizierung der Anspruch der Verfassung, möglichst knapp die notwendigen Normen zu normieren.[843] Das Grundgesetz zeichnet sich bei der Beschreibung seiner komplexen Regelungsgehalte in Anknüpfung an die kontinental-europäische Rechtstradition durch eine überwiegend eher nüchterne, schlichte, wenn auch dadurch nicht weniger auslegungsbe-

839 BVerfG, NJW 2003, 41, 54.

840 BVerfG, NJW 2004, 2363ff.; BVerfG, NJW 2004, 2803ff.; BVerfG, NJW 2005, 493ff.; BVerfG, NVwZ 2004, 597ff.; vgl. auch Henneke, VBlBW 2005, 249ff., 251; Depenheuer, ZG 2005, 83 spricht gar von „einer gefestigten Rechtsprechung des Bundesverfassungsgerichts".

841 Zuletzt noch BVerfGE 78, 249, 270.

842 BVerfG, NJW 2003, 41, 50f.

843 Stern, Staatsrecht I, S. 83f.

dürftige Sprache aus.[844] Dabei wird weitgehend aus Gründen der Klarheit und Transparenz auf den Gebrauch von Fremdwörtern und juristischen Definitionen[845] verzichtet, wobei im Bereich des organisatorischen, also gerade im Bereich der Kompetenzzuweisung, juristische Fachausdrücke und längere Sätze sowie Wortreichtum das Bild prägen.[846] Legaldefinitionen lassen sich im Bereich der Kompetenzzuweisung allerdings nicht finden. Die Verfassung beschränkt sich auf ausführliche Darlegung der Anforderungen, die dem Verfassungsanwender einen bestimmten Handlungsraum gewähren. Daher würde eine Kodifizierung der Anforderungen des Bundesverfassungsgerichts den bisherigen Maßstäben der Verfassungsgesetzgebung auch auf dem Gebiet der Kompetenzzuweisung in gewissem Maße entgegenstehen. Da diese Kodifizierung, wie bereits dargelegt, außerdem nicht erforderlich ist, ist auf sie aus verfassungsstilistischen Gründen zu verzichten.

Mehrere Sachverständige[847] haben vorgeschlagen, die Kriterien, nach denen eine bundeseinheitliche Regelung nach Art. 72 Abs. 2 GG erforderlich ist, um eine weitere Alternative zu erweitern. Danach soll der Bund das Gesetzgebungsrecht auch dann haben, wenn eine Angelegenheit durch Landesrecht nicht ausreichend geregelt werden kann.[848] Diese Formulierung entspricht der Nr. 1 der ursprünglichen Regelung des Art. 72 Abs. 2 GG. Die Einführung derselben sei notwendig, da die bestehenden Alternativen nicht alle Fälle wünschenswerter bundeseinheitlicher Regelungen erfassen würden.[849] Sie sei auch nicht etwa diskreditiert, da durch die alte Rechtsprechung des Bundesverfassungsgerichts ein Praxistest fehlen würde.[850] Zur Begründung der Notwendigkeit der neuen Regelung werden zwei Beispiele angeführt: Zum einen sei die Regelung erforderlich, um unterschiedliche Schutzstandards im Gewässerschutz zu vermeiden. Hohe Schutzstandards in Nordrhein-Westfalen seien obsolet, wenn Baden-Württemberg die Verschmutzung des Rheins erlaube.[851] Zum anderen wird als Beispiel die in der Kommission geäußerte Befürchtung, das BGB könne mittlerweile nicht mehr auf Art. 72 Abs. 2 GG gestützt werden, angeführt.[852] Die Einführung einer weiteren Alternative ist nicht erforderlich, da sie inhaltlich von den bereits beste-

---

844 Voßkuhle, AöR 119, 35ff., 40.

845 Ausnahmen sind beispielsweise Art. 106 III GG („Gemeinschaftssteuer“) und Art. 121 GG („Mehrheit“).

846 Voßkuhle, AöR 119, 43.

847 Grimm/Schneider, Arbeitsunterlage 0086, S. 1ff.; Kirchhof, Arbeitsunterlage 0087, S. 1ff.

848 Grimm/Schneider, a.a.O., S. 6; Kirchhof, a.a.O., S. 2.

849 Kirchhof, Arbeitsunterlage 0087, S. 4.

850 Grimm/Schneider, Arbeitsunterlage 0086, S. 6.

851 Grimm/Schneider, a.a.O., S. 4.

852 Kirchhof, Arbeitsunterlage 0087, S. 4.

henden Varianten erfasst ist. Anwendbar sollte die ehemalige Nr. 1 dann sein, wenn – bezogen auf den Gegenstand des jeweiligen Gesetzes – die Landesregelung nicht als „effektiv“ oder „nachhaltig wirkend“ anzusehen war.[853] Dieser Fall ist von den nunmehr bestehenden Alternativen erfasst: Wenn eine Regelung durch Landesrecht nicht ausreichend geregelt werden kann, so ist gleichzeitig immer auch die Frage nach der Rechts- oder Wirtschaftseinheit angesprochen und kann daher mit Hilfe dieser Alternativen bundeseinheitlich geregelt werden. Das BGB als Kernstück des Privatrechts kann sich auch nach geltendem Recht auf Art. 72 Abs. 2 GG stützen. Ein bundeseinheitliches BGB ist zur Wahrung der Wirtschaftseinheit erforderlich, da, wie vom Bundesverfassungsgericht gefordert[854], dadurch die Erhaltung der Funktionsfähigkeit des Wirtschaftsraums der Bundesrepublik gewährleistet wird. Ebenso verhält es sich beim Gewässerschutz. Dieselben Schutzstandards lassen sich mit der „Wahrung der Rechtseinheit“ begründen. Danach sind bundeseinheitliche Regelungen möglich, wenn Länderregelungen eine Rechtszersplitterung mit problematischen Folgen darstellen, die im Interesse sowohl des Bundes als auch der Länder nicht hingenommen werden können.[855] Diese Voraussetzung ist bei der grenzüberschreitenden Sichtweise des Gewässerschutzes erfüllt, da unterschiedliche Schutzstandards im Interesse der Betroffenen nicht hingenommen werden können, und zwar sowohl aus wirtschaftlichen als auch aus gesundheitlichen Aspekten. Die Einführung einer weiteren Alternative ist daher nicht erforderlich und somit abzulehnen.

In die entgegengesetzte Richtung geht der Vorschlag von *Meyer*[856], die Erforderlichkeitsklausel des Art. 72 Abs. 2 GG abzuschaffen. Die Abschaffung sei in dem Fall konsequent, wenn der Katalog des Art. 74 GG neugeordnet wird und zahlreiche Sachmaterien in die ausschließliche Gesetzgebungskompetenz der Länder überführt werden. Dann sei für eine Beschränkung des Bundes im Bereich der konkurrierenden Gesetzgebungskompetenz kein weiterer Grund ersichtlich. Des Weiteren sei Art. 72 Abs. 2 GG viel zu eng und führe gerade nach der Altenpflege-Entscheidung des Bundesverfassungsgerichts zu einem faktischen Ausschluss des Bundes im Bereich der konkurrierenden Gesetzgebungskompetenz.[857] So bliebe nach dieser Rechtsprechung dem Bund keine Möglichkeit, im Bereich der Sachmaterie Versammlungsrecht (Art. 74 Abs. 1 Nr. 3 GG) eine

853 Rengeling, in: Isensee/Kirchhof (Hrsg.), HStR IV, § 100 Rn. 122; Maunz, in: Maunz/Dürig, GG, Art. 72 Rn. 21.

854 Vgl. BVerfG, NJW 2003, 41, 52.

855 BVerfG, NJW 2003, 41, 52.

856 Meyer, Kommissionsdrucksache 0071 neu f, S. 6; s. auch Henneke, VBlBW 2005, 260.

857 Meyer, Kommissionsdrucksache 0071 neu f, S. 7ff.; Meyer, Kommissionsdrucksache 0013, S. 8ff.; kritisch auch Brenner, JuS 2003, 853ff.

bundesweite Regelung zu erlassen, da die „funktionsfähige Rechtsgemeinschaft“ durch unterschiedliche Versammlungsregelungen in Bayern und Hamburg schwerlich gefährdet sei.[858] Das Urteil des Bundesverfassungsgerichts lässt dem Bund allerdings weiterhin einen gewissen Spielraum für bundeseinheitliche Regelungen. Da das Bundesverfassungsgericht dem Bund weiterhin einen Prognosespielraum im Hinblick auf die gesamtstaatliche Bedeutung zugesteht[859], ist nicht jede Bundesregelung in diesen Bereichen ausgeschlossen. Letztendlich führt die Entscheidung des Bundesverfassungsgerichts zu einer erhöhten Begründungspflicht des Bundesgesetzgebers, in der diese Prognose schlüssig dargelegt werden muss.[860] Im von Meyer genannten Beispiel der Versammlungsfreiheit lassen sich auch nach der Rechtsprechung des Bundesverfassungsgerichts bundeseinheitliche Regelungen begründen. Das Bundesverfassungsgericht führt zur „Wahrung der Rechtseinheit“ aus, dass einheitliche Regelungen dann erforderlich sein können, „wenn Rechtsunsicherheiten und unzumutbare Behinderungen für den Rechtsverkehr erzeugt werden können.“[861] Dieser Fall liege auch vor, wenn die Freizügigkeit im Bundesstaat eingeschränkt werde. Die Möglichkeit, dass durch unterschiedliche Versammlungsregelungen die „funktionsfähige Rechtsgemeinschaft“ gefährdet wird, kann entgegen der Ansicht von Meyer bestehen. Zum einen können unterschiedliche Anforderungen an das Verhalten bei Versammlungen dazu führen, dass Teilnehmer aus anderen Bundesländern von einer Teilnahme an den jeweiligen Versammlungen absehen, da sie nicht wissen, welche Regeln einzuhalten sind. Zum anderen besteht die Möglichkeit, dass durch besonders restriktive Regelungen in einem Bundesland Versammlungen faktisch kaum durchführbar sind. Erschwerend ist hierbei, dass es durch die grundsätzlich mangelnde Revisionsfähigkeit des Versammlungsrechts nach § 137 Abs. 1 Nr. 1 VwGO keine einheitliche Rechtsprechung im Bereich des Versammlungsrechts gibt. Daher kann es von Bundesland zu Bundesland unterschiedliche Auffassungen darüber geben, was beispielsweise das nach derzeitiger Rechtslage in § 17a VersG geregelten Vermummungsverbot betrifft. So kann einmal schon das Mitführen einer Sonnenbrille ausreicht, während in einem anderen Bundesland dies einer Vermummung nicht gleichkommt. Daher besteht grundsätzlich die Möglichkeit, dass die „funktionsfähige Rechtsgemeinschaft“ durch unterschiedliche Versammlungsregelungen gefährdet werden kann. Dem Vorschlag von Meyer ist somit nicht beizupflichten.

858 Meyer, Kommissionsdrucksache 0013, S. 9.
859 BVerfG, NJW 2003, 41, 54.
860 Vgl. Kapitel 2 III 2 e).
861 BVerfG, NJW 2003, 41, 52.

Unabhängig von der Rechtsprechung des Bundesverfassungsgerichts ist die Abschaffung des Art. 72 Abs. 2 GG ohne Überarbeitung des Katalogs des Art. 74 GG nicht zu empfehlen. Dadurch würde der Bund zu einer ausufernden Rechtsetzung im Bereich der konkurrierenden Gesetzgebungskompetenz berechtigt. Die Länder hätten keine Möglichkeit, gegen die Rechtsetzung des Bundes vorzugehen, da es kein überprüfbares Korrektiv gibt. Durch eine solche uneingeschränkte Kompetenz würde eine Verschiebung im Bereich der konkurrierenden Gesetzgebungskompetenz zugunsten des Gesamtstaates und damit zugunsten eines Zentralstaates stattfinden. Damit würde die grundsätzliche Entscheidung in Art. 70 GG zugunsten der Gliedstaaten praktisch bedeutungslos. Die Länder würden im Bereich der konkurrierenden Gesetzgebungskompetenz praktisch ausgeschlossen und vom bloßen guten Willen des Bundes abhängig. Ein notwendiger Ausgleich zwischen Gesamtstaat und Gliedstaaten würde damit nicht erreicht werden. Des Weiteren würde dadurch die Intention des Verfassungsgesetzgebers zunichte gemacht, wonach eine zweite Bedingung erfüllt sein müsse, damit eine Zuständigkeit des Bundes zur Gesetzgebung bejaht werden könnte.[862] Diese Beschränkung der Gesetzgebungskompetenz des Bundes ist Ausfluss des Subsidiaritätsprinzips und damit des deutschen föderalen Verfassungsverständnisses.[863] Eine grundsätzliche Abkehr von diesem Verfassungsverständnis ist nicht erforderlich.

Eine Änderung der Erforderlichkeitsklausel ist daher nicht notwendig. Weder eine Verschärfung noch eine Abschaffung derselben ist zum gegenwärtigen Zeitpunkt zu empfehlen. Eine Verschärfung ist aufgrund der dezidierten Rechtsprechung des BVerfG nicht erforderlich. Eine Abschaffung würde zu einer nicht zu rechtfertigenden Dominanz des Gesamtstaats im Bereich der konkurrierenden Gesetzgebung führen.

c) Auswirkungen auf die Umweltziele

Im Bereich des integrierten Umweltschutzes würde eine Verlagerung zu einer Vereinfachung der Gesetzgebung führen. Durch eine einheitliche Kompetenzgrundlage könnten die Regelungen für die unterschiedlichen Umweltmedien mit derselben Intensität erlassen werden. Dadurch würde ein bundeseinheitliches integriertes Umweltrecht gewährleistet. Die bisherige Aufteilung des deutschen Umweltrechts nach den einzelnen Umweltmedien würde dem modernen Ansatz des medienübergreifenden Umweltschutzes nicht mehr entgegenstehen, da der Bund die konkurrierende Gesetzgebungskompetenz für alle Umweltmedien besitzen würde.

---

862 S. dazu Oeter, in: v. Mangoldt/Klein/Stark, GG II, Art. 72 Rn. 28.
863 Sannwald, in: Schmidt-Bleibtreu/Klein (Hrsg.), GG, Art. 72 Rn. 42.

Die Umsetzung von Gemeinschaftsrecht würde durch die Überführung der Umweltmaterien in die konkurrierende Gesetzgebungskompetenz erheblich erleichtert werden. Entfallen würde zum einen die Untersuchung des Gemeinschaftsrechts dahingehend, für welche Regelungen der Bund oder die Länder zuständig sind. Im Bereich der konkurrierenden Gesetzgebungskompetenz würde grundsätzlich der Bund die Umsetzungskompetenz zur Wahrung der Rechts- und Wirtschaftseinheit wahrnehmen.[864] Zum anderen würde die Dauer des Umsetzungsaktes enorm verkürzt, da in der Regel ein Gesetzgebungsverfahren auf Seiten der Länder entfällt. Das beständig drohende Vertragsverletzungsverfahren würde bei der Umsetzung von Umweltrichtlinien eine untergeordnetere Rolle spielen. Sollte es dennoch zu einer Verurteilung zur Zahlung eines Zwangsgeldes kommen, wäre die Verantwortlichkeit geklärt. Der Bund wäre als Handelnder sowohl im Außen- als auch im „Innenverhältnis" zur Zahlung verpflichtet. Die Frage eines Regresses zwischen Bund und Ländern spielt dann keine Rolle mehr. Des Weiteren würde die Umsetzung des medienübergreifend ausgerichteten Gemeinschaftsrechts wenige Probleme bereiten, da der Bund für alle Umweltmedien dieselbe Gesetzgebungskompetenz besitzt. Insgesamt dürfte die Umsetzung von Gemeinschaftsrecht erheblich erleichtert werden, was der Stellung und Bedeutung des gemeinschaftsrechtlichen Umweltrechts gerecht werden würde.

Eine konkurrierende Gesetzgebungskompetenz für die Umweltmedien würde auch zu einem gerechten Ausgleich zwischen Umwelt und Wirtschaft führen. Durch eine bundeseinheitliche Regelung würden gleiche wirtschaftliche Rahmenbedingungen geschaffen werden. Für Unternehmen würde der große Vorteil bestehen, für das gesamte Bundesgebiet Planungssicherheit zu besitzen, da die Abgabenregelungen dieselben wären und Änderungen bundesweit erfolgen würden. Damit wäre gleichzeitig ein Schritt zu mehr Chancengleichheit gewährleistet.

Grenzüberschreitender Umweltschutz lässt sich ebenfalls mit Hilfe der konkurrierenden Gesetzgebungskompetenz verwirklichen. Auf die Landesgrenzen muss in diesem Bereich keine Rücksicht genommen werden. Ein bundeseinheitliches Hochwasserschutzkonzept wäre ohne weiteres zu erreichen.

d) Formulierungsvorschlag

Nachdem festgestellt wurde, dass eine Überführung der Umweltmedien der Rahmengesetzgebungskompetenz in die konkurrierende Gesetzgebungskompetenz die bestmögliche Lösung ist, ist weiter zu untersuchen, wie ein solcher Kompetenztitel zu formulieren ist. Zum einen besteht die Möglichkeit, die Sach-

864 Vgl. Sannwald, in: Schmidt-Bleibtreu/Klein (Hrsg.), GG, Art. 72 Rn. 48.

materien Wasserhaushalt und/oder Naturschutz und Landschaftspflege an den bestehenden Art. 74 Abs. 1 Nr. 24 GG anzugliedern.[865] Zum anderen besteht die Möglichkeit, Art. 74 Abs. 1 Nr. 24 GG dahingehend neu zu formulieren, dass dem Bund ein Kompetenztitel „Recht der Umwelt“ oder „Schutz der Umwelt“ zusteht.[866] Das zweite Konzept wäre gegenüber dem ersten Konzept ein relativ offener, weitgefasster Begriff. Nach allgemeiner Auffassung sollen darunter zumindest Abfallbeseitigung und -verwertung, die Luftreinhaltung und die Lärmbekämpfung sowie der Naturschutz und die Landschaftspflege, der Bodenschutz und der Wasserhaushalt, Reaktorsicherheit und Strahlenschutz subsumiert werden.[867] Um das derzeitige landläufige Verständnis zu normieren und den Kompetenztitel damit zu konkretisieren, könnten die einzelnen Sachbereiche als „insbesondere“-Zusatz an die offene Formulierung angehängt werden.[868] Das zweite Konzept ist aufgrund seines offenen Begriffes dem ersten Konzept vorzuziehen. Dies folgt aus der besonderen Dynamik der Rechtsentwicklung im Umweltrecht. Das Umweltrecht ist ein offenes Rechtsgebiet.[869] Im Rahmen dieses dynamischen Prozesses sind flexible Regelungen unerlässlich. Deshalb muss eine neu zu schaffende Kompetenznorm offen sein für die Einbeziehung von Gegenständen und Materien, die zu einem vorgegebenen Zeitpunkt unter Umständen noch nicht unter den Begriff Umwelt subsumiert werden konnten.[870] Würde das erste Konzept verwirklicht werden, wäre für zukünftige Entwicklungen möglicherweise eine Verfassungsänderung notwendig, um dem Bund die Gesetzgebungskompetenz zu bewahren. Dies würde aufgrund des langwierigen Entscheidungsprozesses den Anforderungen an ein schnelles und flexibles Handeln nicht gerecht werden. Daher ist das zweite Konzept mit seinem weiten Begriff vorzuziehen.

Parallelen des zweiten Konzepts bestehen mit Art. 74 Abs. 1 Nr. 11 GG, der das Recht der Wirtschaft regelt, allerdings im Klammerzusatz einzelne Sachbereiche namentlich hervorhebt. Eine solche Vorgehensweise im Bereich der Umweltgesetzgebung ist nicht zu empfehlen, da diese zu Abgrenzungsproblemen führen könnte, wie sie bei Art. 74 Abs. 1 Nr. 11 GG aufgetreten sind. So ist nach Auffassung des Bundesverfassungsgerichts der Begriff „Recht der Wirtschaft“

---

865 S. z.B. Huber, Kommissionsdrucksache 0008, S. 12 für den Sachbereich „Wasserhaushalt“.

866 Brandt, in: v. Köller (Hrsg.), Umweltpolitik mit Augenmaß, S. 179ff.; Kloepfer, NuR 2004, 761; Koch/Mechel, NuR 2004, 286.

867 S. nur Brandt, a.a.O., S. 180; Kloepfer, Umweltrecht, § 1Rn. 61; Hoppe/Beckmann/Kauch, Umweltrecht, § 1 Rn. 105.

868 Vgl. die Formulierungsvorschläge bei Koch/Mechel, NuR 2004, 286; BMU/BMJ/BMI, PAU – 4/0003, S. 1.

869 Kloepfer, Umweltrecht, § 1 Rn. 61.

870 Brandt, in: v. Köller (Hrsg.), Umweltpolitik mit Augenmaß, S. 180.

zwar weit auszulegen[871], allerdings besteht keine Einigkeit darüber, ob die im Klammerzusatz speziell erwähnten Sachbereiche die Bedeutung von Einschränkungen haben oder nur beispielhaft zu verstehen sind.[872] Diese Probleme lassen sich durch die von *Koch/Mechel*[873] vorgeschlagene Formulierung vermeiden, da diese durch die gewählte Formulierung „insbesondere" verdeutlichen, dass die Aufzählung beispielhaft und nicht abschließend ist. Sie dient dazu festzuschreiben, was unbedingt vom offenen Begriff „Recht der Umwelt" oder „Schutz der Umwelt" erfasst sein soll.

Die bewusst offene Formulierung „Recht der Umwelt" bzw. „Schutz der Umwelt" würde auch den entsprechenden Regelungen im Gemeinschaftsrecht entsprechen. Die einschlägigen Artikel des EGV sprechen ebenfalls nur von „Umweltschutz" bzw. „Schutz der Umwelt" und vermeiden eine Aufzählung von einzelnen Sachbereichen. Lediglich im Rahmen von Art. 176 EGV werden für bestimmte Sachbereiche des Umweltschutzes besondere Verfahrensregelungen aufgeführt. Eine entsprechend weite Formulierung im GG würde daher die weitere Vereinheitlichung durch europäisches Gemeinschaftsrecht erleichtern. Richtlinien, die zum Schutz der Umwelt erlassen werden, können ohne weitere Untersuchung auf ihren speziellen Regelungsgehalt hinsichtlich einer Materie unter die neugefasste Kompetenznorm „Recht der Umwelt" oder „Schutz der Umwelt" subsumiert werden. Vereinfacht würde dadurch die Abkehr vom bisherigen medialen Umweltschutz zum integrierten Umweltschutz, da integrierte Umweltschutzrichtlinien ohne Schwierigkeiten umzusetzen wären.

Eine weitere Möglichkeit wäre, eine Kompetenznorm „Schutz der natürlichen Lebensgrundlagen" analog Art. 20a GG zu schaffen. Art. 20a GG enthält nach landläufiger Terminologie die „Staatszielbestimmung Umweltschutz". Durch die Einführung einer Kompetenz „Schutz der natürlichen Lebensgrundlagen" würden unterschiedliche Terminologien im Rahmen des Grundgesetzes vermieden, und für den Rechtsanwender würde zumindest terminologisch Klarheit bestehen. Vorzuziehen wäre diese Formulierung nur, wenn sie inhaltlich identisch mit der Formulierung „Recht der Umwelt" ist und damit dieselben Sachbereiche umfasst. Nach überwiegender Meinung ist der Begriff der natürlichen Lebensgrundlagen bedeutungsgleich mit dem Begriff der Umwelt, wie er im Rahmen des Umweltschutzes verstanden wird.[874] Daher zählen nach allgemeiner Auffassung zu den

---

871 S. nur BVerfGE 5, 25, 28f.; 28, 119, 146ff.; 29, 402, 409; 41, 344, 352; 55, 274, 308f.; 68, 319, 331.

872 Zum Meinungsstand vgl. nur Oeter, in: v. Mangoldt/Klein/Stark, GG II, Art. 72 Rn. 98ff. m.w.N.

873 Koch/Mechel, NuR 2004, 286.

874 Murswiek, in: Sachs (Hrsg.), GG, Art 20a Rn. 27; Jarass, in: Jarass/Pieroth, GG, Art. 20a Rn. 3; Sommermann, in: v. Münch/Kunig, GG III, Art. 20a Rn. 19; zurück-

natürlichen Lebensgrundlagen die Umweltmedien Luft, Wasser und Boden, außerdem z.B. Pflanzen, Tiere und Mikroorganismen in ihren Lebensräumen, insbesondere alle natürlichen Lebensmittel, klimatische Bedingungen oder die Ozonschicht.[875] Nicht erfasst ist nach allgemeiner Ansicht allerdings der Schutz der psycho-sozialen Umwelt wie beispielsweise Lärmschutz.[876] Lärmschutz ist allerdings ein wichtiger Bestandteil des geltenden Umweltschutzrechts und gehört zum Kernbereich des Umweltrechtes.[877] Dieser wäre auch unter die Kompetenznorm „Recht der Umwelt" oder „Schutz der Umwelt" zu subsumieren. Ein Rückgriff auf die Formulierung „Schutz der natürlichen Lebensgrundlagen" würde daher nicht ausreichend sein, um die Umweltgesetzgebung in ihrer Gesamtheit zu erfassen. Vermeiden ließe sich die so auftretende Lücke nur durch die Formulierung „Schutz der natürlichen Lebensgrundlagen und Schutz der psycho-sozialen Umwelt". Diese Formulierung ist aber im Gegensatz zur Formulierung „Recht der Umwelt" oder „Schutz der Umwelt" aufwendiger und umfangreicher und deshalb, da beide letztendlich denselben Regelungsgehalt besitzen, aus Gründen der Knappheit und Klarheit der Verfassung nicht zu empfehlen.

e) Schlussfolgerung

Im Rahmen der Neuordnung der Gesetzgebungskompetenzen sind die Umweltkompetenzen der Rahmengesetzgebungskompetenz in die konkurrierende Gesetzgebungskompetenz einzugliedern. Dabei sollte ein neuer Kompetenztitel „Recht der Umwelt" in Anlehnung an bestehende Formulierungen in Art. 74 Abs. 1 GG geschaffen werden. Auf einen „insbesondere"-Zusatz, der die gängigen Umweltmaterien aufzählt, sollte aus Gründen der Knappheit und Übersichtlichkeit der Verfassung verzichtet werden, da über den Mindestinhalt des Begriffs „Recht der Umwelt" Einigkeit besteht.

haltender Kloepfer, in: Bonner Kommentar (BK), Art. 20a Rn. 63 (Loseblatt, Stand: April 2005); a.A. Sannwald, in: Schmidt-Bleibtreu/Klein (Hrsg.), GG, Art. 20a Rn. 17, der den Begriff inhaltlich enger umfasst sieht.

875 Murswiek, a.a.O., Art 20a Rn. 30; Jarass, a.a.O., Art. 20a Rn. 3.

876 S. nur Sannwald, in: Schmidt-Bleibtreu/Klein (Hrsg.), GG, Art. 20a Rn. 18.

877 Kloepfer, Umweltrecht, § 1 Rn. 61.

VII. Exkurs: Neuregelung der Umweltkompetenzen nach dem Koalitionsvertrag zwischen CDU,CSU und SPD vom 11. November 2005

1. Struktur

Im Rahmen der Koalitionsverhandlungen zwischen CDU, CSU und SPD, die durch die vorgezogenen Neuwahlen im September 2005 erforderlich wurden, wurde auf der Grundlage der Verhandlungen der Bundesstaatskommission ein neuer Ansatz zur Reform des Föderalismus vereinbart[878] und leicht verändert als Gesetzentwurf in Bundestag eingebracht.[879] Dabei werden die Kompetenzen im Bereich der Umwelt einer vollständigen Revision unterzogen.[880] Grundsätzlich werden die Umweltsachmaterien der konkurrierenden Gesetzgebungskompetenz zugeordnet; die Rahmengesetzgebungskompetenz entfällt. Dabei erfolgt nicht die Bildung eines Kompetenztitels „Recht der Umwelt", sondern die einzelnen Materien erhalten eigenständige Nummern innerhalb des Art. 74 GG. Ausschließliche Gesetzgebungskompetenzen erhalten die Länder in einem Teilbereich des Umweltrechts: Sport-, Freizeit- und sog. sozialer Lärm (Anlagen mit sozialer Zweckbestimmung). Im Rahmen der Neuordnung ergeben sich zwei weitere Neuerungen. Der Bund wird im Bereich der Umweltgesetzgebung vom Kriterium der Erforderlichkeit nach Art. 72 Abs. 2 GG befreit.[881] Diese Befreiung gilt allerdings nicht für den Bereich der Abfallwirtschaft. Daneben wird in einem neuen Art. 72 Abs. 3 GG die Abweichungsgesetzgebung geregelt. Danach dürfen die Länder im Bereich des Jagdwesens, des Naturschutzes und der Landschaftspflege, der Bodenverteilung, der Raumordnung und des Wasserhaushalts abweichende Regelungen treffen. Abweichungen sind für folgende Bereiche ausgeschlossen: das Recht der Jagdscheine, die Grundsätze des Naturschutzes, das Recht des Artenschutzes oder des Meeresnaturschutzes und stoff- oder anlagenbezogene Regelungen im Wasserhaushalt. Im selben Artikel wird weiter bestimmt, dass Bundesgesetze auf den Gebieten der Abweichungsmaterien frühestens sechs Monate nach ihrem Erlass in Kraft treten, wenn nicht mit Zustimmung von zwei Dritteln der Stimmen des Bundesrates anderes bestimmt ist.

---

878 Vgl. Gemeinsam für Deutschland – mit Mut und Menschlichkeit, Koalitionsvertrag zwischen CDU, CSU und SPD (im folgenden Koalitionsvertrag 2005), Anlage 2, Ergebnis der Koalitionsarbeitsgruppe zur Föderalismusreform, abrufbar unter www.cdu.de.

879 BT-Drs. 16/813, s. auch BR-Drs. 178/06.

880 Vgl. Koalitionsvertrag 2005, Anlage 2, S. 10ff.

881 Vgl. insofern die Auflistung der Kompetenztitel im Koalitionsvertrag 2005, Anlage 2, S. 15.

2. Abweichungsgesetzgebung im Umweltrecht

Die geplante Einführung einer Abweichungsgesetzgebung im Umweltrecht entspricht – trotz der unterschiedlichen Bezeichnung – der im Rahmen der Bundesstaatskommission vorgeschlagenen Zugriffsgesetzgebung. Daher gelten die unter VI. 1. erörterten Probleme selbstverständlich auch für die Abweichungsgesetzgebung. Die Bestrebungen der Koalition wurden von allen Seiten heftig kritisiert.[882]

Durch die abweichungsfesten Kerne im Bereich Wasserhaushalt und Naturschutz und Landschaftspflege, deren nähere Definition allerdings vermieden wird, besteht die begrenzte Möglichkeit einer bundesweit einheitlichen integrierten Anlagengenehmigung, die bisher nicht möglich war. Damit wird zumindest für einen Teilbereich ein nicht unerheblicher Fortschritt erreicht.[883]

Der Vorschlag behält nicht nur die vorhandene Zersplitterung der Gesetzgebungskompetenzen im Umweltrecht, sondern erweitert diese sogar. Die Reform sieht fünf verschiedene Kompetenzformen vor:
- die ausschließliche Gesetzgebungskompetenz des Bundes;
- die konkurrierende Gesetzgebungskompetenz des Bundes mit Bindung an die Erforderlichkeitsklausel;
- die konkurrierende Gesetzgebungskompetenz des Bundes ohne Bindung an die Erforderlichkeitsklausel;
- die konkurrierende Gesetzgebungskompetenz des Bundes mit Abweichungsbefugnissen der Länder;
- die ausschließliche Gesetzgebungskompetenz der Länder.

Dieser Zustand, der der Zielsetzung einer Entflechtung der Zuständigkeiten entgegensteht, wird heftig kritisiert[884] und verdeutlicht, dass fachliche Interessen bei der Reform kaum Berücksichtigung finden.

Die Europarechtsfähigkeit der neuen Umweltgesetzgebung ist unterschiedlich zu beurteilen. Eine gemeinschaftsrechtskonforme und dabei fristgerechte Umsetzung kann allein durch den Bund erfolgen, soweit es sich um abweichungsfeste Bereiche handelt. Andernfalls besteht die Gefahr, dass die Länder vom Umsetzungsgesetz des Bundes abweichen und dadurch ein Vertragsverletzungsverfah-

---

882 Von Seiten der Umweltwissenschaft s. die Stellungnahme Nr. 10 des SRU „Der Umweltschutz in der Föderalismusreform" v. Februar 2006; von Seiten der Industrie vgl. „BDI-Position zu den Auswirkungen der Föderalismusreform im Umweltrecht" v. 14. Februar 2006; von Seiten der Opposition s. nur Kleine Anfrage der FDP-Bundestagsfraktion „Umweltrechtliche Regelungen der geplanten Föderalismusreform und Konsequenzen für den Bürokratieabbau" BT-Drs. 16/606.

883 A.A. SRU, a.a.O., S. 9.

884 S. nur Stellungnahme Nr. 10 des SRU „Der Umweltschutz in der Föderalismusreform" v. Februar 2006, S. 6f.

ren verursachen. Ein Regress im Falle eines Zwangsgeldverfahrens würde allerdings in Zukunft nicht zu Rechtsstreitigkeiten führen, da im Rahmen der Koalitionsverhandlungen auch die Frage der Haftung zwischen Bund und Ländern geklärt wurde.[885] Danach gilt in Zukunft für legislatives Fehlverhalten das Verursacherprinzip: Diejenige Körperschaft haftet, die den beanstandeten Rechtsakt erlassen oder pflichtwidrig nicht erlassen hat. Bei einem gleichzeitigen Verstoß mehrer Länder haften diese intern nach dem Königsteiner Schlüssel.[886]

Im Gegensatz zur Rahmengesetzgebung erfolgt durch die Abweichungsgesetzgebung eine teilweise Erleichterung für die Wirtschaft. Für den Bund besteht auf Grundlage der geänderten Gesetzgebungskompetenzen die Möglichkeit, eine bundesweit einheitliche naturschutzrechtliche Eingriffsregelung zu erlassen. Dadurch würde für Unternehmen die Ansiedelung im gesamten Bundesgebiet erleichtert, da dieselben naturschutzrechtlichen Wettbewerbsbedingungen herrschen würden. Unterschiedlich ist die Lage für den Wasserhaushalt zu beurteilen. Im Bereich der Wasserentnahmeentgelte würde lediglich eine teilweise Vereinheitlichung möglich sein. Soweit die Wasserentnahme im Zusammenhang mit Anlagen steht, wäre eine bundeseinheitliche Regelung denkbar. Allerdings haben nicht alle bisher mit einem Wasserentnahmeentgelt belegten Tätigkeiten einen stoff- oder anlagenrechtlichen Bezug: So wäre beispielsweise die Regelung eines Wasserentnahmeentgelts zum Zwecke der Fischerei oder zum Zwecke der Beregnung oder Berieselung weiterhin durch die Länder mit Hilfe eines Abweichungsgesetzes möglich. Dadurch würde die Situation für die Unternehmen nicht vereinfacht werden.

Im Bereich des grenzüberschreitenden Umweltschutzes wäre eine Verbesserung im Hinblick auf ein bundesweites Hochwasserschutzgesetz nicht zu erblicken. Einheitliche Regelungen wären nur möglich, soweit sie einen stoff- oder anlagebezogenen Belang haben. Weitere Regelungen wären zwar grundsätzlich möglich, könnten allerdings durch Abweichungsgesetze der Länder außer Kraft gesetzt werden, so dass wiederum ein uneinheitliches Hochwasserschutzrecht vorliegen würde.

Ein weiterer Nachteil besteht im Hinblick auf die Mitwirkung von Verbänden im Naturschutzrecht. Nachdem das BNatSchG bisher in § 60 bundeseinheitliche Mindeststandards für die Mitwirkung von Verbänden vorgesehen hat, ist nach der neuen Regelung ein bundeseinheitlicher Mindeststandard nicht mehr gewährleistet. Dies folgt aus der Tatsache, dass nach Ansicht der Koalitionäre die Mitwirkung von Naturschutzverbänden nicht von dem abweichungsfesten Kern des Na-

885 S. dazu Koalitionsvertrag 2005, Anlage 2, S. 27.
886 Koalitionsvertrag 2005, Anlage 2, S. 42.

turschutzes erfasst ist.[887] Damit besteht die Gefahr, dass die Länder jeweils eigene Regelungen treffen werden und damit Naturschutzverbände je nach Land unterschiedlich früh oder intensiv an Verfahren beteiligt werden. Warum diese Mindeststandards der Mitwirkung wieder abgeschafft werden sollen, ist nicht ersichtlich.

3. Schlussfolgerung

Die Vereinbarungen der Koalitionäre können nicht überzeugen. Der Abweichungsgesetzgebung stehen dieselben Kritikpunkte entgegen, die auch gegen eine Einführung von Zugriffsrechten sprechen. Für die Umweltgesetzgebung werden nur bedingt Verbesserungen erreicht. Auf einigen Gebieten erfolgt sogar eine Verschlechterung gegenüber der derzeitigen Rechtslage. Daher ist die vorgeschlagene Neuordnung nicht zu unterstützen.

VIII. Ergebnis

Die Untersuchungen der verschiedenen Optionen zur Neuregelung der Rahmenkompetenzen im Umweltrecht haben folgendes ergeben:

Die Modifizierung der geltenden Rahmengesetzgebungskompetenz hin zu einer bloßen Richtlinienkompetenz ist nicht zu empfehlen. Eine Entflechtung der unterschiedlichen Verantwortlichkeiten ist damit nicht zu erreichen. Geringfügige Verbesserungen ergäben sich bei der Umsetzung von Gemeinschaftsrecht. Integrativer Umweltschutz lässt sich mit der modifizierten Rahmengesetzgebungskompetenz ebenfalls in keinem befriedigenden Umfang erreichen. Des Weiteren schafft die bloße Richtlinienkompetenz nicht den notwendigen Ausgleich zwischen Wirtschaft und Umwelt und verhindert einen effektiven grenzüberschreitenden Umweltschutz.

Eine Grundsatzgesetzgebungskompetenz statt der Rahmengesetzgebungskompetenz ist im Bereich des Umweltrechts nicht zu befürworten. Dafür sprechen schon allgemeine Gesichtspunkte wie die weiterhin schwierige Abgrenzung zwischen Grundsätzen und Detailregelungen, die auch schon bei der Rahmengesetzgebung zu erheblichen Problemen geführt hat. Des Weiteren lassen sich integrierte Umweltschutzregelungen, grenzübergreifender Umweltschutz und Wirtschaftsrahmenbedingungen nur im selben Maße wie bei der Rahmengesetzgebungskompetenz verwirklichen und bedeuten daher keinen Fortschritt im Bereich

887 Vgl. Koalitionsvertrag 2005, Anlage 2, S. 47.

des Umweltrechts. Die Grundsatzgesetzgebungskompetenz erfordert außerdem ebenfalls ein zweistufiges Gesetzgebungsverfahren bei der Umsetzung von Gemeinschaftsrecht. Eine Grundsatzgesetzgebungskompetenz löst somit nicht die vorhandenen Probleme und ist daher aus Sicht der Umweltrechtswissenschaft abzulehnen.

Gegen die Einführung einer Auffanggesetzgebungskompetenz mit Zugriffsrecht bestehen erhebliche staatsrechtliche Bedenken, da dadurch die grundsätzliche Systematik des Vorranges von Bundesrecht gegenüber Landesrecht außer Kraft gesetzt wird. Des Weiteren werden Schwierigkeiten bei der Umsetzung von Gemeinschaftsrecht nur bedingt vermieden. Aus umweltrechtlicher Sicht ist die Einführung einer Auffanggesetzgebungskompetenz mit Zugriffsrechten ebenfalls nicht zu empfehlen. Sie bringt keine spürbaren Vorteile gegenüber der derzeitigen Kompetenzverteilung.

Für die Zuordnung der Sachmaterie Umwelt in eine ausschließliche Kompetenz des Bundes oder der Länder spricht, dass Abgrenzungsschwierigkeiten vermieden werden und die Verantwortung klar verteilt wird. Diese Rigidität ist jedoch gleichzeitig der größte Nachteil des reinen Trennsystems, da es nicht flexibel auf sich wandelnde Gegebenheiten reagieren kann. Schon aus diesem Grund ist deshalb eine Zuordnung der Sachmaterie Umwelt in eine ausschließliche Gesetzgebungskompetenz nicht zu empfehlen. Zwar lassen sich mit Hilfe einer ausschließlichen Bundeskompetenz die gewünschten Umweltziele verwirklichen, doch wäre dieser Kompetenztyp für den Bereich des Umweltschutzes zu eng. Gegen eine Verlagerung in die ausschließliche Gesetzgebungszuständigkeit der Länder sprechen die mangelnde Möglichkeit, bundesweit einheitliche integrative Regelungen zu erlassen, die Wettbewerbsverzerrungen im Wirtschaftsbereich und die fehlende Möglichkeit, einen grenzüberschreitenden Umweltschutz zu gewährleisten. Daher ist eine Zuordnung der Sachmaterie Umwelt in eine ausschließliche Gesetzgebungskompetenz insgesamt abzulehnen.

Die Einführung von Zugriffsrechten im Bereich der konkurrierenden Gesetzgebung ist sowohl aus staatsrechtlichen Gründen als auch aus umweltrechtlichen Gesichtspunkten abzulehnen. Zugriffsrechte begegnen im Hinblick auf die Erforderlichkeitsklausel des Art. 72 Abs. 2 GG erheblichen systematischen Bedenken, insbesondere im Bereich von Art. 31 GG, der partiell seine Bedeutung verlieren würde. Speziell im Bereich des Umweltrechts ergeben sich Probleme bei der Verwirklichung des integrierten Umweltschutzes und bei der Schaffung von wirtschaftlichen Rahmenbedingungen. Zugriffsrechte der Länder sind nicht in der Lage, die bei der Rahmengesetzgebungskompetenz auftretenden Probleme überzeugend zu lösen.

Die Einführung von Öffnungsklauseln im Bereich der konkurrierenden Gesetzgebung ist aus staats- und umweltrechtlichen Überlegungen abzulehnen. Aus staatsrechtlicher Sicht besteht insbesondere der Einwand, dass eine Regelung nicht einerseits bundeseinheitlich erforderlich sein kann und andererseits die Länder ermächtigt werden, von dieser erforderlichen Regelung abzuweichen. Aus umweltrechtlichen Gesichtspunkten bestehen insbesondere Probleme bei der Umsetzung von Gemeinschaftsrecht und der Schaffung von wirtschaftlichen Rahmenbedingungen. Öffnungsklauseln sind daher nicht geeignet, die Probleme der Rahmengesetzgebungskompetenz zu beseitigen.

Die Einführung eines Frühwarnmechanismus im Bereich der konkurrierenden Gesetzgebung soll die Stärkung der Landesparlamente durch einen erhöhten Rechtfertigungsbedarf seitens des Bundesgesetzgebers garantieren. Allerdings unterliegt der Bundesgesetzgeber schon jetzt bei konsequenter Anwendung der Erforderlichkeitsklausel des Art. 72 Abs. 2 GG einem erhöhten Begründungsaufwand, um den Anforderungen des Bundesverfassungsgerichts gerecht zu werden. Daher ist im Sinne der Deregulierung eine Einführung dieses prozeduralen Instruments abzulehnen.

Die Trennung der umweltrechtlichen Kompetenztitel auf die konkurrierende Gesetzgebungskompetenz des Bundes und die ausschließliche Gesetzgebungskompetenz der Länder durch die Einführung eines neuen Kompetenztitels „Zulassung von Anlagen und Produkten“ ist abzulehnen. Gegen die Einführung sprechen Abgrenzungsprobleme und die mangelnde Fähigkeit, Gemeinschaftsrecht effektiv umzusetzen. Des Weiteren bleiben die umweltrechtlichen Schwierigkeiten der Rahmengesetzgebungskompetenz im Kern bestehen.

Im Rahmen der Neuordnung der Gesetzgebungskompetenzen sind die Umweltkompetenzen aus der Rahmengesetzgebungskompetenz in die konkurrierende Gesetzgebungskompetenz einzugliedern. Auf die Einführung einer Abweichungsgesetzgebung, wie es im Rahmen des Koalitionsvertrages vorgesehen ist, ist zu verzichten. Es sollte ein neuer Kompetenztitel „Recht der Umwelt“ in Anlehnung an bestehende Formulierungen in Art. 74 Abs. 1 GG geschaffen werden. Auf einen „insbesondere“-Zusatz, der die gängigen Umweltmaterien aufzählt, sollte aus Gründen der Knappheit und Übersichtlichkeit der Verfassung verzichtet werden, da über den Mindestinhalt des Begriffs „Recht der Umwelt“ Einigkeit besteht.

Kapitel 4: Zusammenfassung der Ergebnisse und Ausblick

I. Zusammenfassung

Die Rahmengesetzgebungskompetenz hat ihre Ursprünge in den Verfassungen von 1871 und 1919. Schon zu dieser Zeit wurde der Kompetenztyp benutzt, um dem Subsidiaritätsprinzip ausreichend Geltung zu verschaffen und damit dem Gesamtstaat enge Grenzen zu setzen. Die Bedeutung der Rahmengesetzgebung ist kontinuierlich gestiegen. War in der Verfassung von 1871 lediglich eine Materie diesem Kompetenztyp zugeordnet, so gelangte die Rahmengesetzgebungskompetenz im föderalen System der Bundesrepublik Deutschland zu einer wichtigen Rolle. Um der Rahmengesetzgebungskompetenz die notwendige Geltung zu verschaffen, wurden verschiedene Hürden errichtet, die den Gesetzgeber an einer zu extensiven Legislativtätigkeit hindern sollten. Nachdem sich die „Bedürfnisklausel" als solche Hürde als nicht tauglich erwiesen hatte, wurde die „Erforderlichkeitsklausel" geschaffen.

Das Bundesverfassungsgericht hat sich in den letzten Jahren intensiv mit der Verteilung der Gesetzgebungskompetenzen auseinandersetzen müssen. Dabei hat es seine bisherige bundesfreundliche Rechtsprechung zu Gunsten einer länderfreundlichen Rechtsprechung geändert. Es hat hohe Hürden für den Bundesgesetzgeber errichtet, der sich nun einer gestiegenen Darlegungs- und Begründungslast gegenübersieht. Der Erlass neuer Gesetze wird dadurch zwar nicht verhindert, allerdings deutlich erschwert.

Die Untersuchung ergab, dass ein modernes und flexibles Umweltrecht mit der Rahmengesetzgebungskompetenz nicht im gewünschten Maß erreicht werden kann. Integrierte Umweltschutzregelungen sind mit der bestehenden Kompetenzordnung nur schwer zu verwirklichen. Auf Grund der Rahmengesetzgebungskompetenz für die Materien Wasserhaushalt, Naturschutz und Landschaftspflege ist momentan ein bundeseinheitliches Anlagenzulassungsrecht nicht möglich. Weiterhin bestehen Schwierigkeiten bei der Umsetzung des Gemeinschaftsrechts, die sich bezüglich der Fristversäumnisse auf das durch die Rahmengesetzgebungskompetenz erforderliche zweistufige Gesetzgebungsverfahren zurückführen lassen. Folgeproblem dieses gemeinschaftswidrigen Verhaltens sind Vertragsverletzungs- und Zwangsgeldverfahren, wobei die Haftung zwischen Bund und Ländern nicht geklärt ist. Auf Grund der vielfältigen Auswirkungen des Umweltrechts auf wirtschaftliche Tätigkeiten muss ein modernes Umweltrecht auch wirtschaftlichen Ansprüchen gerecht werden. Im Lauf der Untersuchung hat sich gezeigt, dass die Rahmengesetzgebungskompetenz nicht den dafür erforderlichen Ausgleich schaffen kann. So sind durch die unterschiedlichen Regelungen zur Vergütung von Wasserentnahmen erhebliche Wettbewerbsverzerrungen ersichtlich. Schließlich hat sich gezeigt, dass die Rahmengesetzgebungskompetenz nicht ausreicht, um einen grenzüberschreitenden Umweltschutz zu gewährleisten. Dies ist umso bedauerlicher, als Umweltverschmutzungen nicht an Landesgrenzen halt machen.

Nach der Feststellung, dass die Rahmengesetzgebungskompetenz keine taugliche Kompetenznorm ist, waren Alternativen zur Neuordnung der Kompetenz im Bereich der Umwelt zu untersuchen. Dabei wurden die Vorschläge der Bundesstaatskommission, die von Oktober 2003 bis Dezember 2004 tagte, als Grundlage der Untersuchung herangezogen. Im Rahmen der Untersuchung der einzelnen Vorschläge wurde festgestellt, dass lediglich durch die Überführung der Umweltkompetenzen in die konkurrierende Gesetzgebungskompetenzen das gewünschte Ergebniss – ein entflochtenes und flexibles Umweltrecht, welches die Belange der Gemeinschaft, des Bundes und der Länder berücksichtigt – erzielt werden kann. Dabei sollte ein neuer Kompetenztitel „Recht der Umwelt“ in Anlehnung an bestehende Formulierungen in Art. 74 Abs. 1 GG geschafft werden, da dieser jederzeit für die Einbeziehung von neuen Materien offen ist. Auf einen „insbesondere“-Zusatz, der die gängigen Umweltmaterien aufzählt, sollte aus Gründen der Knappheit und Übersichtlichkeit der Verfassung verzichtet werden, da über den Mindestinhalt des Begriffs „Recht der Umwelt“ Einigkeit besteht.

II. Ausblick

Im Rahmen der Koalitionsvereinbarung wurde ein weiterer Schritt in Richtung der Neuordnung der Gesetzgebungskompetenzen getan. Da CDU, CSU und SPD über eine Zweidrittel Mehrheit im Bundestag verfügen und die FDP – auf deren Stimmen es im Bundesrat ankommt – den Föderalismusvereinbarungen zugestimmt hat, scheint eine tatsächliche Umsetzung in greifbarer Nähe. Ein entsprechender Entwurf wurde mittlerweile von den Regierungsfraktionen in den Bundestag eingebracht. Allerdings wird eine Reform im von den Koalitionären beschlossenen Umfang weitere Probleme im Bereich des Umweltrechts gerade hervorrufen, die Zersplitterung der Gesetzgebungskompetenzen wird gefördert. Durch die vorgeschlagenen Abweichungsrechte wird beispielsweise die Europarechtsfähigkeit nur teilweise verbessert. Des Weiteren bleiben zahlreiche Fragen ungeklärt. So ist nicht ersichtlich, welche Geltung die Abweichungsgesetze der Länder gegenüber späteren Bundesnovellen haben sollen. Auch die Schaffung eines UGB kann über ein Kerngesetz nicht hinausgehen und ist daher nur ein geringer Gewinn. Durch die zahlreichen Abgrenzungsschwierigkeiten und ungeklärte Reichweite der abweichungsfesten Kerne wird es zu zahlreichen Rechtsstreitigkeiten kommen. Daher ist aus Sicht der Umweltrechtswissenschaft zu hoffen, dass im Rahmen des Gesetzgebungsverfahrens die Reformvorschläge überarbeitet und die Verantwortlichen zu einer dem Umweltrecht sachgerechten Entscheidung kommen werden.

Literaturverzeichnis

Albrecht, Eike: Die europäische Elektro- und Elektronikschrott-Richtlinie – Grundzüge, Problembereiche und ihre Umsetzung in deutsches Recht, in: Knopp, Lothar/Busch, Günter/Heinze, Anke (Hrsg.), Brennpunkte der Abfallwirtschaft 2004 (1), Heidelberg 2004, 56ff.

Albers, Marion: Reformimpulse des Konzepts integrierten Umweltschutzes, ZUR 2005, 400ff.

Anschütz, Gerhard: Die Verfassung des deutschen Reiches vom 11.8.1919, 14. Auflage, Berlin 1933

Arndt, Hans-Wolfgang/Benda, Ernst/von Dohnanyi, Klaus/Schneider, Hans-Peter/Süssmuth, Rita/Weidenfeld, Werner: Zehn Vorschläge zur Reform des deutschen Föderalismus, ZRP 2000, 201ff.

Badura, Peter: Staatsrecht, 3. Auflage, München 2003

Batt, Helge: BVerfG und Föderalismusreform – Stärkung der Länder in der Gesetzgebung, ZParl 2004, 753ff.

Becker, Bernd: Menge, Umfang, Geschwindigkeit und Beschleunigung der Rechtsetzungstätigkeit, UPR 2005, 418ff.

Berendes, Konrad: Das Hochwasserschutzgesetz des Bundes, ZfW 2005, 197 ff

Berendes, Konrad: Die neue Wasserrechtsordnung, ZfW 2002, 197ff.

Berendes, Konrad: Gewässerschutz und Föderalismus aus Sicht der Verwaltung, in: Kloepfer, Michael (Hrsg.), Umweltföderalismus. Föderalismus in Deutschland: Motor oder Bremse für den Umweltschutz?, Berlin 2002, 389ff.

Berendes, Konrad: Umweltgesetzbuch und Wasserrecht, ZfW 1999, 212ff.

Bethge, Herbert: Verfassungsgerichtsbarkeit im Bundesstaat, BayVBl. 1985, 257ff.

Bettermann, Karl August/Goessl, Manfred: Schulgliederung, Lehrerbildung und Lehrerbesoldung in der bundesstaatlichen Ordnung – Zugleich ein Beitrag zur Rahmenkompetenz des Bundes und zu den Konflikten zwischen Bundes- und Landeskompetenzen, Berlin, 1963

Blanke, Hermann-Josef: Deutsche Verfassungen, Paderborn 2003

Blasberg, Daniela: Gesetzgebungskompetenzen des Bundes im Hochwasserschutz?, NWVBl. 2005, 205ff.

Böhm, Monika: Haftung bei der Verletzung des Gemeinschaftsrechts im Verhältnis von Bund und Ländern, in: Magiera, Siegfried/Sommermann, Karl-Peter

(Hrsg.), Verwaltung und Governance im Mehrebenensystem der Europäischen Union, Berlin 2002, 89ff.
Brandt, Edmund: Gesetzgebungskompetenz des Bundes für ein Bundes-Bodenschutzgesetz, DÖV 1996, 675ff.
Brandt, Edmund: Umweltpolitik aus einem Guß – Neuordnung der Gesetzgebungskompetenzen des Bundes, in: v. Köller, Henning (Hrsg.), Umweltpolitik mit Augenmaß, Berlin 2000, S. 165ff.
Brenner, Michael: Die Neuregelung der Altenpflege – BVerfG, NJW 2003, 41, JuS 2003, 852ff.
Breuer, Rüdiger: Gewässerschutz und Föderalismus aus Sicht der Wissenschaft, in: Kloepfer, Michael (Hrsg.), Umweltföderalismus. Föderalismus in Deutschland: Motor oder Bremse für den Umweltschutz?, Berlin 2002, 403ff.
Breuer, Rüdiger: Öffentliches und privates Wasserrecht, 3. Auflage, München 2004
Breuer, Rüdiger: Umweltschutzrecht, in: Schmidt-Aßmann, Eberhard (Hrsg.), Besonderes Verwaltungsrecht, 11. Auflage, Berlin 1999
Brohm, Winfried: Öffentliches Baurecht, 3. Auflage, München 2002
von Buch, Ulrich: Die Gesetzgebungskompetenz für das Bundes-Bodenschutzgesetz, NVwZ 1998, 822ff.
Bucher, Peter: Band 2: Der Verfassungskonvent auf Herrenchiemsee, in: Der Parlamentarische Rat 1948-1949, Akten und Protokolle, 1981
Buchholz, Georg: Integrative Grenzwerte im Umweltrecht, Berlin 2001
Bundesministerium für Umwelt, Naturschutz und Reaktorsicherheit – BMU – (Hrsg.): Umweltgesetzbuch (UGB – KomE), Köln 1998
Calliess, Christian: Die Justiabilität des Art. 72 Abs. 2 GG vor dem Hintergrund von kooperativem und kompetitiven Föderalismus, DÖV 1997, 889ff.
Caspar, Johannes: § 2 Europäisches und nationales Umweltverfassungsrecht, in: Koch, Hans-Joachim (Hrsg.), Umweltrecht, Neuwied 2002
Czychowski, Manfred/Reinhardt, Michael: Wasserhaushaltsgesetz, 8. Auflage, München 2003
Dallhammer, Wolf-Dieter: Aktueller Diskussionsstand zum Hochwasserschutzrecht in Bund und Ländern, in: Köck, Wolfgang (Hrsg.), rechtliche Aspekte des vorbeugenden Hochwasserschutzes, Baden-Baden 2005, S. 17ff.
Dambitsch, Ludwig: Die Verfassung des Deutschen Reiches, Berlin 1910
Dederer, Hans-Georg: Regress des Bundes gegen ein Land bei der Verletzung von EG-Recht, NVwZ 2001, 258ff.
Depenheuer, Otto: Verfassungsgerichtliche Föderalismusreform, ZG 2005, 83ff.
Depenheuer, Otto: Vom "Bedürfnis" zur "Erforderlichkeit", ZG 2003, 177ff.

Di Fabio, Udo: Integratives Umweltrecht – Bestand, Ziele, Möglichkeiten –, in: Gesellschaft für Umweltrecht (Hrsg.), Dokumentation zur 21. wissenschaftlichen Fachtagung der Gesellschaft für Umweltrecht e.V., Berlin 1998, S. 27ff.
Di Fabio, Udo: Integratives Umweltrecht, NVwZ 1998, 329ff.
Dolzer, Rudolf/Vogel, Klaus/Graßhof, Karin (Hrsg.): Bonner Kommentar zum Grundgesetz, Loseblattsammlung, Stand: 2003, Heidelberg
Dreier, Horst (Hrsg.): Grundgesetz-Kommentar, Band II, Tübingen 1998
Dürig, Günter/Rudolf, Walter: Texte zur deutschen Verfassungsgeschichte, 3. Auflage, München 1996
Durner, Wolfgang: Zwangsgelder nach Art. 228 EG im Verhältnis von Bund und Ländern. Wer kommt auf für Zwangsgelder bei Vertragsverstößen der Länder?, BayVBl. 2002, 745ff.
Epiney, Astrid: Europäisches Umweltrecht und deutscher Föderalismus aus Sicht der Wissenschaft, in: Kloepfer, Michael (Hrsg.), Umweltföderalismus. Föderalismus in Deutschland: Motor oder Bremse für den Umweltschutz?, Berlin 2002, 167ff.
Erbguth, Wilfried: Bundesstaatliche Kompetenzverteilung im Bereich der Gesetzgebung – Aktuelle Entwicklungen und allgemeine Grundlagen, DVBl. 1988, 317ff.
Erbguth, Wilfried: Gemeinschaftsrechtliche Impulse zur Weiterentwicklung des nationalen Verwaltungsrechts – Der integrative Ansatz der Umweltverträglichkeitsprüfung nach EG-Recht, DÖV 1988, 481ff.
Erbguth, Wilfried/Stollmann, Frank: Zum Stand des Bodenschutzrechts – Dargestellt unter Berücksichtigung der Altlastenproblematik, NuR 1994, 319ff.
Everling, Ulrich: Durchführung und Umsetzung des Europäischen Gemeinschaftsrechts im Bereich des Umweltschutzes unter Berücksichtigung der Rechtsprechung des EuGH, NVwZ 1993, 209ff.
Faßbender, Kurt: Eine Absichtserklärung aus Karlsruhe zur legislativen Kompetenzverteilung im Bundesstaat, JZ 2003, 332ff.
Feldhaus, Gerhard: Integriertes Anlagenzulassungsrecht: materiell- und verfahrensrechtliche Anforderungen nach neuem Recht, ZuR 2002, 1ff.
Fischdick, Jan: Die Reform des föderalen Systems der Bundesrepublik Deutschland, Berlin 2005
Fischer, Christine: Zur Herleitung von Gesetzgebungskompetenzen im Umweltschutz, Baden-Baden 2001
Frank, Daniel: Umweltrecht und Wirtschaft. Zu den Anforderungen der Wirtschaft an das Umweltrecht und das Projekt UGB, Köln 2000
Freytag, Christoph/Iven, Klaus: Anforderungen und Konsequenzen der neuen Rahmengesetzgebungskompetenz des Bundes für das Bundesnaturschutzrecht, NuR 1997, 121ff.

Frotscher, Werner/Pieroth, Bodo: Verfassungsgeschichte, 3. Auflage, München 2002

Gassner, Erich/Bendomir-Kahlo, Gabriele/Schmidt-Räntsch, Annette/Schmidt-Räntsch, Jürgen: Bundesnaturschutzgesetz, Kommentar, 2. Auflage München 2003

Geiger, Rudolf: Kommentar des Vertrages über die Europäische Union und des Vertrages über die Europäische Gemeinschaft, 4. Auflage, München 2004

Gellermann, Martin: Das modernisierte Naturschutzrecht, NVwZ 2002, 1025ff.

Gieseke, Paul: Die Zuständigkeit der Länder zur Gründung von Wasser- und Bodenverbänden durch Sondergesetze, DÖV 1956, 682ff.

Grabitz, Eberhard: Die Rechtsetzungsbefugnis von Bund und Ländern bei der Durchsetzung von Gemeinschaftsrecht, AöR 111, 1ff.

Gramm, Christof: Zur Gesetzgebungskompetenz des Bundes für ein Umweltgesetzbuch, DÖV 1999, 540ff.

Grawert, Rolf: Die Rahmengesetzgebung des Bundes, in: Krebs, Walter (Hrsg.), Liber Amicorum Hans-Uwe Erichsen, Köln 2004, S. 19ff.

Groß, Helene: Die Gesetzgebungskompetenz des Bundes zur Umsetzung von EG-Umweltrecht. Insbesondere für das Gesetz zur Umsetzung der UVP-Änderungsrichtlinie, der IVU-Richtlinie und weiterer EG-Richtlinien zum Umweltschutz –, NWVBl. 2002, 289ff.

Grziwotz, Herbert: Partielles Bundesrecht und die Verteilung der Gesetzgebungsbefugnisse im Bundesstaat, AöR 116, 588ff.

Gusy, Christoph: Die Weimarer Reichsverfassung, Tübingen 1997

Haigh, Nigel: Integratives Umweltrecht – Bestand, Ziele, Möglichkeiten –, in: Gesellschaft für Umweltrecht (Hrsg.), Dokumentation zur 21. wissenschaftlichen Fachtagung der Gesellschaft für Umweltrecht e.V., Berlin 1998

Hammer, Felix: Die Verfassung des Deutschen Reichs vom 11. August 1919 – die Weimarer Reichsverfassung, JURA 2000, 57ff.

Hansmann, Klaus: Harmonisierung unterschiedlicher Normstrukturen im europäischen und im deutschen Umweltrecht, NVwZ 2006, 51ff.

Hansmann, Klaus: Schwierigkeiten bei der Umsetzung und Durchführung des europäischen Umweltrechts, NVwZ 1995, 320ff.

Haslach, Christian: Zuständigkeitskonflikte bei der Umsetzung von EG-Richtlinien?, DÖV 2004, 12ff.

Hatschek, Julius: Deutsches und Preussisches Staatsrecht, 1. Band, Berlin 1922.

Haug, Volker: Die Föderalismusreform – Zum Ringen von Bund und Ländern um die Macht im Staat, DÖV 2004, 190ff.

Heeger, Hans-Otto: Die Rahmengesetzgebung, ihr Inhalt und ihre Auswirkung, Münster 1962

Helberg, Andreas: Allgemeines Umweltverwaltungsrecht, in: Koch, Hans-Joachim (Hrsg.), Umweltrecht, Neuwied 2002

Henneke, Hans-Günter: Bestandsaufnahme der Kommissionsarbeit und Umsetzungsperspektiven für die Föderalismusreform in Deutschland, VBlBW 2005, 249ff.

Hesse, Konrad: Bundesstaatsreform und Grenzen der Verfassungsänderung, AöR 98, 1ff.

Hesse, Konrad: Der unitarische Bundesstaat, Karlsruhe 1962

Hill, Hermann: Akzeptanz des Rechts – Notwendigkeit eines besseren Politikmanagements, JZ 1988, 377ff.

Hofmann, Hasso: Natur und Naturschutz im Spiegel des Verfassungsrechts, JZ 1988, 265ff.

Hoppe, Werner/Beckmann, Martin/Kauch, Petra: Umweltrecht, 2. Auflage, München 2000

Huber, Peter M.: Das Bund-Länder-Verhältnis de constitutione ferenda, in: Blanke, Hermann-Josef/Schwanengel, Wito (Hrsg.), Zustand und Perspektiven des deutschen Bundesstaates, Tübingen 2005, S. 21ff.

Huber, Peter M.: Gutachten D für den 65. Deutschen Juristentag, München 2004

Isensee, Josef: Idee und Gestalt des Föderalismus im Grundgesetz, in: Isensee, Josef/Kirchhof, Paul (Hrsg.), Handbuch des Staatsrechts der Bundesrepublik Deutschland, Band IV, 2. Auflage, Heidelberg 1999

Jarass, Hans D.: Allgemeine Probleme der Gesetzgebungskompetenz des Bundes, NVwZ 2000, 1089ff.

Jarass, Hans D.: Regelungsspielräume des Landesgesetzgebers im Bereich der konkurrierenden Gesetzgebung und in anderen Bereichen, NVwZ 1996, 1041ff.

Jarass, Hans D./Pieroth, Bodo: Grundgesetz für die Bundesrepublik Deutschland, 7. Auflage, München 2004

Jochum, Heike: Ist die legislative Kompetenzordnung des Grundgesetzes reformbedürftig? – Eine kritische Betrachtung der Vorschläge zur Reform der konkurrierenden Gesetzgebung sowie der Rahmengesetzgebung des Bundes, ZRP 2002, 255ff.

Jochum, Heike: Richtungsweisende Entscheidung des BVerfG zur legislativen Kompetenzordnung des Grundgesetzes, NJW 2003, 28ff.

Kaltenborn, Markus: Rahmengesetzgebung im Bundesstaat und im Staatenverbund, AöR 128, 412ff.

Kenntner, Markus: Anmerkung zu BVerfG, Urteil des Zweiten Senats vom 24.10.2002, DVBl. 2003, 259ff.

Kenntner, Markus: Der Föderalismus ist (doch) justiziabel! – Anmerkungen zum "Altenpflegegesetz-Urteil" des BVerfG, NVwZ 2003, 821ff.

Kenntner, Markus: Normgeberwille und Verfassungsinterpretation – Zur historischen Auslegung von Art. 72 Abs. 2 GG n.F., VBlBW 1999, 289ff.

Kimminich, Otto: Der Bundesstaat, in: Isensee, Josef/Kirchhof, Paul (Hrsg.), Handbuch des Staatsrechts der Bundesrepublik Deutschland, Band I, 2. Auflage, Heidelberg 1999

Kirchhof, Ferdinand: Klarere Verantwortungsteilung von Bund, Ländern und Kommunen?, DVBl. 2004, 977ff.

Kloepfer, Michael: Bemerkungen zur Föderalismusreform, DÖV 2004, 566ff.

Kloepfer, Michael: Die europäische Herausforderung – Spannungslagen zwischen deutschem und europäischem Umweltrecht, NVwZ 2002, 645ff.

Kloepfer, Michael: Föderalismusreform und Umweltrecht, NuR 2004, 759ff.

Kloepfer, Michael: Umweltrecht in Bund und Ländern, Berlin 2003

Kloepfer, Michael: Umweltrecht, 3. Auflage, München 2004

Kloepfer, Michael: Umwelt-, Naturschutz- und Jagdrecht – Eine kompetenzrechtliche Betrachtung im Lichte der Föderalismusdebatte, NuR 2006, 1ff.

Kloepfer, Michael: Zur Geschichte des deutschen Umweltrechts, Berlin 1994

Kloepfer, Michael/Durner, Wolfgang: Der Umweltgesetzbuch-Entwurf der Sachverständigenkommission (UGB-KomE), DVBl. 1997, 1081ff.

Knemeyer, Franz-Ludwig: Polizei- und Ordnungsrecht, 8. Auflage, München 2000

Knopp, Günther-Michael: Die Umsetzung der Wasserrahmenrichtlinie im deutschen Wasserrecht, ZUR 2001, 368ff.

Knopp, Günther-Michael: Umsetzung der Wasserrahmenrichtlinie – Neue Verwaltungsstrukturen und Planungselemente im Gewässerschutzrecht, NVwZ 2003, 275ff.

Knopp, Lothar: Bundes-Bodenschutzgesetz und erste Rechtsprechung, DÖV 2001, 441ff.

Knopp, Lothar: Bundes-Bodenschutzgesetz und seine Altlastenregelungen – Probleme und Perspektiven, in: Knopp, Lothar (Hrsg.), Das neue Bundes-Bodenschutzgesetz und Altlasten, Rothenburg 2000, 7ff.

Knopp, Lothar: Die "Juniorprofessur" auf dem Prüfstand des Bundesverfassungsgerichts, ZBR 2005, 145ff.

Knopp, Lothar: EG-Umwelthaftungsrichtlinie und Umweltschadensgesetz, UPR 2005, 361ff.

Knopp, Lothar: Europarechtliche Dominanz und deutscher Konzeptwechsel an den Beispielen Emissionsrechtehandel und Umwelthaftung, UPR 2004, 379ff.

Knopp, Lothar: Flussgebietsmanagement und Verwaltungskooperation, in: Erbguth, Wilfried (Hrsg.), Änderungsbedarf im Wasserrecht – zur Umsetzung europarechtlicher Vorgaben –, Rostocker Umweltrechtstag 2002, Baden-Baden 2003, S. 27ff.

Knopp, Lothar: Neue Personalstrukturen an den Hochschulen und neue Professorenbesoldung – Hochschulrecht im Umbruch, ZBR 2003, 149ff.

Knopp, Lothar: Öffentlichkeitsbeteiligungsgesetz und Umwelt-Rechtsbehelfsgesetz, ZUR 2005, 145ff.

Knopp, Lothar: REACH contra "Bessere Rechtsetzung" und Harmonisierung, UPR 2005, 415ff.

Knopp, Lothar/Albrecht, Eike: Altlastenrecht in der Praxis, 2. Auflage, Herne/ Berlin 1998

Knopp, Lothar/Gutheil, Ulrike: Neues Hochschulrecht – Reform mit Haken?, NJW 2002, 2828ff.

Koch, Hans-Joachim: Naturschutz und Landschaftspflege in der Reform der bundesstaatlichen Ordnung, Bonn 2004

Koch, Hans-Joachim: Vereinfachung des materiellen Umweltrechts, NVwZ 1996, 215ff.

Koch, Hans-Joachim/Mechel, Friederike: Naturschutz und Landschaftspflege in der Reform der bundesstaatlichen Ordnung, NuR 2004, 277ff.

Köck, Wolfgang: Hochwasserschutz und Umweltrecht: Einführung und Grundlagen, in: Köck, Wolfgang (Hrsg.), rechtliche Aspekte des vorbeugenden Hochwasserschutzes, Baden-Baden 2005, S. 45ff.

Kotulla, Michael: Das Gesetz zur Verbesserung des vorbeugenden Hochwasserschutzes, NVwZ 2006, 129ff.

Kotulla, Michael: Das Wasserhaushaltsgesetz und dessen 7. Änderungsgesetz, NVwZ 2002, 1409ff.

Kotulla, Michael: Rechtliche Instrumente des Grundwasserschutzes, Berlin 1999

Kracht, Harald/Wasielewski, Andreas: Integrierte Vermeidung und Verminderung der Umweltverschmutzung, in: Rengeling, Hans-Werner (Hrsg.), Handbuch zum europäischen und deutschen Umweltrecht, Band I Allgemeines Umweltrecht, 2. Auflage, Köln 2003

Krausnick, Daniel: Aus dem Rahmen gefallen: Die Hochschulgesetzgebung des Bundes vor dem Aus?, DÖV 2005, 902ff.

Kröger, Detlef/Moos, Flemming: Die Erforderlichkeitsklausel gemäß Art. 72 Abs. 2 GG n.F. im Spannungsfeld des Bundesstaates, BayVBl. 1997, 705ff.

Kröger, Klaus: Die Entstehung des Grundgesetzes, NJW 1989, 1318ff.

Krüger, Hartmut: Zur Bedeutung des Art. 72 Abs. 2 GG für die Gesetzgebungskompetenz des Bundes, BayVBl. 1984, 545ff.

Laband, Paul: Das Staatsrecht des Deutschen Reiches, Nachdruck der 5. Auflage Tübingen, Verlag von J. C. B. Mohr, Bd. 2, 1911, Goldbach 1997

Langenfeld, Christine: Zur Direktwirkung von EG-Richtlinien, DÖV 1992, 955ff.

Lerche, Peter: Zum Apotheken-Urteil des Bundesverfassungsgerichts, BayVBl. 1958, 231ff.

v. Lersner, Heinrich Frhr.: Das dritte Medium – Der Schutz des Bodens als umweltpolitische Aufgabe, NuR 1982, 201ff.

Ley, Richard: Die Fortschreibung des Bauordnungsrechts durch die neue Musterbauordnung, NVwZ 1983, 599ff.

Lienhardt, Werner E.: Der Streit um den "Dipl. Ing. (FH)" – Ein Beitrag zur Verfassungsmäßigkeit des Art. 73 Abs. 1 S. 2 BayHSchG und zugleich zur Systematik der Rahmengesetzgebung, BayVBl. 1982, 449ff.

Louis, Hans Walter: Das Gesetz zur Neuregelung des Rechts des Naturschutzes und der Landschaftspflege (BNatSchG NeuregG), NuR 2002, 385ff.

Louis, Hans Walter: Zur Verfassungsmäßigkeit der 3. Novelle des Bundesnaturschutzgesetzes, NuR 1998, 526ff.

v. Mangoldt, Hermann/Klein, Friedrich/Pestalozza, Christian (Hrsg.): Das Bonner Grundgesetz, Band 8, 3. Auflage, München 1996

v. Mangoldt, Hermann/Klein, Friedrich/Starck, Christian: Das Bonner Grundgesetz, Band 2, 4. Auflage, München 2000

Masing, Johannes: Kritik des integrierten Umweltschutzes, DVBl. 1998, 549ff.

Maunz, Theodor: Rahmengesetze des Bundes, BayVBl. 1955, 2ff.

Maunz, Theodor/Dürig, Günter: Grundgesetz Kommentar, München, Loseblatt, Stand: Februar 2003

Maurer, Hartmut: Staatsrecht I, 3. Auflage, München 2003

Meyer, Georg/Anschütz, Gerhard: Lehrbuch des deutschen Staatsrechts, 7. Auflage München/Leipzig 1919

Möstl, Markus: Neuordnung der Gesetzgebungskompetenzen von Bund und Ländern, ZG 2003, 297ff.

Müller-Brandeck-Bocquet, Gisela: Perspektiven des deutschen Föderalismus nach der Verfassungsreform, Die Verwaltung 29 (96), 145ff.

v. Münch, Ingo: Gesetze des NS-Staates, 3. Auflage, Paderborn 1994

v. Münch, Ingo/Kunig, Philip: Grundgesetz-Kommentar, Band 2, 5. Auflage, München 2001

v. Münch, Ingo/Kunig, Philip: Grundgesetz-Kommentar, Band 3, 5. Auflage, München 2003

Murswiek, Dietrich: Ein Schritt in Richtung auf ein ökologisches Recht, NVwZ 1996, 417ff.

Mußgnug, Reinhard: Zustandekommen des Grundgesetzes und Entstehen der Bundesrepublik Deutschland, in: Isensee, Josef/Kirchhof, Paul (Hrsg.), Handbuch des Staatsrechts der Bundesrepublik Deutschland, Band I, 2. Auflage, Heidelberg 1999

Näckel, Antje/Wasielewski, Andreas: Das neue Recht auf Zugang zu Umweltinformationen, DVBl. 2005, 1351ff.

Oldiges, Martin: Gesetzgebungskompetenzen im Wasserwirtschaftsrecht – Zur Frage der Reformbedürftigkeit, in: Oldiges, Martin (Hrsg.), Aktuelle Probleme des Gewässerschutz- und Abwasserrechts, Leipzig 1998, 51ff.

Ossenbühl, Fritz: Zur Kompetenz der Länder für ergänzende abfallrechtliche Regelungen, DVBl. 1996, 19ff.

Papier, Hans-Jürgen: Die Entwicklung des Verfassungsrechts seit der Einigung und seit Maastricht, NJW 1997, 2841ff.

Papier, Hans-Jürgen: Empfehlen sich ergänzende gesetzliche oder untergesetzliche Regelungen der Altlasten, und welchen Inhalt sollten sie haben?, JZ 1994, 810ff.

Pechstein, Matthias/Weber, Anja: Gesetzgebungskompetenzen nach dem Grundgesetz, JURA 2003, 82ff.

Peine, Franz-Joseph: Aktueller Stand der Europäisierung des Umweltrechts und deutsche Umsetzungsprobleme, in: Knopp, Lothar (Hrsg.), Neues Europäisches Umwelthaftungsrecht und seine Auswirkungen auf die deutsche Wirtschaft, Heidelberg 2003, S. 1ff.

Peine, Franz-Joseph: Das Bundes-Bodenschutzgesetz, NuR 1999, 121ff.

Peine, Franz-Joseph: Die Gesetzgebungskompetenz des Bundes für den Bodenschutz, NuR 1992, 353ff.

Peine, Franz-Joseph: Probleme der Umweltschutzgesetzgebung im Bundesstaat, in: Kloepfer, Michael (Hrsg.), Umweltföderalismus. Föderalismus in Deutschland: Motor oder Bremse für den Umweltschutz?, Berlin 2002, 109ff.

Pernice, Ingolf: Europarechtliche Perspektive, in: BMU (Hrsg.), Föderalismusreform: Neuordnung der Umweltkompetenzen. Für einen integrierten Schutz von Natur, Boden, Wasser, Luft, Berlin 2004

Pernice, Ingolf: Kompetenzabgrenzung im europäischen Verfassungsverbund, JZ 2000, 866ff.

Pestalozza, Christian: Das Bundesverfassungsgericht: Bonner Reform-Allerlei '98, JZ 1998, 1039ff.

Poetzsch-Heffter, Fritz: Handkommentar der Reichsverfassung vom 11.8.1919, 3. Auflage, Berlin 1928

Poschmann, Thomas: Inanspruchnahme konkurrierender Kompetenzen des Bundes und Neuordnung der bundesstaatlichen Ordnung, NVwZ 2004, 1318ff.

Rebentisch, Manfred: Die immissionsschutzrechtliche Genehmigung – ein Instrument integrierten Umweltschutzes?, NVwZ 1995, 949ff.

Rehbinder, Eckard/Wahl, Rainer: Kompetenzprobleme bei der Umsetzung von europäischen Richtlinien, NVwZ 2002, 21ff.

Reichert, Ronald: Verfassungsmäßigkeit der Novelle zum Wasserhaushaltsgesetz? – Grenzen der Rahmengesetzgebung, NVwZ 1998, 17ff.

Reincke, Otto: Die Verfassung des Deutschen Reichs nebst Ausführungsgesetzen, Berlin 1906

Reinhardt, Michael: Die Ordnung der Gesetzgebungskompetenzen im Umweltrecht – Zur verfassungsrechtlichen Zulässigkeit einer konkurrierenden Gesetzgebungskompetenz des Bundes für den Umweltschutz –, in: Marburger, Peter/Reinhardt, Michael/Schröder, Meinhard (Hrsg.) Jahrbuch des Umwelt- und Technikrechts 2005, Berlin, S. 123ff.

Rengeling, Hans-Werner: § 28 Die Ausführung von Gemeinschaftsrecht, insbesondere Umsetzung von Richtlinien, in: Rengeling, Hans-Werner (Hrsg.), Handbuch zum europäischen und deutschen Umweltrecht, Band I Allgemeines Umweltrecht, 2. Auflage, Köln 2003

Rengeling, Hans-Werner: Europäisches Chemikalien- und Stoffrecht – Entwicklungen zur Umgestaltung des deutschen Rechts –, DVBl. 2005, 393ff.

Rengeling, Hans-Werner: Gesetzgebungskompetenzen für den integrierten Umweltschutz, Köln 1999

Rengeling, Hans-Werner: Gesetzgebungszuständigkeit, in: Isensee, Josef/Kirchhof, Paul (Hrsg.), Handbuch des Staatsrechts der Bundesrepublik Deutschland, Band IV, 2. Auflage, Heidelberg 1999

Renzsch, Wolfgang: Fragen an die Föderalismuskommission, ZSE 2004, 94ff.

Röckinghausen, Marc: Integrierter Umweltschutz im EG-Recht. Der Begriff des integrierten Umweltschutzes in der Rechtsordnung der Europäischen Gemeinschaft, Berlin 1998

von Rönne, Ludwig: Das Staatsrecht des Deutschen Reiches, Band II, Leipzig 1877

Rudolf, Walter: Die Ermächtigung der Länder zur Gesetzgebung im Bereich der ausschließlichen Gesetzgebung des Bundes, AöR 88, 159ff.

Rybak, Hubertus/Hofmann, Hans: Verteilung der Gesetzgebungsrechte zwischen Bund und Ländern nach der Reform des Grundgesetzes, NVwZ 1995, 230ff.

Sachs, Michael (Hrsg.): Grundgesetz Kommentar, 3. Auflage, München 2003

Säcker, Horst: Verfassungskonvent 1948, DÖV 1998, 784ff.

Sanden, Joachim: Umweltgesetzbuch – Da Capo al Fine?, ZfU 2004, 473ff.

Sanden, Joachim: Wasserhaushalt, in: BMU (Hrsg.), Föderalismusreform: Neuordnung der Umweltkompetenzen. Für einen integrierten Schutz von Natur, Boden, Wasser, Luft, Berlin 2004

Sangenstedt, Christof: Die SUP-Richtlinie: Stand der Umsetzung in Deutschland, UVP-Report 2005, 12ff.

Sannwald, Rüdiger: Die Reform der Gesetzgebungskompetenzen nach den Beschlüssen der Gemeinsamen Verfassungskommission von Bundestag und Bundesrat, DÖV 1994, 629ff.

Schäfer, Kurt: Zum integrierten Konzept der IVU-Richtlinie, UPR 1997, 444ff.

Schendel, Frank Andreas: Gewässerschutz und Föderalismus aus der Sicht der Wirtschaft, in: Kloepfer, Michael (Hrsg.), Umweltföderalismus. Föderalismus in Deutschland: Motor oder Bremse für den Umweltschutz?, Berlin 2002, 373ff.

Schendel, Frank Andreas: Wasserrecht und Verfassungsrecht, ZfW 1999, 311ff.

Scherzberg, Arno: Mittelbare Rechtssetzung durch Gemeinschaftsrecht, JURA 1992, 572ff.

Schink, Alexander: Die Altlastenregelungen des Entwurfs des Bundes-Bodenschutzgesetzes, DÖV 1995, 213ff.

Schink, Alexander: Europäisches Umweltrecht und Föderalismus – Unvereinbar oder doch kompatibel?, ZG 2004, 1ff.

Schink, Alexander: Neuordnung der Gesetzgebungskompetenzen für das Abfallrecht? – fachliche und europarechtliche Anforderungen –, UPR 2004, 206ff.

Schmalholz, Michael: Die EU-Wasserrahmenrichtlinie – „Der Schweizer Käse“ im europäischen Gewässerschutz?, ZfW 2001, 69ff.

Schmehl, Arndt: Die erneuerte Erforderlichkeitsklausel in Art. 72 Abs. 2 GG, DÖV 1996, 724ff.

Schmidt-Bleibtreu, Bruno/Klein, Franz (Hrsg.): Kommentar zum Grundgesetz, 10. Auflage, München 2004

Schmidt-Jortzig, Edzard: Die fehlgeschlagene Verfassungsreform, ZG 2005, 16ff.

Schneider, Torben: Die Rahmengesetzgebungskompetenz des Bundes, Kiel 1994

Scholz, Rupert: Deutschland – in guter Verfassung?, Heidelberg 2004

Schröder, Meinhard: Europarecht und integriertes Umweltrecht, NuR 2000, 481ff.

Schwanengel, Wito: Die Malaise des deutschen Bundesstaates – Zu Möglichkeiten und Grenzen der Föderalismusreform –, DÖV 2004, 553ff.

Schwenke, Ulrich: Haftung der Länder gegenüber dem Bund aus Art. 104a V 1 GG, NVwZ 2003, 1430ff.

Seidel, Gerd: Bundesstaat auf ewig?, RuP 2004, 86ff.

Sendler, Horst: 40 Jahre Rechtsstaat des Grundgesetzes – Mehr Schatten als Licht?, DÖV 1989, 482ff.

Sendler, Horst: Deutsche Schwierigkeiten mit dem EG-Recht – Zur Misere der Umsetzung von EG-Umweltschutz-Richtlinien, NJW 2000, 2871ff.

Sommermann, Karl-Peter: Die Stärkung der Gesetzgebungskompetenzen der Länder durch die Grundgesetzreform von 1994, JURA 1995, 393ff.

Sparwasser, Reinhard/Engel, Rüdiger/Voßkuhle, Andreas: Umweltrecht. Grundzüge des öffentlichen Umweltschutzrechts, 5. Auflage, Heidelberg 2003

Spreen, Holger: Bundeskompetenzen bei fehlender Umsetzung des Europarechts durch die Bundesländer – das Beispiel der FFH-Richtlinie, Göttingen 2004

Spreen, Holger: Wachsende Zuständigkeiten von Bund und EU, ZRP 2004, 47ff.

Steinberg, Rudolf: Probleme der Europäisierung des deutschen Umweltrechts, AöR 120, 549ff.

Stern, Klaus: Das Staatsrecht der Bundesrepublik Deutschland, Band I, Grundbegriffe und Grundlagen des Staatsrechts, Strukturprinzipien der Verfassung, 2. Auflage, München 1984

Stern, Klaus: Das Staatsrecht der Bundesrepublik Deutschland, Band II, Staatsorgane, Staatsfunktionen, Finanz- und Haushaltsverfassung, Notstandsverfassung, München 1980

Stern, Klaus: Das Staatsrecht der Bundesrepublik Deutschland, Band V, Die geschichtlichen Grundlagen des Deutschen Staatsrechts, München 2000

Streppel, Thomas P.: Die Rahmenkompetenz. Voraussetzungen und Rechtsfolgen der Rahmengesetzgebung des Bundes, Baden-Baden 2005

Stober, Rolf: Quellen zur Geschichte des Wirtschaftsverwaltungsrechts, Göttingen 1986

Stotz, Rüdiger: § 45 Rechtsschutz vor europäischen Gerichten, in: Rengeling, Hans-Werner (Hrsg.), Handbuch zum europäischen und deutschen Umweltrecht, Band I Allgemeines Umweltrecht, 2. Auflage, Köln 2003

Streinz, Rüdiger: § 182 Der Vollzug des Europäischen Gemeinschaftsrechts durch deutsche Staatsorgane, in: Isensee, Josef/Kirchhof, Paul (Hrsg.), Handbuch des Staatsrechts der Bundesrepublik Deutschland, Band VII, Heidelberg 1992

Thiele, Willi: Zur Problematik der Rahmengesetzgebung, DVBl. 1964, 383ff.

Tiemann, Burkhard: Die Grundsatzgesetzgebung im System der verfassungsrechtlichen Gesetzgebungskompetenzen, DÖV 1974, 229ff.

Traulsen, Christian: Bundeskompetenzen zur Umsetzung europäischer Umweltrichtlinien am Beispiel der Umwelthaftungsrichtlinie 2004/35/EG, NuR 2005, 619ff.

Trüe, Christiane: Auswirkungen der Bundesstaatlichkeit Deutschlands auf die Umsetzung von EG-Richtlinien und ihren Vollzug, EuR 1996, 179ff.

Volkmann, Uwe: Umweltrechtliches Integrationsprinzip und Vorhabengenehmigung, VerwArch 89 (1998), 363ff.

Voßkuhle, Andreas: Verfassungsstil und Verfassungsfunktion, AöR 119, 35ff.

Wahl, Rainer: Materiell-integrative Anforderungen an die Vorhabenzulassung – Anwendung und Umsetzung der IVU-Richtlinie, NVwZ 2000, 502ff.

Waldhoff, Christian : Studiengebühren im Bundesstaat, JuS 2005, 391ff.

Weber, Werner: Erfordernisse der Rahmengesetzgebung, DÖV 1954, 417ff.

Weidemann, Holger: Gesetzgebungskompetenzen im Bundesstaat, DVP 2004, 353ff.

Werner, Wolfram: Band 3: Ausschuß für Zuständigkeitsabgrenzung, in: Der Parlamentarische Rat 1948-1949, Akten und Protokolle, 1986

Westbomke, Konrad: Die Umsetzung von EU-Richtlinien in nationales Recht, EurUP 2004, 122ff.

Wolff, Nina/Köck, Wolfgang (Hrsg.): 10 Jahre Übereinkommen über die biologische Vielfalt – Eine Zwischenbilanz, Baden-Baden 2004

Zippelius, Reinhold: Allgemeine Staatslehre, 13. Auflage, München 1999

Zypries, Brigitte: Reform der bundesstaatlichen Ordnung im Bereich der Gesetzgebung, ZRP 2004, 265ff.

Anna Gamper

Die Regionen mit Gesetzgebungshoheit

Eine rechtsvergleichende Untersuchung zu Föderalismus und Regionalismus in Europa

Frankfurt am Main, Berlin, Bern, Bruxelles, New York, Oxford, Wien, 2004.
XVIII, 534 S.
ISBN 3-631-52107-3 · br. € 86.–*

Regionen mit Gesetzgebungshoheit gibt es nicht nur in den *klassischen* Bundesstaaten, sondern zunehmend auch in jüngeren regionalistischen Systemen Europas. Die aktuelle Regionalisierungsdynamik führt zur Frage, ob die althergebrachte Differenzierung zwischen Bundes- und Regionalstaaten noch unter allen Umständen aufrechterhalten werden kann. Ein typologischer Vergleich zwischen dem Vereinigten Königreich, Belgien, Italien und Österreich zeigt auf, dass die regionale Gesetzgebungshoheit – in ihrer gesamten rechtlichen Einbettung und Ausgestaltung – hierfür ein zentrales Kriterium darstellt. In manchen Fällen dürfte dies die Beurteilung eines Systems als bundesstaatlich auch dann rechtfertigen, wenn dieses sich aus einem ursprünglich einheitsstaatlichen System ableitet.

Aus dem Inhalt: Verfassungsvergleich als Methode der Föderalismus- und Regionalismusforschung · Föderalismus, Bundesstaatlichkeit und Regionalismus · Gesetzgebungshoheit im Gefüge des Verfassungsstaates · Kompetenzverteilung, Verfassungsautonomie und Bikameralismus im Vereinigten Königreich, Belgien, Italien und Österreich · EU-Mitwirkung der Regionen

Kolibri 360 GmbH
Ferdinand-Jühlke-Straße 7
99095 Erfurt, Deutschland
produktsicherheit@kolibri360.de

Druck:
CPI Druckdienstleistungen GmbH
im Auftrag der
Kolibri 360 GmbH
Ferdinand-Jühlke-Str. 7
99095 Erfurt